René Martin

Daten aufbereiten mit Power Query ,

Formeln und Assistenten in Excel

Lösungen aus der Praxis

René Martin

Daten aufbereiten mit Power Query

und Formeln und Assistenten in Excel

Lösungen aus der Praxis

Bibliografische Information der Deutschen Nationalbibliothek:
Die Deutsche Nationalbibliothek verzeichnet diese Publikation in der
Deutschen Nationalbibliografie;
detaillierte bibliografische Daten sind im Internet über
http://dnb.dnb.de
abrufbar.

© 2023 René Martin
Erste Auflage
Illustration: René Martin
Satz: René Martin
Herstellung und Verlag: BoD – Books on Demand, Norderstedt
ISBN: 978-3-7583-1986-0

Inhaltsverzeichnis

Vorwort 13

1   Datenimport 13

   1.1   CSV, Unicode & co 13

   1.2   Zugriff auf Excel 19

   1.3   Zugriff auf das Web 20

2   Formate und Datentypen 22

   2.1   Falsche Zahlenformate 22

   2.2   Datum und Uhrzeit 24

   2.3   Formate 27

   2.4   Text und Zahl 28

3   Formate und Inhalte 33

   3.1   ALLES GROSS? alles klein? 33

   3.2   Verbundene Zellen 34

   3.3   Ausgeblendete Zeilen (und Spalten) 36

4   Unliebsame Zeichen 38

   4.1   Zeilenumbruch 38

   4.2   Sonderzeichen 41

   4.3   Leerzeichen (am Ende) 43

5   Schlechter Datenaufbau 47

   5.1   Leerzeilen füllen 47

   5.2   Leerzeilen entfernen 53

   5.3   Zeilen mit bestimmten Daten eliminieren 55

   5.4   Transponieren 57

   5.5   Eine Liste umdrehen 59

   5.6   Daten in mehrere Spalten trennen 62

   5.7   Daten aus mehreren Spalten zusammenfassen 82

   5.8   Tabellen verknüpfen 85

   5.9   Tabellen zusammenfassen (kombinieren) 100

   5.10   Spalte zu Liste 103

   5.11   Zusammenfassen 107

   5.12   Gruppieren mit Zwischenergebnissen 115

   5.13   Mehrere Überschriftszeilen 120

5.14   Texte gruppieren 123

5.15   Duplikate finden (und löschen) 129

6   Sachen verstecken 134

6.1   Warum „verstecken? 134

6.2   Weiße Farbe 135

6.3   ;;; 136

6.4   Bedingte Formatierung 137

6.5   Zeilen ausblenden 138

6.6   Rechteck 139

6.7   Alt + Enter 140

6.8   Eigenschaften 141

6.9   xlSheetVeryHidden 142

6.10   Module verstecken (VBA) 144

6.11   Namen 144

6.12   XML 145

6.13   Weitere „Verstecke" 146

7   Sachen finden 148

7.1   Notizen und Kommentare 148

7.2   Objekte (auch Diagramme) 151

7.3   Formeln 153

7.4   Bedingte Formatierung 155

7.5   Datenüberprüfung 156

7.6   Verbundene Zellen 157

7.7   Ausgeblendete Zeilen und Spalten 159

8   Langsames Excel – Excel schneller machen 162

8.1   Messwerkzeuge 163

8.2   Formeln 165

8.3   Formate 166

8.4   Elemente in Excel 170

8.5   Fazit? Excel schneller machen? 177

9   Langsames Power Query – Power Query schneller machen 179

9.1   Eine Hauptabfrage; 30 Unterabfragen 179

9.2   Abfragen anfügen 184

9.3   Abfrage auf Abfrage auf Abfrage auf 185

9.4   Datentypen ändern 186

9.5   Ansichten 186

9.6   „Große" Dateien? 187

9.7   Laufende Summe 189

9.8   Primärschlüssel 190

9.9   Langsame Datenquellen 190

9.10   Fazit 191

10   Zellen verbinden 193

10.1   Verbundene Zellen als Format kopieren 194

10.2   Intelligente Tabellen 195

10.3   Und was tut man, wenn verbunden wurde? 197

10.4   Und VBA? 201

10.5   Doppelklick 205

10.6   Was steht drin 207

10.7   Fazit zu verbundenen Zellen 208

11   Zusammenfassung 209

12   Tastenkombinationen 210

12.1   Die wichtigsten Tastenkombinationen 210

12.2   Navigieren mit Shortcuts 211

12.3   In Zellen oder Bearbeitungsleiste arbeiten 212

12.4   Formatieren von Daten 213

13   Index 215

Vorwort

Zur diesem Buch

Wenn Sie viel mit Excel arbeiten, kennen Sie das Problem sicherlich: von einem anderen Menschen oder einem System erhält man Daten, die man beim besten Willen so nicht weiterverarbeiten kann. Um solche Daten zu „putzen" gibt es nun mehrere Ansatzmöglichkeiten: Man kann sie mit einem der vielen Assistenten in Excel bereinigen, mit einer Funktion oder Formel oder mit Power Query. Natürlich stehen Ihnen auch Programmiersprachen zur Verfügung – aber darum soll es hier nicht gehen. Nicht um VBA, um Python, DAX oder JavaScript. Auch wenn es natürlich reizvoll wäre, dort Lösungen für die vorliegenden Probleme zu programmieren.

Zu Excel

„To excel" steht im Oxford Dictionary, bedeutet: „do better than others, be very good". Auf Deutsch könnte man dies mit „herausragen" oder einfach „gut sein" übersetzen. Eben: ein großartiges Programm. Eines meiner Lieblingsprogramme. Vielleicht ist es aber auch ein Wortspiel mit „ex" und „cell": aus der Zelle … Wer weiß?

Auf alle Fälle: Excel ist ein großartiges Programm. Eines meiner Lieblingsprogramme. Und Power Query einer meiner Lieblingswerkzeuge in Excel.

Zum Autor

Seit über 30 Jahren unterrichte ich über Softwareprodukte von verschiedenen Herstellern aus verschiedenen Bereichen und erstelle Lösungen für Firmen. Dabei zählt Excel zu meinen bevorzugten Programmen. Nicht nur, weil es in viele verschiedene Wissensgebiete eingreift, sondern auch, weil an dieses Produkt immer wieder neue Anforderungen gestellt werden, die es zu lösen gilt. Und auch, weil häufig neue, spannende Funktionen und Funktionalitäten hinzukommen.

Zu den Lesern des Buchs

Ich habe versucht, das vorliegende Buch sowohl für Excel-Anfänger als auch für Profis zu schreiben. Jedes Kapitel kann einzeln gelesen werden. Man muss also nicht von der ersten bis zur letzten Seite vorgehen. Sie können es gerne als Nachschalgewerk oder Referenz einsetzen, da ich eine Vielzahl von Tipps, Tricks und Techniken beschreibe.

Das Buch richtet sich zum einen an Anwender und Anwenderinnen im Büro, die Excel-Daten weiterverarbeiten. Sei es, dass in Excel eine Adressenliste oder eine Artikelliste angelegt wird, seien es Berechnungen und Auswertungen, die für Statistik, Controlling oder die Buchhaltung verwendet werden. Es wendet sich zugleich auch an Anwender und Anwenderinnen in technischen, kaufmännischen und naturwissenschaftlichen Bereichen, wo täglich Daten verarbeitet werden.

Da viele Firmen Daten von Datenbanksystemen, beispielsweise DATEV, KISS, EBIS, QlikView oder von SAP-Produkten erhalten, die in Excel weiterverarbeitet werden, kommt es häufig vor, dass diese Daten „aufbereitet" werden müssen. Dies fängt bei „harmlosen" Problemen an. Beispielsweise geben manche Programme Währungen im Format $ 1,234.56 aus und nicht in $ 1.234,56 oder einfach nur 1234,56. Oder: Was passiert mit Datenbanken, die so angelegt wurden, dass in einer Tabelle in einer Spalte Vor- und Zuname stehen? Auch kein triviales Problem. Was tun, wenn „merkwürdige" Zeichen in einer Exceltabelle auftauchen? Oder Informationen aus mehreren Spalten zusammengeführt werden sollen?

Zu diesem Buch

Kapitel 1 beschäftigt sich mit dem Datenimport. Sollten die Daten bereits als Excelmappe vorliegen, ist dieses Problem obsolet. Allerdings bei Textdateien mit dem Sonderfall CSV gibt es einige Dinge zu beachten, weil es verschiedene Varainten des Datenimports gibt.

Die Daten sind nun in Excel. Allerdings: vielleicht sind die Formate nicht korrekt, es befinden sich merkwürdige Dinge in den Tabellen oder die Daten sind nicht so nach Zeilen und Spalten aufgeteilt, wie es nötig wäre. Für all diese Probleme (es gibt eine Vielzahl davon) stehen Ihnen in der Schaltzentrale Excel die drei Techniken zur Verfügung: Assistenten, Formeln und Power Query. Alle drei liefern für alle Probleme Lösungen – zugegeben: mit manchmal sehr unterschiedlichem Aufwand. Diese Probleme und ihre Lösungsansätze werden in den Kapiteln 2 – 5 vorgestellt.

Kapitel 6 widmet sich der Frage wo und wie man in Excel „Sachen verstecken" kann. Dabei geht es mir nicht darum, wie Sie Ihre Kolleginnen und Kollegen austricksen können, sondern um die Antwort auf die Frage an welchen (un)möglichen Stellen sich Informationen verbergen können.

Vielleicht hat das Thema „langsames Excel" nicht direkt etwas mit den Themen Datenimport und Datenaufbereitung zu tun, aber Excelmappen „wachsen" im Laufe der Zeit und werden manchmal unerträglich langsam in der Bearbeitung. Auch hierfür gibt es einige manifeste Gründe und auch Werkzeuge, welche helfen, herauszufinden, welches Element (Formatierungen, Formeln, Objekte, …) schuld an der unerträglichen Geschwindigkeit ist.

Wer mit Power Query arbeitet, stellt dort schnell ein ähnliches Phänomen fest: auch Power Query kann langsam werden. Sehr langsam! Und auch hier gibt es einige Ursachen, die Sie kennen und vermeiden sollten. Und natürlich auch einige Werkzeuge, die helfen, dass Power Query schneller wird.

Das Buch wird mit einigen Gimmicks abgerundet: mit einer Liste von Tastenkombinationen, die das Arbeiten in Excel erleichtern. Und mit einem Kommentar, warum man es unterlassen sollte, Zellen zu verbinden.

Excel 2007 – 2021 und Excel in Microsoft 365

Eine ganze Weile habe ich überlegt, ob es nötig ist, darauf zu verweisen, welche Funktion in welcher Version vorhanden ist. Da aber sicherlich im Jahre 2023 fast kein Anwender und keine Anwenderin mehr Excel 2007 verwendet, scheint mir dieses Unterfangen obsolet. Deshalb habe ich nur an recht wenigen Stellen – wo es mir wichtig erschien – auf die Unterschiede zwischen den verschiedenen Versionen hingewiesen, vor allem dann, wenn eine Funktion nur in einer der „neueren" Versionen zur Verfügung steht, also beispielsweise noch nicht in Excel 2013, 2016, 2019 oder 2021 enthalten ist. Andererseits kann es durchaus sein, dass in Microsoft 365 (früher: Office 365) neue Funktionen hinzukommen. Ich werde sie sicherlich in der nächsten Auflage beschreiben. Im nächsten Jahr.

Zu den Download-Dateien und Screenshots

Die Bildschirmfotos sind alle in Excel aus Microsoft 365 gemacht worden. Alle[1] in diesem Buch beschriebenen Funktionen lassen sich jedoch mühelos auf die älteren Versionen 2007, 2010, 2013, 2016 und 2021 übertragen.

Die Beispiele können Sie von meiner Seite

www.compurem.de

und dort unter Texte & Videos / Download (Bücher) herunterladen. Die Beispiele sind auf verschiedene Dateien und Ordner verteilt. An ihren Namen kann das zugehörige Kapitel des Buchs entnommen werden.

In den Ordnern finden Sie die gleichen Dateien, die das Buch begleiten. Sie können direkt gestartet werden. Keine der Dateien verlangt irgendeinen Datei- oder Ordnernamen.

Dankeschön

Ich möchte mich an dieser Stelle bei den vielen Autoren des Onlinelexikons Wikipedia für die tollen Artikel bedanken, zu Berechnungen von Prüfziffern, historischen Informationen zu Kalendern und Uhrzeiten, Informationen über Österreich und die Schweiz. Ohne sie hätte die Informationssuche sehr viel mehr Zeit in Anspruch genommen.

Und schließlich geht ein großes Dankeschön an die Mitdenker und Mitdenkerinnen unseres Excelstammtisches in München. Hierbei möchte ich mich bei Christian Neuberger und Martin Weiß (tabellenexperte.de) bedanken: bei ersterem zu seinen Beispielen und Gedanken zu den Matrixfunktionen, zu AGGREGAT, zu den neuen (dynamischen) Arrayfunktionen und auch sonst zu vielen scharfen Gedanken über Excelfunktionen. Bei letzterem zu einigen tollen Beispielen zur bedingten Formatierung, Pivottabellen und Datumsfunktionen.

Ein Dankeschön auch an Andreas Thehos (https://thehosblog.com/), Christian Gröblacher, Mourad Louha, Frank Arendt-Theilen, Leila Gharani und an viele andere. Auch bei Ihnen habe ich einige interessante Gedanken gefunden, die in dieses Buch eingeflossen sind.

---

[1] Mit einigen wenigen Ausnahmen, die im Buch beschrieben werden.

Und schließlich an Dankeschön an alle Mitdenkerinnen und Mitdenker unseres Excel-stammtisch. Dort habe ich einige dieser Gimmicks vorgetragen und zur Diskussion vorgestellt.

... und nun ...

Und nun wünsche ich viel Freude beim Lesen, beim Rechnen und beim Knobeln

René Martin   München, Dezember 2023

P.S.: Über Kritik, Anregungen und Vorschläge freue ich mich sehr.

rene.martin@compurem.de

Besuchen Sie auch meinen Blog: http://www.excel-nervt.de

1 Datenimport

1.1 CSV, Unicode & co

Eine Excelmappe zu öffnen, stellt keine Schwierigkeit dar. Problematischer wird es bei Textdateien, die als CSV-Dateien (Comma separated Values) oder als Datei mit der Endung TXTavorliegen können. Hier einige der Probleme, die dabei auftauchen können.

1.1.1 CSV (comma-separated values)

Zwar gibt es nach dem Standard RFC 4180 eine Regel, wie CSV-Dateien aufgebaut sein sollen, aber bedauerlicherweise hält sich (fast) kein System daran. Der Standard besagt:

- Es muss ein Trennzeichen zwischen den Datensätzen vorliegen. Dies ist normalerweise ein Komma (daher der Name CSV = comma-separated values), ist aber in der Regel ein Semikolon, in seltenen Fällen auch ein Tabulator, Doppelpunkt, Leerzeichen, Tilde, oder ähnliches.
- Die Datensätze werden durch eine Zeilenschaltung oder einen Zeilenumbruch getrennt.
- Zahlen können in der Form 1.234,56 oder 1,234.56 oder 1'234.56 auftreten. Andere Formen sind möglich.
- Datumsangaben können in der Form 24.12.2024 oder 12.24.2024 oder 2024-12-24 auftreten. Andere Formen sind möglich.

Wird eine CSV-Datei in Excel geöffnet, werden sofort die Daten angezeigt.

1.1.2 TXT

Für eine TXT-Datei gibt es eigentlich keine festen Regeln. Das bedeutet, dass sich Metadaten über- oder auch unterhalb der Datensätze befinden können. Wird eine TXT-Datei in Excel geöffnet, erscheint der Textkonvertierungsassistent:

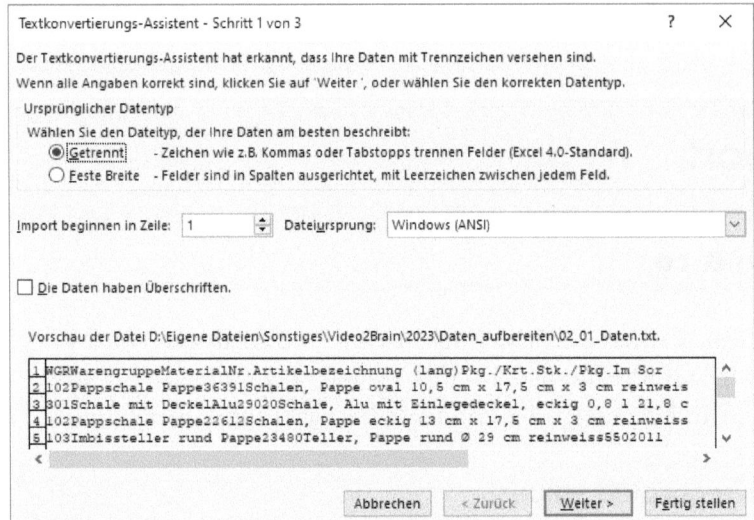

Abbildung 1.1 Eine TXT-Datei wird geöffnet.

Tipp

Damit man auch den Textkonvertierungsassistenten bei CSV-Dateien erhält, kann man die Dateiendung von CSV in TXT umbenennen.

1.1.3 TXT ist nicht TXT

Sicherlich ist es Ihnen schon aufgefallen, dass eine TXT-Datei in einem Editor in verschiedenen Codierungen abgespeichert werden kann:

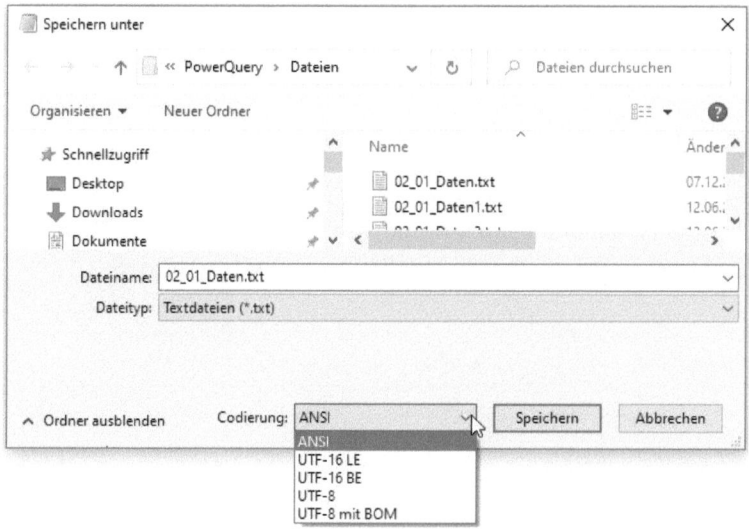

Abbildung 1.2 Eine TXT-Datei wird geöffnet.

Das wird beim Öffnen der Datei mit dem Textkonvertierungsassistenten sichtbar:

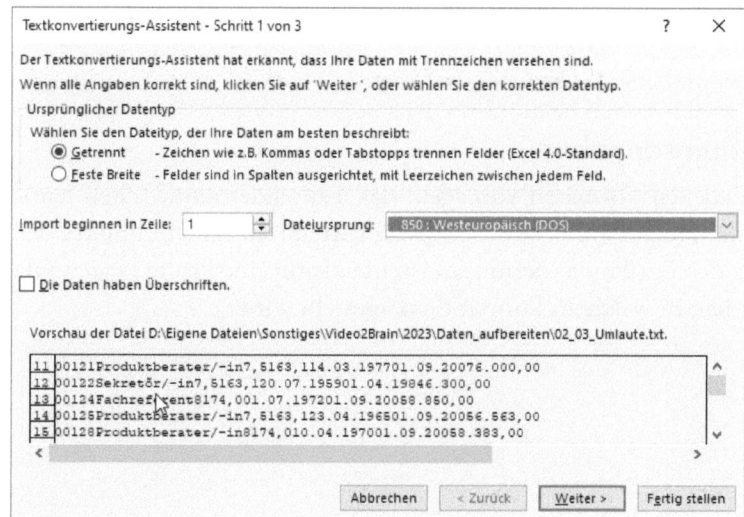

Abbildung 1.3 Der Textkonvertierungsassistent

Dort kann der Dateiursprung geändert werden.

Hinweis

Da man einer Textdatei die Codierung nicht ansehen kann, muss man bei falsch codierten Umlauten etwas „probieren". Viele Möglichkeiten gibt es nicht – die wichtigsten sind DOS, ISO, Mac und Windows.

1.1.4 Power Query

Und Power Query? Power Query scheint beim Öffnen der Dateien keine Probleme zu haben. Auch dort kann der Dateiursprung, also die Codierung, geändert werden:

WGR	Warengruppe	Material	Nr.	Artikelbezeichnung (lang)	Pkg./Krt.	Stk./Pkg.	Im Sortiment se
102	Pappschale	Pappe	36391	Schalen, Pappe oval 10,5 cm x 17,5 cm x 3 cm reinweiss	6	250	2004.
301	Schale mit Deckel	Alu	29020	Schale, Alu mit Einlegedeckel, eckig 0,8 l 21,8 cm x 15,4...	10	10	1504.
102	Pappschale	Pappe	22612	Schalen, Pappe eckig 13 cm x 17,5 cm x 3 cm reinweiss	2	250	704.
103	Imbissteller rund	Pappe	23480	Teller, Pappe rund Ø 29 cm reinweiss	5	50	2303.
202	Trinkbecher	Pappe	24301	Trinkbecher, automatengängig 0,2 l Ø 7,03 cm - 9,65 c...	4	1	1403.
101	Teller viereckig	Pappe	22124	Teller, Pappe eckig 13 cm x 20 cm reinweiss	4	250	903.
101	Teller viereckig	Pappe	22012	Teller, Pappe eckig 9 cm x 15 cm reinweiss	8	250	203.
302	Schale mit Einlegedeckel	Kunststoff	29027	Schale, Kunststoff mit Einlegedeckel, eckig 1 l 21,4 cm x...	8	25	1902.

Abbildung 1.4 Eine TXT-Datei wird über Power Query geöffnet.

1.1.5 Zahlen und Datumsangaben

Eine Zahl kann in verschiedenen Formaten vorliegen: das Tausendertrennzeichen kann ein Komma oder Punkt oder Hochkomma sein, das Dezimaltrennzeichen ein Punkt oder Komma. Im dritten Schritt des Textkonvertierungsassistenten kann eine Spalte ausgewählt werden und festgelegt werden, in welchem Format sie dargestellt wird:

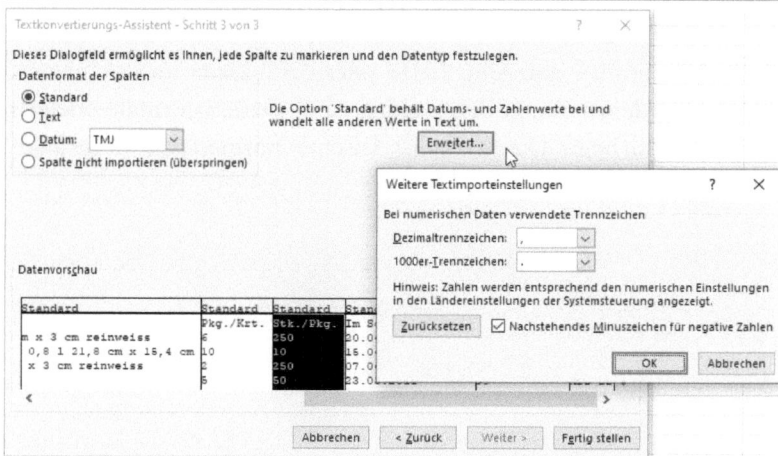

Abbildung 1.5 Zahlenformate im Textkonvertierungsassistenten

Besitzen Zahlen führende Nullen (Postleitzahlen, Telefonvorwahlen, Abteilungsnummern, …) sollte die Spalte als Text gekennzeichnet werden, da Excel beim Import diese Zahlen als Zahlen interpretieren würde und folglich die führenden Nullen entfernen würde.

Ebenso kann bei einer Spalte, in der sich Datumsangaben befinden, das Format, also die Reihenfolge Tag – Monat – Jahr festgelegt werden.

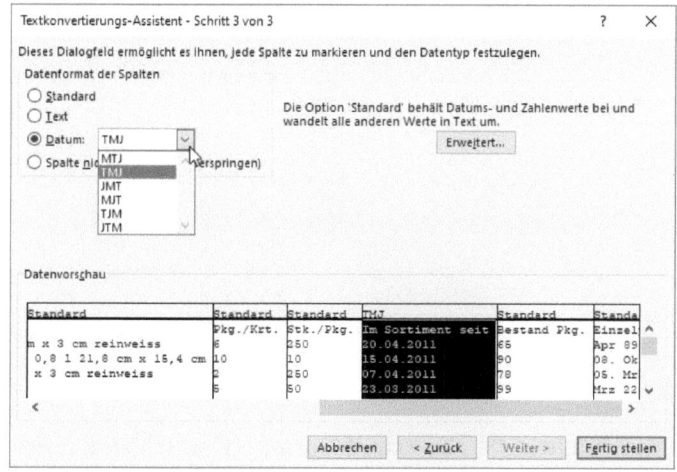

Abbildung 1.6 Datumsformate im Textkonvertierungsassistenten

1.1.6 Zahlen und Datumsangaben in Power Query

Anders dagegen in Power Query: Wird dort eine TXT- oder CSV-Datei importiert und transformiert, so lautet die Grundeinstellung, dass Zahlen- und Datumsformate erkannt werden. Diese automatische (und beim Datum meist falsche) Formaterkennung kann nachträglich korrigiert werden:

1²₃ StoreID	Date
750	340009	01.12.2013
751	340009	01.12.2013
752	340009	01.12.2013
753	340009	01.12.2013
754	340009	01.12.2013
755	340009	01.12.2013
756	340009	01.12.2013
757	340001	Error
758	340001	Error
759	340001	Error

Abbildung 1.7 Das Datum wurde in Power Query falsch erkannt.

Die Lösung für dieses Problem stellt das Gebietsschema dar, über welches beispielsweise Englisch (USA) ausgewählt werden kann und so das Datum korrekt interpretiert wird.

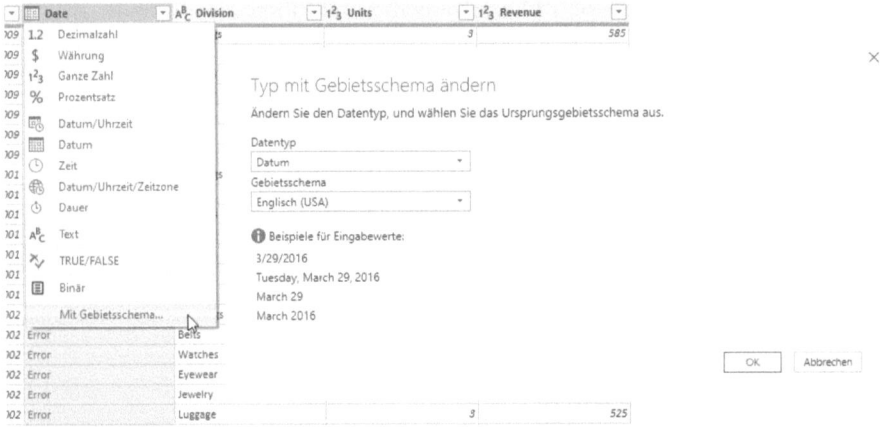

Abbildung 1.8 Das Gebietsschema

Das Gleiche gilt auch für Dezimalzahlen: Wählt man Deutsch (Deutschland) oder Deutsch (Österreich), so schlägt Power Query als Beispiel 2.100,50 vor, bei Deutsch (Schweiz) dagegen 2'100.50 und bei Englisch (USA) 2,100.50 vor.

Hinweis

Diese Grundeinstellung kann in Power Query über Datei / Optionen und Einstellungen / Abfrageoptionen / Daten laden geändert werden. Aktivieren Sie „Spaltentypen und -überschriften für unstrukturierte Quellen niemals erkennen".

Tipp

Wenn Sie häufig das Gebietsschema Englisch (USA) verwenden, drücken Sie die Taste [F]. Sie gelangen zum Gebietsschema „Färöisch". Nun ist „Englisch (USA)" sichtbar und leicht auswählbar.

1.2 Zugriff auf Excel

Eine Excelmappe in Excel zu öffnen, stellt eigentlich keine Schwierigkeit dar. Auch nicht der Zugriff in Power Query.

Sie sollten Folgendes beachten bei einem Zugriff über Power Query auf einen Ordner:

- ■ Power Query listet alle Dateien sämtlicher Unterordner auf. Sollen einige Ordner davon ausgeschlossen sein, kann man sie über die Spalte „Folder Path" filtern.

- ■ Die Endungen (wenn beispielsweise nur XLSX-Dateien gefiltert werden sollen), können über die Spalte „Extension" festgelegt werden.

- ■ Möglicherweise ist die Endung einer oder mehrerer Dateien großgeschrieben. Sie sollten die Endungen der Spalten in Kleinbuchstaben transformieren, da Power Query strikt zwischen Groß- und Kleinbuchstaben unterscheidet.

- ■ Sollte eine Datei noch geöffnet sein, beziehungsweise nicht richtig geschlossen sei, befindet sich ein Eintrag in der Liste mit einer Tilde (~). Sie sollten die Dateinamen mit dem Textfilter filtern: Enthält nicht „~"

Abbildung 1.9 Zugriff mit Power Query auf einen Ordner

1.3 Zugriff auf das Web

Power Query erlaubt einen Zugriff auf Tabellen einer Internetseite, die nicht mit einem Passwort geschützt ist. Alle Tabellen werden aufgelistet – man kann die Daten einer Tabelle auslesen oder auch mehrerer Tabellen, die anschließend zusammengeführt werden.

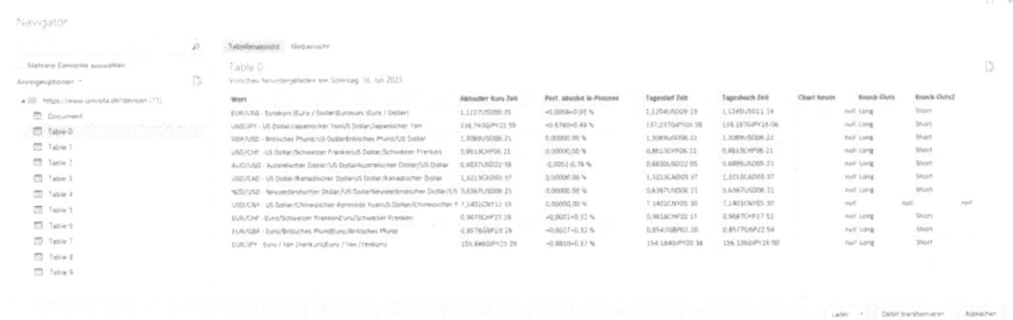

Abbildung 1.10 Zugriff mit Power Query auf eine Internetseite

Hinweis

Beachten Sie, dass einige Informationen in Tabellen nicht so vorliegen, wie es scheint: Leerzeichen, Trennstriche, Umbrüche, … Mehr dazu in Kapitel 5.

Es kann der Fall sein, dass die Daten nicht in Tabellenform auf einer Internetseite vorliegen. Dann hilft folgende Technik:

Greifen Sie auf die Webseite zu.

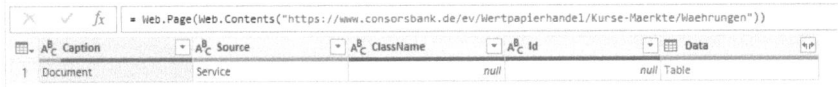

Abbildung 1.11 Zugriff mit Power Query auf eine Internetseite mit Web.Page

Ersetzen Sie den Befehl

```
Web.Page
```

durch

```
CSV.Document
```

Dann wird der Inhalt der Seite aufgelistet, der nun geschickt gefiltert und transformiert werden kann:

Abbildung 1.12 Zugriff mit Power Query auf eine Internetseite mit Csv.Document

2 Formate und Datentypen

Und dann ist es doch passiert: entweder Sie haben eine CSV- oder TXT-Datei geöffnet und nicht auf den korrekten Datentyp geachtet. Zahlen oder Datumsangaben wurden nicht korrekt importiert. Oder führende Nullen wurden entfernt. Oder es treten Fehler auf, weil Artikelnummern einen Bindestrich, Schrägstrich, Doppelpunkt oder ähnliches enthalten. Das heißt: Daten müssen im Nachhinein bereinigt werden.

2.1 Falsche Zahlenformate

Sicherlich kennen Sie das Problem: in anderen Ländern wird ein anderes Dezimaltrennzeichen verwendet. Das muss korrigiert werden!

Bez.	Station [m] von 0,00 gemessen	H Gelände [HNN]	H Sohle - [HNN]	Innendurch- messer mm	Leitungs- Tiefe - in [m]	Sohlgefälle [prom]	Knoten Name
K1	0.37	336,554.29	335,154.58	80.64	1,400.63	32,599.53	Schieber/Pumpe
K2	2,546.29	336,637.59	335,237.22	80.73	1,400.17	140,924.66	Bogen/Knoten
K28	11,909.72	337,956.41	336,556.85	80.62	1,400.96	140,924.75	Bogen/Knoten
K29	34,161.23	340,000.71	338,600.97	80.26	1,400.37	0.94	Bogen/Knoten
K30	78,104.11	340,572.13	339,172.28	80.46	1,400.78	95,340.15	Bogen/Knoten
K3	105,657.05	343,543.63	342,143.60	80.89	1,400.23	47,512.18	Bogen/Knoten
K4	113,827.03	343,932.35	342,532.97	80.93	1,400.07	109,769.78	Bogen/Knoten
K5	162,941.12	349,190.20	347,790.62	80.74	1,400.79	57,499.33	Bogen/Knoten
K6	309,701.51	358,088.73	356,688.19	80.95	1,400.81	43,886.97	Bogen/Knoten

Abbildung 2.1 Dezimaltrennzeichen und Tausendertrennzeichen sind nicht korrekt

2.1.1 Assistenten

Natürlich kann man mit Suchen und Ersetzen ([Strg] + [H]) Punkt und Komma vertauschen. Man könnte im ersten Schritt das Komma löschen und anschließend den Punkt durch ein Komma ersetzen.

Das ist mühsam, wenn jede Woche eine neue Datei geliefert wird.

2.1.2 Formeln

Die Funktion WECHSELN ersetzt einen Text durch einen anderen. Man kann diese Funktion mehrmals anwenden.

```
=WERT(WECHSELN(WECHSELN(B3;",";"");".";",")) 
```

Hinweis

Beachten Sie, dass WECHSELN einen Text zurückgibt. Damit eine Zahl vorliegt, mit der weitergerechnet werden kann, muss die Funktion WERT den Text in eine Zahl konvertieren.

Analog verwandelt die Funktion ZAHLENWERT diese falsche Zahl in eine korrekte:

```
=ZAHLENWERT(B3;".";",")
```

	A	B	C	D	E	F	G	H	I	J	K	L	M	N	O
		f_x =ZAHLENWERT(B3;".";",")													
1	Bez.	Station [m] von 0,00 gemessen	H Gelände [HNN]	H Sohle - [HNN]	Innendurch- messer mm	Leitungs- Tiefe - in [m]	Sohlgefälle [prom]	Knoten Name							
2															
3	K1	0.37	336,554.29	335,154.58	80.64	1,400.63	32,599.53	Schieber/Pumpe	0,37	336554,29		0,37	336554,29	335154,58	
4	K2	2,546.29	336,637.59	335,237.22	80.73	1,400.17	140.924.66	Bogen/Knoten	2546,29	336637,59		2546,29	336637,59	335237,22	
5	K28	11,909.72	337,956.41	336,556.85	80.62	1,400.96	140.924.75	Bogen/Knoten	11909,72	337956,41		11909,72	337956,41	336556,85	
6	K29	34,161.23	340,000.71	338,600.97	80.26	1,400.37	0.94	Bogen/Knoten	34161,23	340000,71		34161,23	340000,71	338600,97	
7	K30	78,104.11	340,572.13	339,172.28	80.46	1,400.78	95,340.15	Bogen/Knoten	78104,11	340572,13		78104,11	340572,13	339172,28	
8	K3	105,657.05	343,543.63	342,143.60	80.68	1,400.23	47,512.18	Bogen/Knoten	105657,05	343543,63		105657,05	343543,63	342143,6	
9	K4	113,827.03	343,932.35	342,532.97	80.93	1,400.07	109,769.78	Bogen/Knoten							
10	K5	162,941.12	349,190.20	347,790.62	80.78	1,400.79	57,499.33	Bogen/Knoten	=ZAHLENWERT(B3;".";",")			=WERT(WECHSELN(WECHSELN(B3;",";"");".";","))			
11	K6	309,701.51	358,088.73	356,688.19	80.95	1,400.81	43,886.97	Bogen/Knoten							
12	K7	425,805.84	363,812.64	362,412.79	80.56	1,400.86	102,614.30	Bogen/Knoten							
13	K26	470,031.65	367,369.46	365,969.67	80.43	1,400.52	96,839.78	Bogen/Knoten							

Abbildung 2.2 WECHSELN und ZAHLENWERT

2.1.3 Power Query

Sehr viel leichter gestaltet sich hier Power Query. Dort kann nicht nur das korrekte Zahlenformat verwendet werden, sondern mit Hilfe des Gebietsschemas kann auch das Ursprungsformat, welches aus einem anderen Land kommt, verwendet werden.

Abbildung 2.3 Das Gebietsschema

Weitere Informationen finden Sie in Kapitel 1.1.6 Zahlen und Datumsangaben in Power Query.

2.2 Datum und Uhrzeit

Analog zu den Zahlen kann auch das Datum falsch importiert worden sein. Denn in Excel stellt jedes (gültige) Datum eine Zahl dar. Und ein „falsches" Datum muss korrigiert werden. Auch hierfür gibt es verschiedene Ansätze.

2.2.1 Assistenten

Ein nützlicher Assistent stellt in diesem Zusammenhang Daten / Text in Spalten dar.

Hilfsspalten werden eingefügt (hier: zwei), die Spalte (mit den nicht korrekten Datumsangaben) wird markiert, das richtige Trennzeichen eingetragen und schon sind die Informationen in ihre Bestandteile zerlegt:

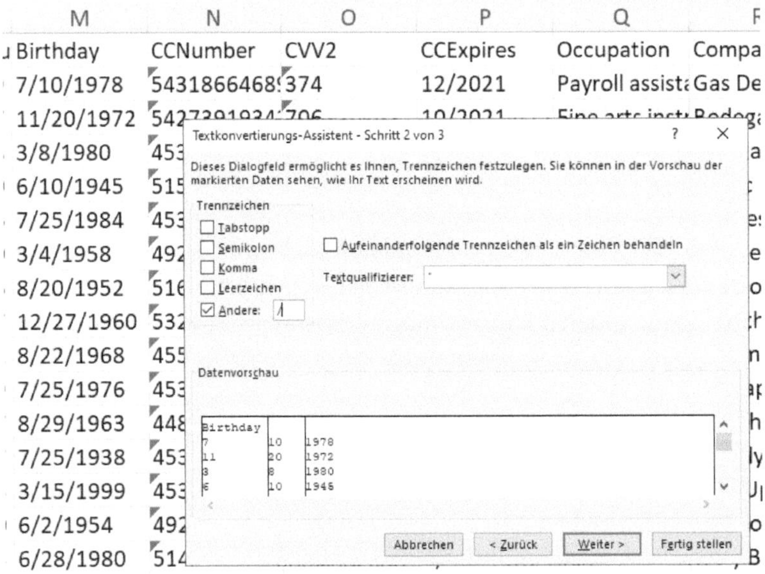

Abbildung 2.4 Der Assistent „Text in Spalten"

Allerdings: kein Assistent kann drei Informationen, die in getrennten Spalten vorliegen zu einem Datum oder einer Uhrzeit verbinden. Das muss per Formel gelöst werden.

Sehr viel effizienter gestaltet sich der Assistent, wenn ein Trennzeichen angegeben wird, das nicht in den Zellen vorhanden ist. Im dritten Schritt kann das Format festgelegt werden. Das heißt: die Spalte wird mit sich selbst im korrekten Datumsformat überschrieben.

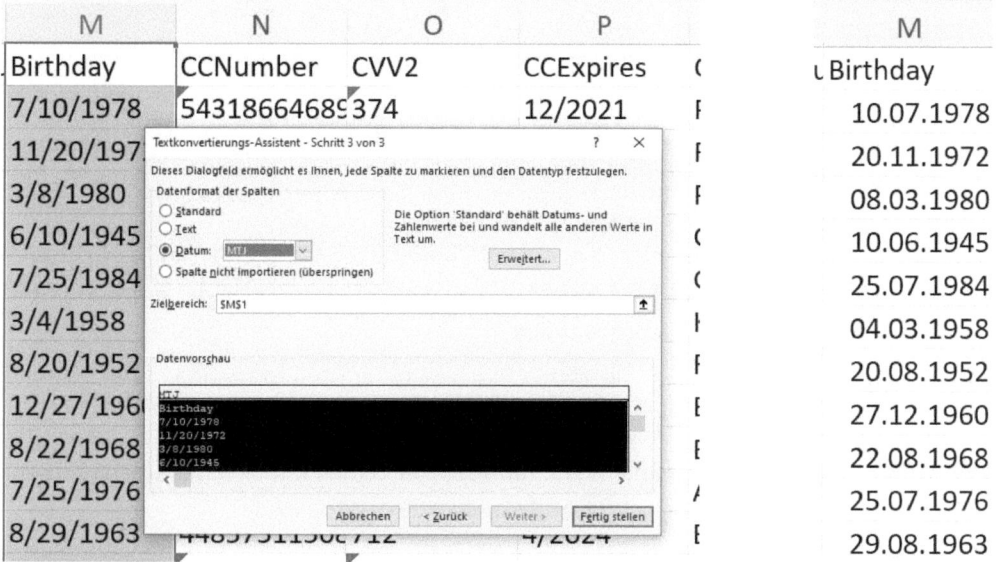

Abbildung 2.5 Der Assistent „Text in Spalten" hilft bei falschen Datumsformaten

2.2.2 Formeln

Man kann sich die Informationen in ihre Bestandteile mit dem Assistenten „Text in Daten", der sich im Register „Daten" befindet, trennen lassen. Und anschließend mit der Funktion DATUM wieder zusammenführen. Oder man trennt per Funktionen: LINKS, RECHTS und TEIL leisten hier gute Arbeit, ebenso TEXTTEILEN.

Steht das Datum, beispielsweise 6/28/1980 in der Zelle M2, so liefert

=LINKS(M2;SUCHEN("/";M2)-1)

oder auch

=WECHSELN(LINKS(M2;2);"/";"")

die erste Zahl.

Die Formel

=(WECHSELN(LINKS(TEIL(M2;SUCHEN("/";M2)+1;LÄNGE(M2));3);"/";"")

liefert die zweite Zahl

=RECHTS(M2;4)

Hinweis
Beachten Sie, dass alle Formeln die Werte als Text zurückgeben!

Die Funktion DATUM kann diese drei Teile zusammenfassen, beispielsweise so:

```
=DATUM(RECHTS(M2;4);LINKS(M2;SUCHEN("/";M2)-1);
WECHSELN(LINKS(TEIL(M2;SUCHEN("/";M2)+1;LÄNGE(M2));3);"/";""))
```

Eleganter funktioniert es mit

Trennt man die Bestandteile mit TEXTTEILEN auf, könnte die Formel wie folgt aussehen:

```
=DATUM(SPALTENWAHL(TEXTTEILEN(M2;"/");3);
SPALTENWAHL(TEXTTEILEN(M2;"/");1);SPALTENWAHL(TEXTTEILEN(M2;"/");2))
```

Legt man die Funktion TEXTTEILEN(M2;"/") auf einen Parameter in der Funktion LET kann die Funktion auch geschrieben werden:

```
=LET(Datumgetrennt;TEXTTEILEN(M2;"/");
DATUM(SPALTENWAHL(Datumgetrennt;3);SPALTENWAHL(Datumgetrennt;1);
SPALTENWAHL(Datumgetrennt;2)))
```

Wählt man statt des Parameternamens „Datumgetrennt" einen kürzeren Parameternamen, beispielsweise „D" sieht die Formel folgendermaßen aus:

```
=LET(D;TEXTTEILEN(M2;"/");DATUM(SPALTENWAHL(D;3);SPALTEN-
WAHL(D;1);SPALTENWAHL(D;2)))
```

Analog werden mehrere Uhrzeiten getrennt, wenn sie als Text vorliegen. falls beispielsweise das Trennzeichen kein Doppelpunkt ist:

Übertragungsdauer	Min als Text	Min als Zahl	Pos von "Min"		Sekunden	Sekunden als Zahl	60*Min+Sekunden
1 Min 15 Sek	1	1	2	15		15	75
3 Min 19 Sek	3	3	2	19		19	199
3 Min 32 Sek	3	3	2	32		32	212
9 Min 34 Sek	9	9	2	34		34	574
6 Min 22 Sek	6	6	2	22		22	382
7 Min 27 Sek	7	7	2	27		27	447
6 Min 29 Sek	6	6	2	29		29	389

Abbildung 2.6 Auch Uhrzeiten können getrennt werden

2.2.3 Power Query

Power Query scheint auch hier die bessere Wahl zu sein.

Dort wird entsprechende Gebietsschema gewählt:

Abbildung 2.7 Das Gebietsschema

Weitere Informationen finden Sie in Kapitel 1.1.6 Zahlen und Datumsangaben in Power Query

2.3 Formate

Manchmal ist es nötig nach Formaten zu suchen, diese gezielt zu löschen oder auch Formate durch andere zu ersetzen. Es ist trivial – aber mit Formeln kann man nicht Formate modifizieren, löschen oder durch andere Formate ersetzen.

2.3.1 Assistenten

Ein wenig versteckt ist die Einstellung schon: Wussten Sie, dass Sie im Suchen- (und Ersetzen-)Dialog nach Formaten suchen können?

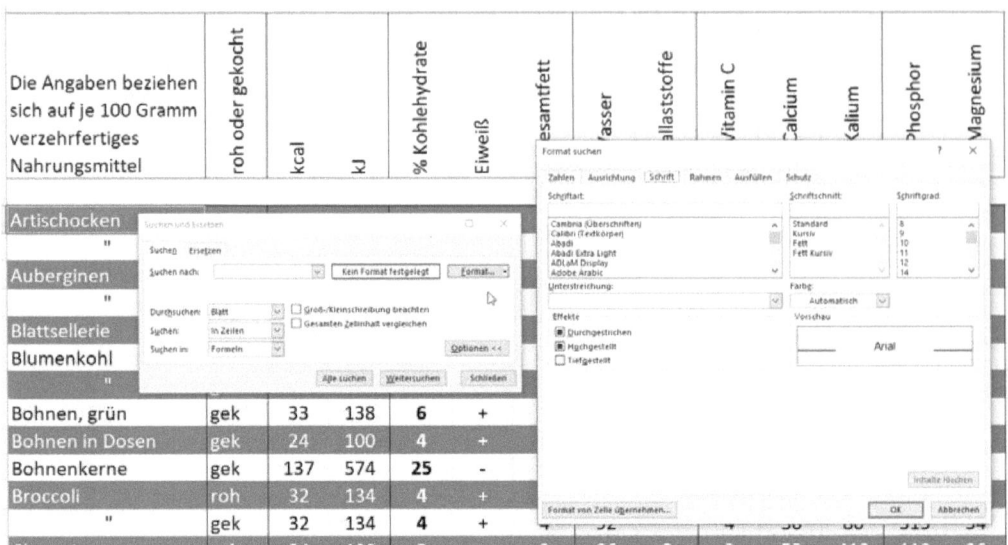

Abbildung 2.8 Suchen und Ersetzen

Hinweis

Beachten Sie Folgendes: Wenn Sie ein Format gesucht haben und anschließend einen Text suchen, ist die letzte Formatsuche noch eingestellt. Sie muss explizit gelöscht werden!

2.3.2 Power Query

Kann Power Query Formate verarbeiten? Formate transformieren also modifizieren? Ein schneller Zugriff auf eine formatierte Liste liefert die Antwort: NEIN! Power Query ist zum Transformieren von Daten erstellt wurden – es gibt keine Möglichkeit mit diesem Werkzeug gezielt auf Zellformate zuzugreifen.

2.4 Text und Zahl

Kennen Sie SAP? Das ist mein Freund!

Nein – das war sehr ironisch. Jeder, der häufig Daten aus SAP oder anderen Datenbanksystemen exportiert, kennt sicherlich das Problem: Ab und zu werden Textinformationen unter die Zellen geschoben. Das sieht man erstaunlicherweise nicht – die Zellen sind als „Standard" formatiert. Oft erkennt man es daran, dass die Zahlen linksbündig in der Zelle stehen. Spätestens wenn Sie mit den Zahlen weiterrechnen möchten oder wenn Sie die

Zahlen sortieren oder filtern oder als Zahlen formatieren möchten ... stellen Sie fest, dass Excel Ihnen nun einen Strich durch die Rechnung macht.

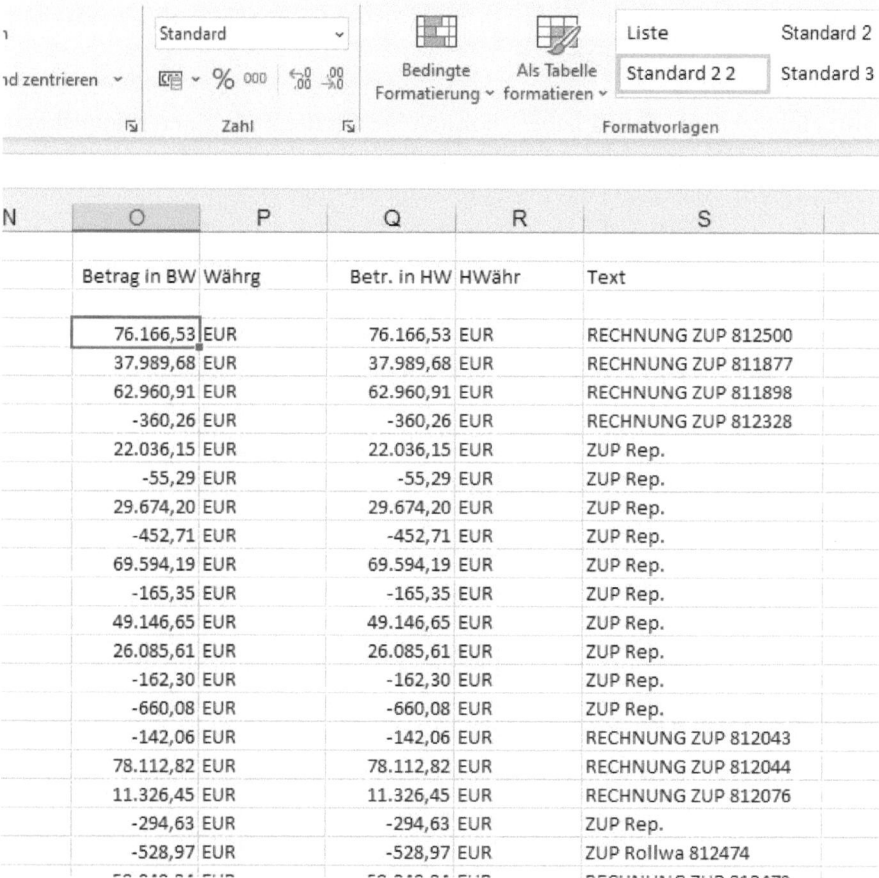

Abbildung 2.9 Das ist leider keine Zahl

Sieht aus wie Zahl, ist aber Text.

Ich habe für dieses Problem folgende Lösungen gefunden:

2.4.1 Assistenten

- Wenn Sie Glück haben und das kleine grüne Dreieck „Fehlerüberprüfung" sehen, können Sie darüber die Texte in Zahlen zurückkonvertieren.

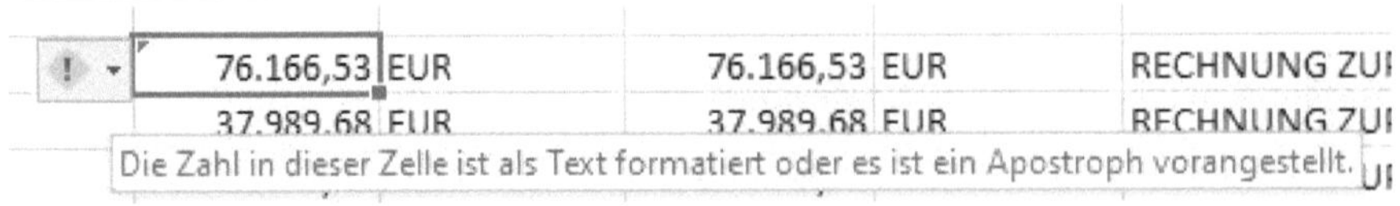

| 76.166,53 | EUR | 76.166,53 | EUR | RECHNUNG ZU! |
| 37.989,68 | EUR | 37.989,68 | EUR | RECHNUNG ZU! |

Die Zahl in dieser Zelle ist als Text formatiert oder es ist ein Apostroph vorangestellt.

Abbildung 2.10 Das Smarttag kann helfen.

- Wenn Sie nur einige wenige Zellen haben, können Sie auf die Zelle einen Doppelklick machen (oder mit [F2] die Zelle editieren und anschließend wieder mit [Enter] beenden. Dann „greift" sich Excel das korrekte Zahlenformat.

- Die Zahl 1 in eine leere Zelle schreiben. Die Zelle kopieren, den Text-Zahl-Bereich markieren und mit Inhalten einfügen / Multiplizieren (Kontextmenü) „darüberwerfen". Excel greift sich nun das korrekte Zahlenformat.

- Oder Sie markieren die Spalten und verwenden den Assistenten „Text in Spalten", den Sie im Register „Daten" finden. Geben Sie dort ein absurdes Trennzeichen ein (beispielsweise eine ~); ein Trennzeichen, das es natürlich in den Zahlen nicht gibt. Dann überschreibt der Assistent die Werte mit sich selbst und „greift sich" das korrekte, das heißt das darunterliegende Zahlenformat.

2.4.2 Formeln

- Sie können in einer Hilfsspalte daneben den Wert der Zelle mit 1 multiplizieren (=O2*1). Die Formel herunterziehen, kopieren und die Inhalte als Werte einfügen.

- Das Gleiche erledigt auch die Funktion =WERT

- Oder auch der Rechenoperator – –

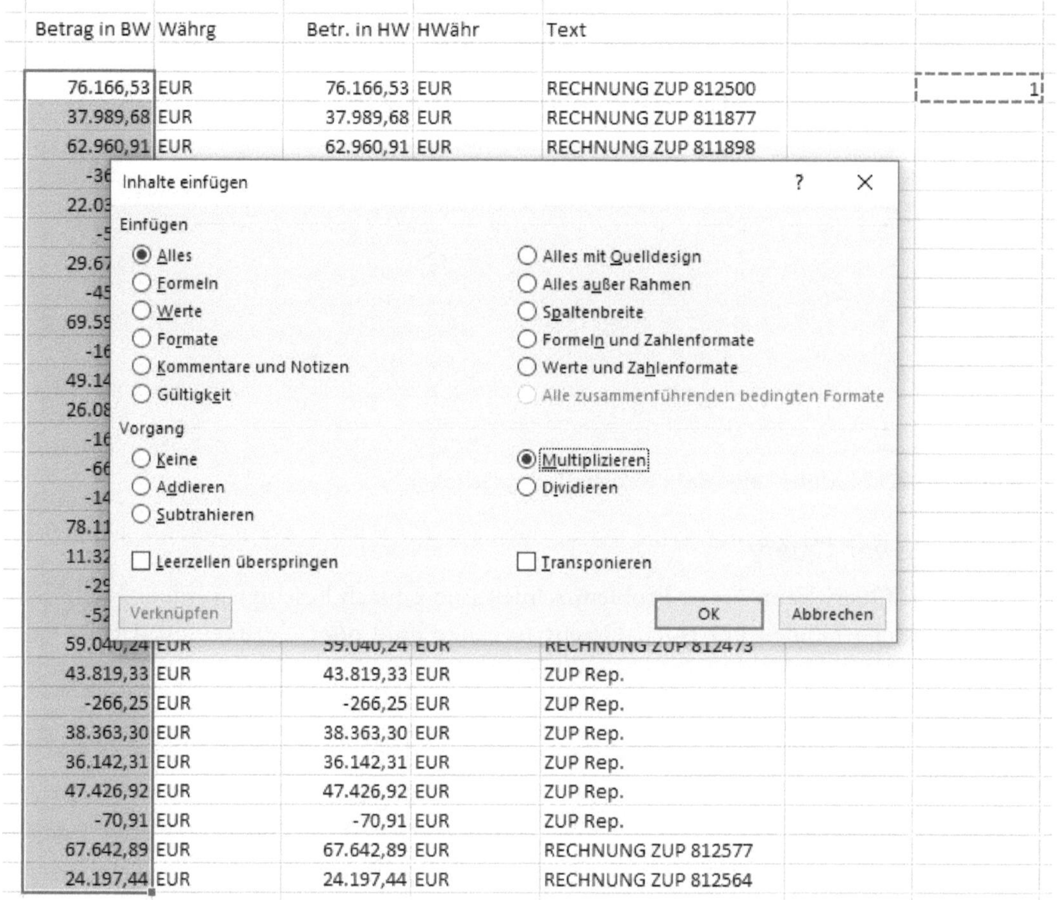

Betrag in BW	Währg	Betr. in HW	HWähr	Text		
76.166,53	EUR	76.166,53	EUR	RECHNUNG ZUP 812500		1
37.989,68	EUR	37.989,68	EUR	RECHNUNG ZUP 811877		
62.960,91	EUR	62.960,91	EUR	RECHNUNG ZUP 811898		
-36						
22.03						
-5						
29.67						
-45						
69.59						
-16						
49.14						
26.08						
-16						
-66						
-14						
78.11						
11.32						
-29						
-52						
59.040,24	EUR	59.040,24	EUR	RECHNUNG ZUP 812473		
43.819,33	EUR	43.819,33	EUR	ZUP Rep.		
-266,25	EUR	-266,25	EUR	ZUP Rep.		
38.363,30	EUR	38.363,30	EUR	ZUP Rep.		
36.142,31	EUR	36.142,31	EUR	ZUP Rep.		
47.426,92	EUR	47.426,92	EUR	ZUP Rep.		
-70,91	EUR	-70,91	EUR	ZUP Rep.		
67.642,89	EUR	67.642,89	EUR	RECHNUNG ZUP 812577		
24.197,44	EUR	24.197,44	EUR	RECHNUNG ZUP 812564		

Dialog "Inhalte einfügen":

Einfügen
- (•) Alles
- ( ) Formeln
- ( ) Werte
- ( ) Formate
- ( ) Kommentare und Notizen
- ( ) Gültigkeit
- ( ) Alles mit Quelldesign
- ( ) Alles außer Rahmen
- ( ) Spaltenbreite
- ( ) Formeln und Zahlenformate
- ( ) Werte und Zahlenformate
- ( ) Alle zusammenführenden bedingten Formate

Vorgang
- ( ) Keine
- ( ) Addieren
- ( ) Subtrahieren
- (•) Multiplizieren
- ( ) Dividieren

☐ Leerzellen überspringen   ☐ Transponieren

[Verknüpfen]   [OK]   [Abbrechen]

Abbildung 2.11 Multiplikation mit 1

Zur Ehrenrettung von SAP sei angemerkt: Viele mir bekannte Datenbanksysteme, die da heißen DATEV, KISS, ORBIS, EBIS und andere „schieben" manchmal (nicht immer!) Textformate unter Zahlen beim Export nach Excel.

Dieses Phänomen kann man leicht simulieren: Ein Makro wie:

```
Sub MacheTextAusZahl()
    Dim s As String
    s = InputBox("Bitte geben Sie eine Zahl ein!")
    ActiveCell.Value = s
End Sub
```

Wandelt die Zahl 17,5 in den Text „17,5" um.

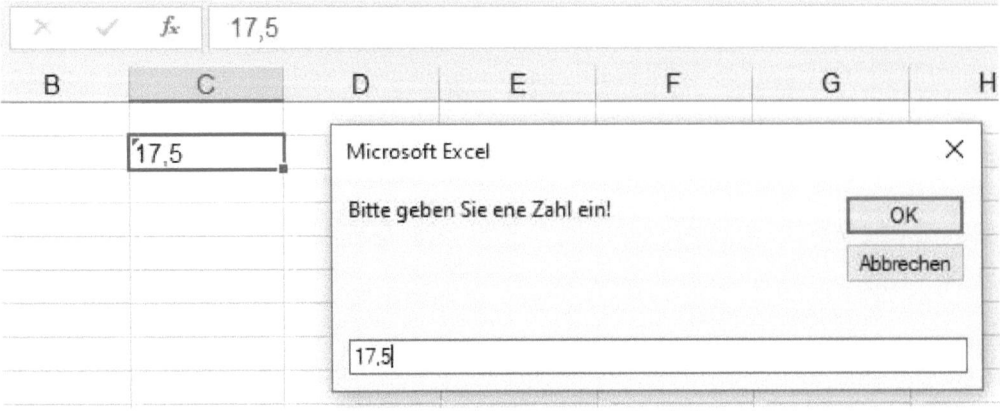

Abbildung 2.12 „Unter" eine Zahl wird ein Text geschoben.

2.4.3 Power Query

Mit Power Query kann dieses Problem schnell und einfach beseitigt werden: Nach dem Import wählen Sie den korrekten Datentyp: ganze Zahl oder Dezimalzahl. Und – falls nötig – mit einem bestimmten Gebietsschema.

3 Formate und Inhalte

Auch verbundene Zellen sind Zellformate. In Word kann man Texte, die Versalien, also in Großbuchstaben geschrieben wurden, durch geschicktes Formatieren in Groß- und Kleinschreibung ändern. Die Zeilenhöhe von ausgeblendeten Zeilen in Excel sind Zeilenformate mit einer Zeilenhöhe 0. Sehen wir es uns diese Probleme in Excel an!

3.1 ALLES GROSS? alles klein?

Was tun Sie, wenn Sie eine Liste erhalten, in der sämtliche Texte in Großbuchstaben stehen? Alles noch einmal abtippen? Bloß nicht! Formeln helfen.

Hinweis
Anders als in Word, PowerPoint oder Outlook gibt es in Excel leider kein Format und auch keine Tastenkombination zum Ändern der Groß- und Kleinschreibung.

3.1.1 Formeln

Die drei Funktionen GROSS, KLEIN und GROSS2 ändern die Groß- und Kleinschreibung. Das Wort Sonnenschein wird zu

SONNENSCHEIN

Sonnenschein

sonnenschein

Der Text „Sage mir die drei magischen Worte! – Heute ist Freitag." wird zu

SAGE MIR DIE DREI MAGISCHEN WORTE! – HEUTE IST FREITAG.

Sage Mir Die Drei Magischen Worte! – Heute Ist Freitag.

sage mir die drei magischen worte! – heute ist freitag.

Hinweis

Übrigens bleibt der Buchstaben „ß" beim Ändern in Groß- und Kleinschreibung erhalten. Ebenso werden die Umlaute ä, ö und ü nicht geändert – auch nicht Buchstaben mit Akzent („René")

3.1.2 Power Query

Sicherlich kennen Sie den Befehl: Mit den Befehlen kleinbuchstaben, GROSSBUCH-STABEN und Ersten Buchstaben im Wort großschreiben kann man die Groß- und Kleinschreibung schnell ändern:

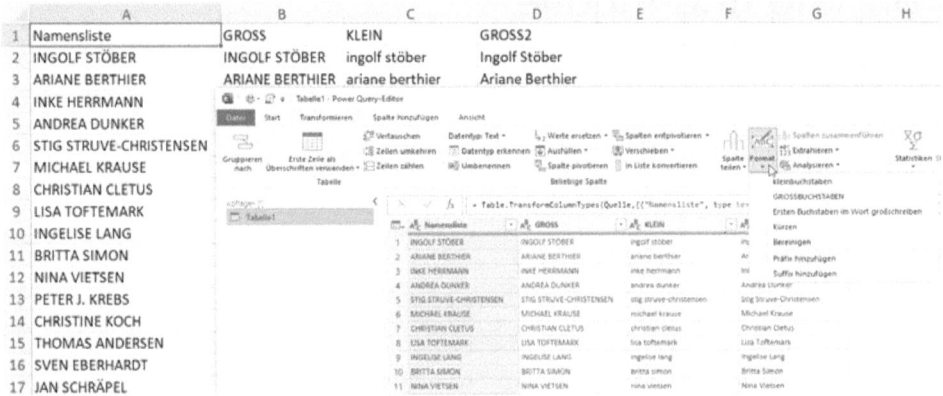

Abbildung 3.1 Groß- und Kleinschreibung in Power Query transformieren

Hinweis

Dieser Befehl ist wichtig, wenn mögliche Groß- und Kleinschreibung ausgeschaltet werden soll. Beispielsweise, wenn Sie bestimmte Dateinamen, Dateiendungen, Ordnernamen, … suchen. Oder auch, wenn Sie nicht wissen, ob Anwender und Anwenderinnen Texte immer in der korrekten Groß- und Kleinschreibung eingetragen haben.

3.2 **Verbundene Zellen**

In Excel kann man mehrere Zellen horizontal und vertikal verbinden. Das sieht zwar gut aus, bereitet aber bei vielen Aktionen Probleme: beim Markieren, Formatieren, Sortieren, Filtern, Pivotieren, Zugreifen per Programmierung (in welcher Zelle steht der Text?), … Interessanterweise werden diese Zellen nicht physisch zu einer Zelle verbunden, sondern Excel legt ein Format über die Zellen. Die Option „Zellen verbinden" findet sich im Dialog Zellen formatieren im Register „Ausrichtung" und kann auch mit dem Werkzeug „Format übertragen" von einer Zelle auf eine andere übertragen werden.

Weitere Probleme werden in Kapitel 10 aufgelistet.

3.2.1 Assistenten

Wenn Sie eine Tabelle erhalten, erkennen Sie, ob Zellen verbunden sind, indem Sie alle Zellen markieren. Ist das Symbol in der Registerkarte „Start" aktiv, gibt es verbundene Zellen. Man kann das ganze Blatt markieren und dann „Zellen verbinden und zentrieren" deaktivieren. Diese Aktion kann eine Weile – mehrere Sekunden bis mehrere Minuten – dauern!

Hinweis

Man kann verbundene Zellen auch mit dem Suchen-Assistenten finden – indem Sie bei den Formaten in der Registerkarte „Ausrichtung" die Option „Zellen verbinden" suchen.

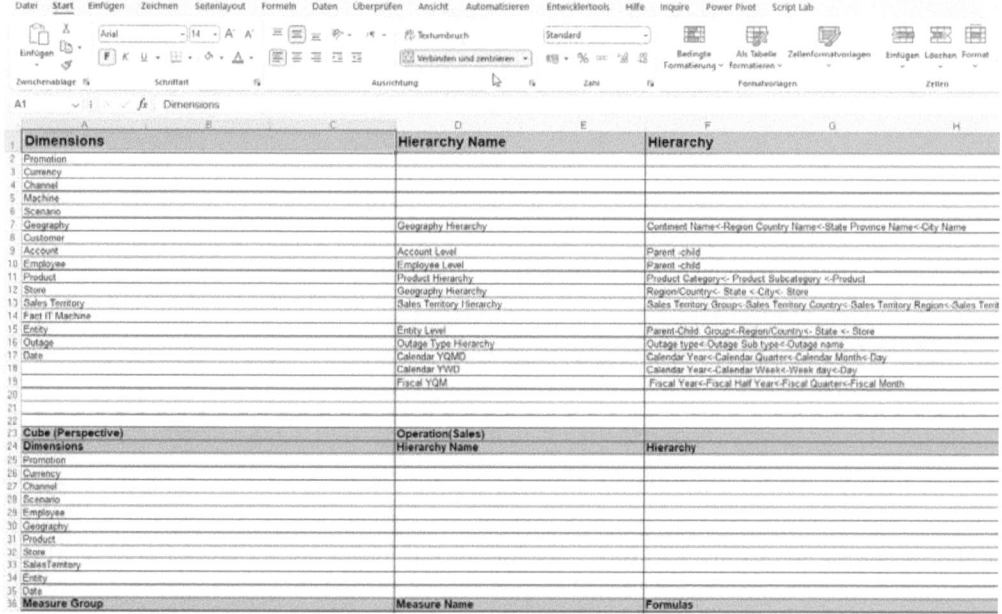

Abbildung 3.2 Verbundene Zellen – häufig ein Ärgernis

3.2.2 Formeln

Stehen Werte in verbundenen Zellen, wird der Wert aus der linken, oberen Zelle ausgelesen. Das heißt: sind A1:D6 verbunden, liefert die Formel

=SUMME(A:A)

Einen Wert, der den Wert der verbundenen Zellen enthält. Die Funktion

=SUMME(B:B) oder =SUMME(C:C)

Dagegen nicht.

3.2.3 Power Query

Und was macht Power Query beim Zugriff auf verbundene Zellen? Das Extrahieren bereitet keine Probleme – intern wird der Zellverband wieder aufgelöst – die Informationen hinter den verbundenen Zellen werden mit „null" aufgelöst.

Abbildung 3.3 Verbundene Zellen – für Power Query kein Problem.

3.3 Ausgeblendete Zeilen (und Spalten)

Natürlich kann es wichtig sein, störende Zeilen oder Spalten, in denen Hilfswerte stehen, temporär auszublenden. Oder auch für den Druck die Informationen nicht auf dem Papier erscheinen zu lassen. Allerdings verbirgt sich dahinter eine Gefahr: Befinden sich in den ausgeblendeten Zellen Zahlen, werden diese durch Funktionen wie SUMME, ANZAHL, MITTELWERT & co mitgerechnet.

> **Hinweis**
> In der Praxis – vor allem beim Datenaustausch – sollten keine Zeilen ausgeblendet werden.

3.3.1 Assistenten

Kann man ausgeblendete Zeilen finden? Nein, leider nein.

Natürlich hilft Inquire bei der Suche, aber Excel stellt kein Werkzeug zur Suche von Zeilen mit der Höhe 0 zur Verfügung.

Allerdings: werden alle Zeilen (und Spalten) markiert, kann man alle ausgeblendeten Zeilen (und Spalten) wieder einblenden.

Hinweis

Kennen Sie die Tastenkombinationen [Strg] + [9[und [Strg] + [8]? Mit ihrer Hilfe kann man Zeilen, beziehungsweise Spalten ausblenden. Analog blenden [Umschalt] + [Strg] + [9] und [Umschalt] + [Strg] + [8] die Zeilen und Spalten wieder ein.

Achten Sie beim Ausblenden darauf, was Sie markiert haben. Wenn Sie eine Zeile markiert haben und alle Spalten ausblenden, sind alle Zellen ausgeblendet!

3.3.2 Power Query

Kurz und knapp: Power Query übergeht ausgeblendete Zeilen und Spalten. Da der Fokus des Programms auf den Daten liegt, werden Informationen aus Zeilen unabhängig von ihrer Zeilenhöhe und Spaltenbreite ausgewertet.

4 Unliebsame Zeichen

Manchmal schleichen sich Zeichen in eine Exceltabelle ein, die nicht gewünscht sind. Das kann von einem (Datenbank-)System herrühren, welches beispielsweise nicht druckbare Zeichen beim Excelexport einfügt, aber auch eine Internetseite oder ein Textdokument können die Ursache darstellen, wenn sich beispielsweise bedingte Trennstriche oder geschützte Leerzeichen in den Texten befinden. Aber auch Menschen können die Ursache sein: entweder durch unbeabsichtigtes Drücken einer Taste oder – noch schlimmer – durch Gewohnheit werden Leerzeichen am Ende eines Textes eingefügt. All diese Zeichen müssen analysiert und natürlich entfernt werden.

4.1 Zeilenumbruch

In Word drückt man die Tastenkombination [Umschalt] + [Enter], in Excel ist es [Alt] + [Enter], um einen Zeilenumbruch oder eine Zeilenschaltung zu erzeugen. Solche Zeichen müssen entfernt werden. Bevor wir sie entfernen – lassen Sie uns die Zeilenumbrüche in Excel erzeugen:

Natürlich kann man

```
Hallo[Alt] + [Enter]Leute
```

In eine Zelle schreiben. Excel quittiert dies mit einem Zeilenumbruch und die Zelle wird mit Textumbruch formatiert. Alternativ kann man

```
="Hallo"&ZEICHEN(10)&"Leute"
```

schreiben. Achtung: Danach muss die Zelle mit Textumbruch formatiert werden. Die Zahl 10 steht für das nichtdruckbare Zeichen, welches den Zeilenumbruch (in Excel) repräsentiert.

Umgekehrt: Befindet sich in einer Zelle ein solcher Text kann man das sechste Zeichen (das Zeichen nach „Hallo") herauslösen (wenn der Text in E4 steht):

```
=TEIL(E4;6;1)
```

Natürlich sieht man nichts in der Zelle. Um die Codezahl zu erhalten, wählt man die Funktion CODE. Also:

```
=CODE(TEIL(E4;6;1))
```

Das Ergebnis: 10.

4.1.1 Formeln

Das bedeutet, dass man mit der Funktion WECHSELN alle Zeilenschaltungen in einem Text einer Zelle entfernen kann:

```
=WECHSELN(E4;ZEICHEN(10);"")
```

Oder man ersetzt ihn durch einen anderen Text, beispielsweise einem Schrägstrich.

```
=WECHSELN(E4;ZEICHEN(10);"/")
```

4.1.2 Assistenten

Erstaunlicherweise kann man den Umbruch auch mit dem Ersetzen-Assistenten löschen (oder durch ein anderes Zeichen ersetzen):

Rufen Sie Start / Suchen und Auswählen / Ersetzen auf (oder drücken [Strg] + [H]).

Tragen Sie die Tastenkombination [Strg] + [J] ein.

Nun erscheint ein blinkender Punkt. Dieser dient als Vorgabe, um die Zeilenschaltung zu finden und zu ersetzen.

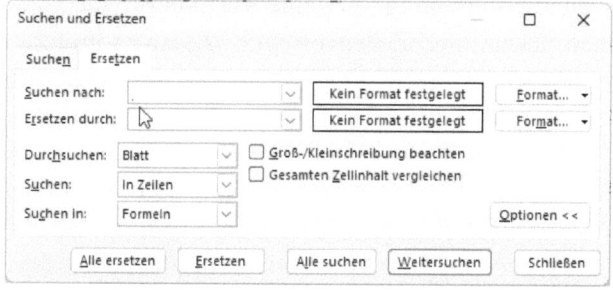

Abbildung 4.1 [Strg] + [J] sucht nach Zeilenschaltungen

Hinweis

Diese Tastenkombination kann auch im Assistenten Daten / Text in Spalten verwendet werden. Dort ist es allerdings schwierig, den blinken Punkt wieder zu löschen. Entweder in das Eingabefeld klicken. Das Zeichen befindet sich nicht vor dem Cursor, sondern dahinter. Also mit der Taste [entf] löschen und nicht mit Backspace (Rück-schritt). Oder: „mit Anlauf". Man kann das Kontrollkästchen „Andere" aktivieren und dann mit der Tabulatortaste in das rechts danebenstehende Textfeld springen.

4.1.3 Power Query

Der Assistent „Spalte teilen" wurde in Power Query überarbeitet. Jetzt erkennt er zwar meistens die Zeilenschaltungen als mögliches Trennzeichen und liefert #(lf).

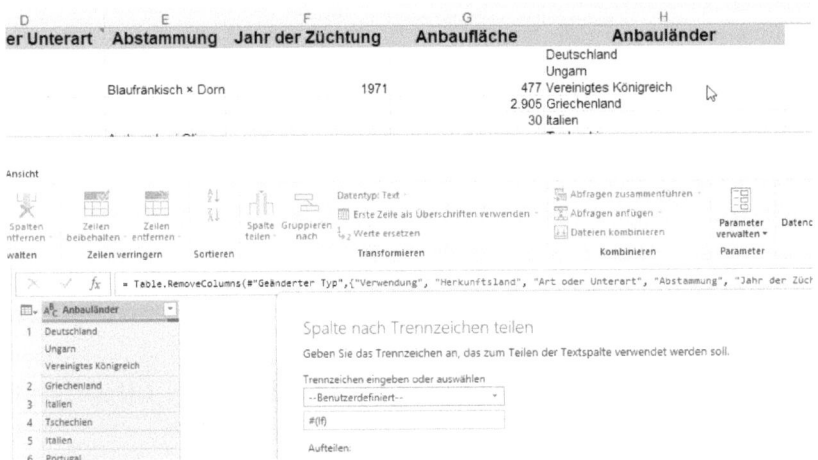

Abbildung 4.2 [Strg] + [J] sucht nach Zeilenschaltungen

Nun stellt Power Query die Möglichkeit zur Verfügung über eine Auswahlliste die Son-derzeichen zu wählen: Tabulator, Wagenrücklauf und Zeilenvorschub (Zeilenschaltung):

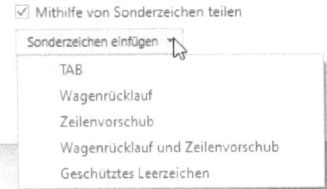

Abbildung 4.3 Die Sonderzeichen können ausgewählt werden.

Die Liste dieser Sonderzeichen befindet sich auch im Dialog „Werte ersetzen" und kann bequem verwendet werden, so dass man sich nicht #(lf) oder #(cr) merken muss.

4.2 Sonderzeichen

Neben Zeilenumbrüchen können auch andere (nichtdruckbare) Zeichen in einem Text vorhanden sein. Auch diese können generiert werden. Werden in Zellen die Zahlen von 1 bis 31 eingetragen, generiert die Funktion ZEICHEN das entsprechende Zeichen hierzu. Sie werden als Kästchen dargestellt.

Umgekehrt: befindet sich in einem Text ein solches Zeichen, kann der ASCII-Code ermittelt mit der Funktion TEIL werden. Die Funktion CODE liefert die Codezahl:

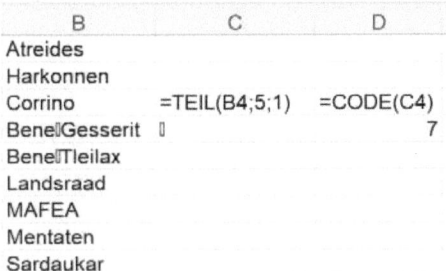

Abbildung 4.4 CODE ermittelt die Nummer des ASCII-Codes

4.2.1 Funktionen

Wenn der ASCII-Code bekannt ist, löscht die Funktion WECHSELN dieses Zeichen oder ersetzt es durch ein anderes Zeichen:

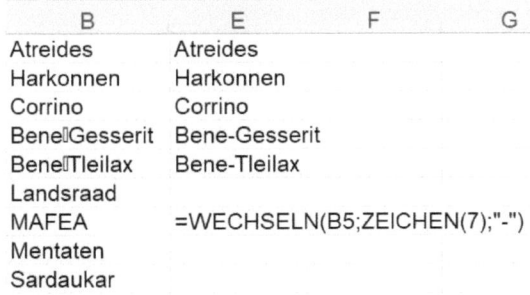

Abbildung 4.5 WECHSELN hilft beim Ersetzen durch ein anderes Zeichen.

Gerade beim Kopieren von Text aus einem Dokument, das in einer Textverarbeitung erstellt wurde oder aus dem Internet können „merkwürdige" Zeichen in Texten auftauchen.

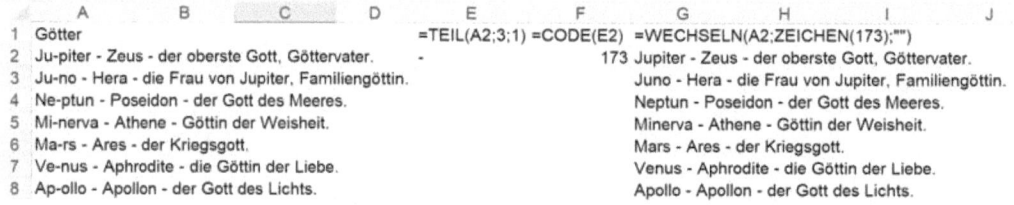

Abbildung 4.6 Einige der Gedankenstriche werden nicht in der Bearbeitungsleiste angezeigt.

Die Funktion CODE (in Verbindung mit TEIL) liefert Aufschluss über das Zeichen: es kann sich um einen geschützten Bindestrich, einen bedingten Trennstrich oder einen Geviertstrich handeln. Analog bei den Leerzeichen: Auch hier kann ein geschütztes Leerzeichen vorliegen.

	A	B	C	D	E	F	G	H	I	J
1	Götter				=TEIL(A2;3;1)	=CODE(E2)	=WECHSELN(A2;ZEICHEN(173);"")			
2	Ju-piter - Zeus - der oberste Gott, Göttervater.				-	173	Jupiter - Zeus - der oberste Gott, Göttervater.			
3	Ju-no - Hera - die Frau von Jupiter, Familiengöttin.						Juno - Hera - die Frau von Jupiter, Familiengöttin.			
4	Ne-ptun - Poseidon - der Gott des Meeres.						Neptun - Poseidon - der Gott des Meeres.			
5	Mi-nerva - Athene - Göttin der Weisheit.						Minerva - Athene - Göttin der Weisheit.			
6	Ma-rs - Ares - der Kriegsgott.						Mars - Ares - der Kriegsgott.			
7	Ve-nus - Aphrodite - die Göttin der Liebe.						Venus - Aphrodite - die Göttin der Liebe.			
8	Ap-ollo - Apollon - der Gott des Lichts.						Apollo - Apollon - der Gott des Lichts.			

Abbildung 4.7 Die „falschen" Gedankenstriche werden ersetzt (oder gelöscht).

4.2.2 Assistent

Leider können solche Zeichen nicht markiert, kopiert und in den Ersetzen-Dialog eingefügt werden:

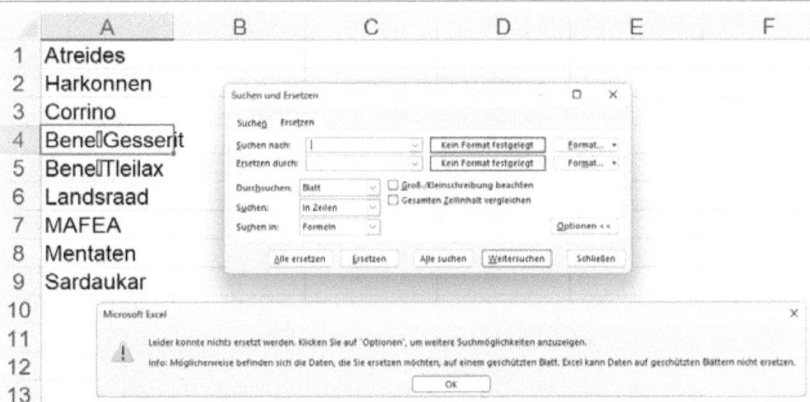

Abbildung 4.8 Suchen und ersetzen funktioniert leider nicht.

Auch in den Dialog „Text in Spalten" kann das Sonderzeichen nicht per Copy&Paste eingefügt werden.

4.2.3 Power Query

Power Query erkennt in der Regel das Trennzeichen. Natürlich kann es im Assistenten nicht angezeigt werden, aber der Befehl Table.SplitColumn zeigt die Codenummer:

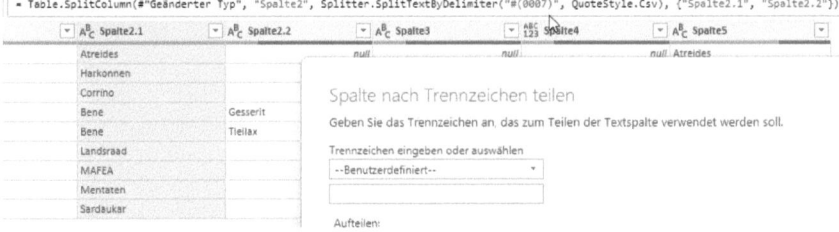

Abbildung 4.9 Table.SplitColumn in Power Query

4.3 Leerzeichen (am Ende)

Dieses Problem hat mich einmal zwei Stunden meines Lebens gekostet: in einer Liste wurde an mehreren Stellen ein Leerzeichen am Ende eingegeben. Da man in Excel – anders als in Word – diese Leerzeichen nicht sieht und nicht sichtbar machen kann, verwirren sie

- bei Berechnungen
- beim Sortieren
- bei Pivottabellen

Hinweis

Erstaunlicherweise übergeht der Autofilter das Leerzeichen am Ende von Texten.

Abbildung 4.10 Leerzeichen am Ende von Texten

4.3.1 Assistenten

Man muss genau hinschauen. Eine einfache Möglichkeit, um die Leerzeichen zu finden, besteht darin, die Spalte rechtsbündig zu formatieren. So kann man die Zellen mit Texten mit Leerzeichen erkennen:

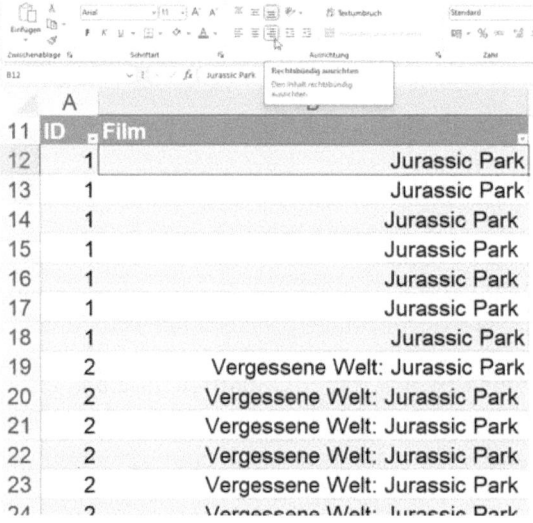

Abbildung 4.11 Rechtsbündige Texte

4.3.2 Formeln

Will man ermitteln, ob das letzte Zeilen ein Leerzeichen am Ende erhält, kann man die Funktion RECHTS verwenden, beispielsweise:

```
=RECHTS([@Film];1)
```

Oder

```
=RECHTS(B12;1)
```

In der Spalte sieht man das letzte Zeichen:

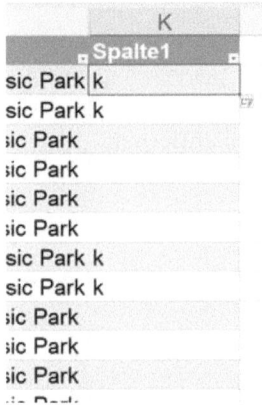

Abbildung 4.12 Das letzte Zeichen

Mit einer WENN-Funktion können die Leerzeichen gut sichtbar gemacht werden:

```
=WENN(RECHTS([@Film];1)=" ";"x";"")
```

Oder

```
=WENN(RECHTS(B12;1)=" ";"x";"")
```

Und nach dieser Information kann leicht sortiert oder gefiltert werden:

Leerzeichen (am Ende)

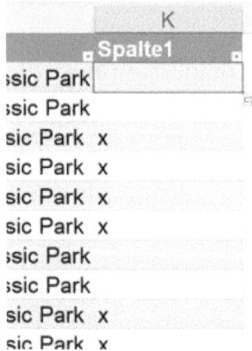

Abbildung 4.13 Texte mit einem Leerzeichen am Ende werden durch ein „x" kenntlich gemacht.

Die Funktion TRIM hilft die Leerzeichen am Anfang und am Ende zu entfernen.

4.3.3 Power Query

Analog zu den Formeln in Excel kann die Funktion

```
Text.End
```

Das letzte Zeichen ermitteln. Beispielsweise:

```
Text.End([Film], 1)
```

Und

```
if Text.EndsWith([Film], " ") then "x" else null
```

würde die Zellen, in denen ein Text auf ein Leerzeichen endet, kennzeichnen.

Und schließlich kann man mit

```
Text.Trim
```

Leerzeichen am Anfang und am Ende entfernen.

5 Schlechter Datenaufbau

Eine Zeile zu löschen oder Daten in eine Zelle zu schreiben stellt normalerweise kein Problem dar. Schwierig wird es jedoch, wenn es sich um mehrere Hundert Zellen, beziehungsweise Zeilen und Spalten handelt. Dabei sollte man schon die Assistenten von Excel gut kennen.

5.1 Leerzeilen füllen

Wenn Sie Pivottabellen kennen, dann kennen Sie auch die Einstellung „Alle Elementnamen wiederholen". Somit werden die „Lücken" ausgefüllt und man die Spalte sortieren und filtern:

Abbildung 5.1 Alle Elementnamen wiederholen

Was tut man allerdings, wenn man so eine Liste in Excel erhält? Jede Zelle markieren und herunterziehen? Bis zur nächsten Überschrift? Das wäre zu mühsam und zu zeitaufwändig. Auch für dieses Problem gibt es mehrere Lösungen:

5.1.1 Assistenten

Man kann im ersten Schritt die gesamte Spalte mit den Leerzellen markieren. Der Assistent „Inhalte auswählen", den Sie in Start / Suchen und Auswählen / Inhalte auswählen finden, bietet die Möglichkeit nur die Leerzellen auszuwählen. Interessanterweise werden dabei nicht alle Leerzellen ausgewählt, sondern nur die Leerzeilen des verwendeten Bereichs:

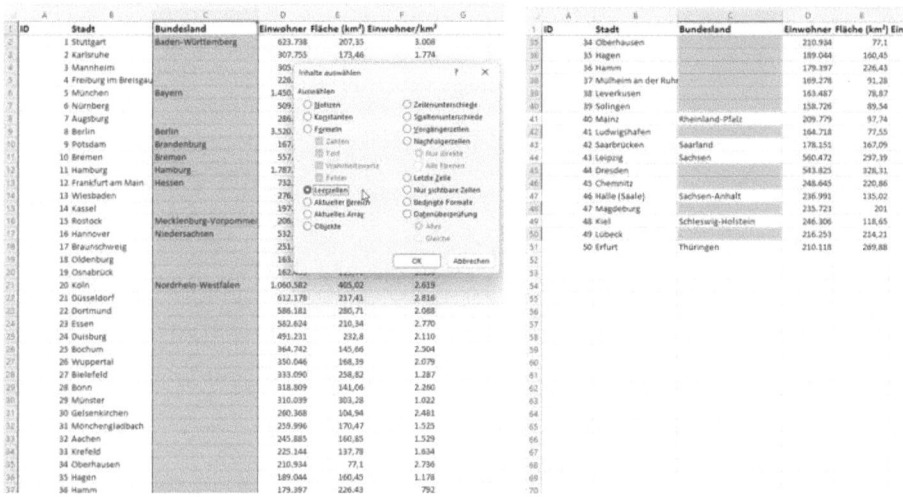

Abbildung 5.2 Die leeren Zellen werden markiert.

Anschließend verschiebt man den Bildschirm so, dass die aktive Zelle ins Zentrum kommt.

Hinweis

Die Tastenkombination [Strg] + [Rückschritt] leistet hierfür gute Dienste.

Das heißt die oberste Zelle, die einen weißen Hintergrund hat, sollte sichtbar sein. Dort trägt man = und den Namen der Zelle darüber ein, beispielsweise

=C2

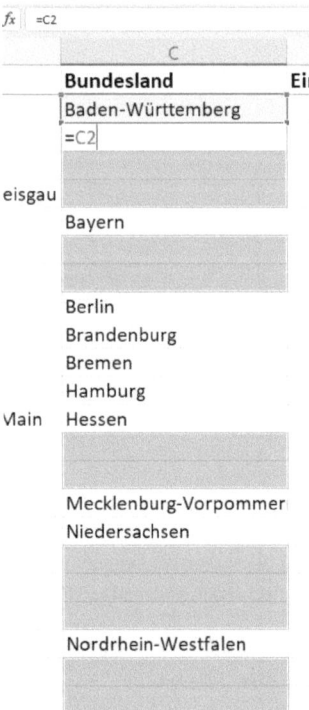

Abbildung 5.3 Ein Bezug auf die darüberliegende Zelle

Und dieser Bezug, das heißt: diese Formel, wird nicht mit [Enter], sondern mit [Strg] + [Enter] auf alle Zellen übertragen. Nun steht in jeder Zelle eine Formel. Die gesamte Spalte kann markiert, kopiert und mit „Inhalte einfügen als Werte" auf alle Zellen übertragen werden.

	A	B	C	D	E	F
1	ID	Stadt	Bundesland	Einwohner	Fläche (km²)	Einwohner/km²
2		1 Stuttgart	Baden-Württemberg	623.738	207,35	3.008
3		2 Karlsruhe	Baden-Württemberg	307.755	173,46	1.774
4		3 Mannheim	Baden-Württemberg	305.780	144,96	2.109
5		4 Freiburg im Breisgau	Baden-Württemberg	226.393	153,06	1.479
6		5 München	Bayern	1.450.381	310,7	4.668
7		6 Nürnberg	Bayern	509.975	186,38	2.736
8		7 Augsburg	Bayern	286.374	146,84	1.950
9		8 Berlin	Berlin	3.520.031	891,68	3.948
10		9 Potsdam	Brandenburg	167.745	188,25	891
11		10 Bremen	Bremen	557.464	325,56	1.712
12		11 Hamburg	Hamburg	1.787.408	755,3	2.366
13		12 Frankfurt am Main	Hessen	732.688	248,31	2.951
14		13 Wiesbaden	Hessen	276.218	203,92	1.355
15		14 Kassel	Hessen	197.984	106,78	1.854
16		15 Rostock	Mecklenburg-Vorpommer	206.011	181,26	1.137
17		16 Hannover	Niedersachsen	532.163	204,15	2.607
18		17 Braunschweig	Niedersachsen	251.364	192,17	1.308
19		18 Oldenburg	Niedersachsen	163.830	102,99	1.591
20		19 Osnabrück	Niedersachsen	162.403	119,79	1.356
21		20 Köln	Nordrhein-Westfalen	1.060.582	405,02	2.619
22		21 Düsseldorf	Nordrhein-Westfalen	612.178	217,41	2.816
23		22 Dortmund	Nordrhein-Westfalen	586.181	280,71	2.088
24		22 Essen	Nordrhein-Westfalen	582.624	210,34	2.770

Abbildung 5.4 Das fertige Ergebnis

Analog zum Markieren kann auch gefiltert werden. Man kann alle leeren Zellen filtern, die aktive Zelle ist auch hier wieder die oberste Zelle. Nun kann mit einer Formel, beispielsweise

=C2

Bezug genommen werden. Diese Formel muss dann nach unten gezogen werden.

Oder: man markiert alle leeren, gefilterten Zellen, stellt über die aktive Zelle den Bezug auf die Zelle darüber her und bestätigt das Ergebnis mit [Strg] + [Enter].

Und analog zum ersten Verfahren kopiert und als Wert eingefügt werden.

5.1.2 Formeln

Natürlich kann man das Problem auch durch geschickte Formeln lösen. Wenn die Zelle der entsprechenden Spalte gefüllt ist, soll ihr Wert übernommen, das heißt: wiederholt, werden. Wenn die Zelle dagegen leer ist, soll der über der Formelzelle befindliche Wert verwendet werden. Und das Ergebnis wird nach unten gezogen und in Werte umgewandelt:

			f_x	=WENN(C2="";G1;C2)			

B	C	G	H
t	**Bundesland**		
gart	Baden-Württemberg	=WENN(C2="";G1;C2)	
uhe		Baden-Württemberg	
iheim		Baden-Württemberg	
irg im Breisgau		Baden-Württemberg	
hen	Bayern	Bayern	
berg		Bayern	
iurg		Bayern	
i	Berlin	Berlin	
am	Brandenburg	Brandenburg	
en	Bremen	Bremen	
iurg	Hamburg	Hamburg	
furt am Main	Hessen	Hessen	
baden		Hessen	
i		Hessen	
ick	Mecklenburg-Vorpommern	Mecklenburg-Vorpommern	
over	Niedersachsen	Niedersachsen	
ischweig		Niedersachsen	
iburg		Niedersachsen	
orück		Niedersachsen	
	Nordrhein-Westfalen	Nordrhein-Westfalen	
ildorf		Nordrhein-Westfalen	

Abbildung 5.5 Eine WENN-Funktion genügt zur Lösung des Problems

5.1.3 Power Query

Und Power Query stellt den Assistenten „Ausfüllen / Nach unten" zur Verfügung. Einfacher geht es nicht. Allerdings müssen die Daten nach Power Query geladen werden:

Abbildung 5.6 Ausfüllen – einfacher geht es nicht

5.2 Leerzeilen entfernen

In Sinne einer Datenbank sollte in einer Liste jeder Datensatz gefüllt sein. Das heißt: in der jeder Zeile einer Datenbank sollte mindestens in einer Spalte ein Wert stehen. Ist dies nicht der Fall, liegen Leerzeilen vor. Während in intelligenten Tabellen dies kein großes Problem darstellt, kann es bei Bereichen zu enormen Schwierigkeiten beim Sortieren, Filtern, Erstellen einer Pivottabelle, Erstellen eines Diagramms, ... kommen. Leerzeilen sollten entfernt werden.

Nr	Anrede	Titel	Firma	Name	Straße	PLZ und Ort	Rechnungsbetrag	Fällig am	Telefon	E-Mail
1	Herr	Dr	contoso	Ingolf Ströber	Marienplatz 5	D-83209 Prien am Chiemsee	2.656,51 EUR	01.08.2022	425-707-9790	ingolf@contoso.com
2	Frau		contoso	Ariane Berther	Willy-Brandt-Strasse 2-60	D-50389 Wesseling	1.982,00 EUR	01.09.2022	425-707-9795	ariane@contoso.com
3	Frau		contoso	Inke Herrmann	Kochenstr 5	D-42369 Wuppertal	1.289,08 EUR	01.10.2022	425-707-9794	inke@contoso.com
4	Frau		contoso	Britta Simon	Jahnstr 91	D-68766 Hockenheim	701,82 EUR	01.12.2022	425-707-9793	britta@contoso.com
5	Frau		contoso	Nina Vietsen	Frühlingstr 51	D-68219 Mannheim	3.465,14 EUR	01.08.2022	425-707-9790	nina@contoso.com
6	Herr		contoso	Peter J Krebs	Odenwaldstr 5	D-68782 Brühl	4.918,25 EUR	01.09.2022	425-707-9791	peter@contoso.com
7	Frau		contoso	Christine Koch	Herzogstr 38	D-42103 Wuppertal	2.649,06 EUR	01.10.2022	425-707-9792	christine@contoso.com
8	Herr		contoso	Thomas Andersen	Wilhelm-Bötzkes-Str 5	D-40474 Düsseldorf	3.079,17 EUR	01.11.2022	425-707-9791	thomas@contoso.com
9	Herr	Dr hc	contoso	Sven Eberhardt	Adlerstr 39	D-68199 Mannheim	3.087,77 EUR	01.12.2022	425-707-9790	sven@contoso.com
10	Herr		contoso99	Jan Schräpel	N 7 8	D-68161 Mannheim	952,82 EUR	01.08.2022	425-707-9792	jan@contoso.com
11	Herr		contoso99	Joachim Seidler	Pankgrafenweg 20	D-59494 Soest	1.664,81 EUR	01.09.2022	425-707-9796	joachim@contoso.com
12	Herr		contoso99	Jens Geschwandtner	Alemannenstr 62	D-68259 Mannheim	3.807,80 EUR	01.10.2022	425-707-9790	jens@contoso.com
13	Herr		contoso99	Heinrich Fischer	Theodor-Heuss-Anlage 12	D-68165 Mannheim	4.246,63 EUR	01.11.2022	425-707-9786	heinrich@contoso.com
14	Frau	Prof. Dr	contoso99	Katja Heidemann	Hirschweg 26	D-57250 Netphen	1.659,19 EUR	01.12.2022	425-707-9798	katja@contoso.com
15	Frau		contoso99	Uta Erben	Am Herrschaftswald 106A	D-68306 Mannheim	1.008,03 EUR	01.08.2022	425-707-9792	uta@contoso.com
16	Herr		contoso99	Jose Lugo	Mozartstr 16	D-68161 Mannheim	4.885,92 EUR	01.09.2022	425-707-9795	jose@contoso.com
17	Herr		contoso99	Danielle Tiedt	Prüfeninger Str 5	D-93049 Regensburg	637,41 EUR	01.10.2022	425-707-9790	danielle@contoso.com
18	Herr		contoso99	Sven Buck	Pumpwerkstr 8	D-68169 Mannheim	2.748,70 EUR	01.11.2022	425-707-9799	sven@contoso.com
19	Frau		contoso99	Anja Richter	Fahrgasse 17	D-60311 Frankfurt a. M	4.424,08 EUR	01.12.2022	425-707-9798	anja@contoso.com
20	Herr		contoso99	Pascaline Overeem	Lessingstr 2	D-68549 Ilvesheim	4.650,72 EUR	01.08.2022	425-707-9793	pascaline@contoso.com
21	Herr		contoso	Jiae Pak	Chemnitzerstr 15	D-72459 Albstadt	4.430,39 EUR	01.09.2022	425-707-9790	jia@contoso.com
22	Frau		contoso	Dorena Paschke	Bahnhofstr 22	D-65185 Wiesbaden	1.465,43 EUR	01.10.2022	425-707-9790	dorena@contoso.com
23	Herr		contoso	Nurhan Güran	C 2 23-24	D-68158 Mannheim	525,13 EUR	01.11.2022	425-707-9799	nurhan@contoso.com
24	Herr		contoso	Helmut Hornig	Gabelsbergerstr 9	D-68166 Mannheim	2.406,43 EUR	01.12.2022	425-707-9793	helmut@contoso.com
25	Herr		contoso	Jens Johannsen	Gräfstr. 97	D-60487 Frankfurt a. M	2.473,91 EUR	01.08.2022	425-707-9793	jens@contoso.com
26	Frau		contoso	Karen Berg	Friedrichsring 38	D-68161 Mannheim	2.867,26 EUR	01.09.2022	425-707-9792	karen@contoso.com
27	Herr	Dr Dr	contoso	Mike Schneider	Woogstr 32	D-67117 Limburgerhof	4.066,60 EUR	01.10.2022	425-707-9790	mike@contoso.com
28	Frau		contoso	Fukiko Ogisu	Neurottstr 9	D-68835 Edingen-Neckarhausen	1.434,25 EUR	01.11.2022	425-707-9792	fukiko@contoso.com

Abbildung 5.7 Leerzeilen sind unangenehm.

5.2.1 Assistenten

Filtern und Sortieren löst dieses Problem. Hierzu muss allerdings der gesamte Bereich markiert werden. Dies kann mit der Tastenkombination [Umschalt] + [Strg] + [Ende] erledigt werden, wenn der Cursor sich in der ersten Zelle befindet. Oder – wenn die Liste die einzige auf dem Tabellenblatt ist – kann man auch das ganze Blatt markieren.

Wird die Liste aufsteigend oder absteigend sortiert, stehen die Leerzeilen immer unterhalb des Bereichs.

Natürlich könnte man auch die Leerzeilen (über eine beliebige Spalte) filtern; anschließend die Zeilen markieren und löschen ([Strg] + [-]).

5.2.2 Formeln

Selbstverständlich kann mit Hilfe einer WENN-Funktion die Leerzeile ermittelt werden. Entweder über

```
=WENN(B2="";"x";"")
```

oder

```
=WENN(ISTLEER(B2);"x";"")
```

oder die ganze Zeile:

```
=WENN(TEXTKETTE(B2:F2)="";"x";"")
```

Hinweis

Leider kann man diese Formel nicht mit einem Doppelklick auf das Kästchen herunterziehen. Eben weil in der Liste Leerzeilen stehen. Mit [Strg] + [Ende] wird die letzte

Zelle ermittelt. Trägt man nun in das Namensfeld den Bereich ein (beispielsweise A2:A35114), editiert die erste Zelle mit [F2], kann man anschließend mit [Strg] + [Enter] die Formel auf alle Zellen übertragen.

5.2.3 Power Query

Wurde die gesamte Liste in Power Query abgerufen, kann man dort die Leerzeilen – ebenso wie in Excel – durch Filtern eliminieren.

5.3 Zeilen mit bestimmten Daten eliminieren

Angenommen, ein System liefert eine Liste an Daten, bei denen bestimmte Datensätze entfernt werden sollen. Oder eine Person hat eine Liste angelegt, bei denen in – beispielsweise in Zwischenzeilen – Summen stehen. Oder andere Informationen, die nicht benötigt werden – ja, die sogar stören würden. Dann müssen Sie sich ein Merkmal suchen, anhand dessen Sie diese Zeilen identifizieren können.

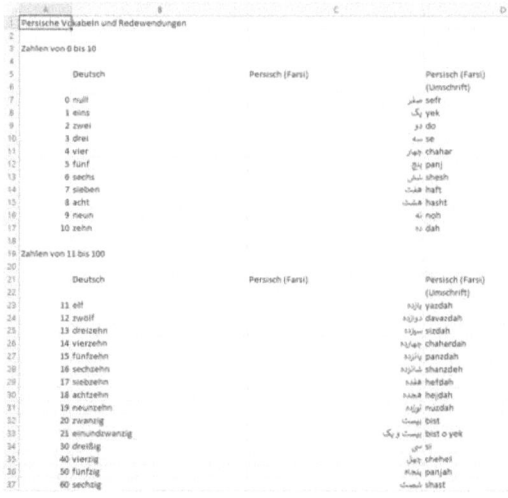

Abbildung 5.8 Zwischenzeilen, die eliminiert werden sollen.

5.3.1 Assistenten

Hat man solche Zeilen erkannt, kann man sie durch Filtern herauslösen. Entweder leere Zellen oder bestimmte Informationen.

Beim Filtern stehen zwei Möglichkeiten zur Verfügung: entweder man filtert die überflüssigen Zeilen und löscht sie oder man lässt sich mit Hilfe des Filters nur die wichtigen Daten anzeigen, markiert sie und kopiert sie an eine andere Stelle.

Hinweis

Wird diese Aktion mehrmals benötigt, leistet der Spezialfilter gute Dienste.

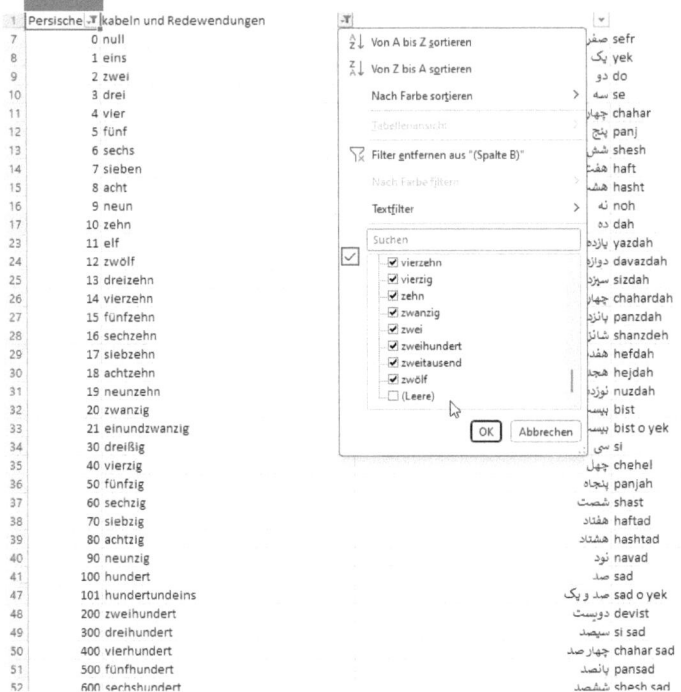

Abbildung 5.9 Die Zwischenzeilen wurden eliminiert.

5.3.2 Formeln

Natürlich kann man mit einer oder mehreren WENN-Funktionen Zeilen, die nicht benötigt, kennzeichnen. Beispielsweise so:

```
=WENN(A1="";"x";"")
=WENN(TEXTVERKETTEN("";WAHR;A2:D2)="";"x";"")
=WENN(LINKS(A3;6)="Zahlen";"x";"")
```

Und danach kann man filtern.

5.3.3 Power Query

Die Power Query-Lösung gestaltet sich ähnlich wie die Lösungsansätze per Formel und per Filtern. Auch dort kann nach einer geeigneten Spalte Ausschau gehalten werden und über ein bestimmtes Kriterium gefiltert werden. Oder beispielsweise durch Zuhilfenahme einer benutzerdefinierten Funktion, beispielsweise, wenn in der ersten Spalte ODER in der zweiten Spalte kein Text vorhanden ist, dann kennzeichne die Hilfsspalte durch das Zeichen „x":

```
=if [Spalte1] = null or [Spalte2] = null then "x" else null
```

5.4 Transponieren

Manchmal werden Listen so unglücklich geliefert, dass Zeilen und Spalten vertauscht sind. Das heißt: Man möchte gerne die Überschrift als Zeilenbeschriftung und die die Nummerierung an der Seite als Überschrift haben. Das heißt: die Liste an der Diagonalen spiegeln. Der Begriff aus der Mathematik für das Vertauschen von Zeilen und Spalten einer Matrix heißt Transponieren.

Hinweis

Der Begriff „Transponieren" wurden nicht – wie viele fälschlicherweise glauben, der Musik entlehnt.

	01	02	03	04	05	06	07	08	09	10	11	12	13	14	15	16	17	
Januar	11316	91414	18339	83499	89071	20217	54581	44894	58016	66518	93836	55160	18266	83386	44802	73091	95685	35
Februar	26745	75861	58716	67209	69726	48965	10138	42465	10700	57636	32099	77592	17315	96024	74057	28561	95103	35
März	12595	59251	52764	89039	67679	42235	76928	33041	34141	10951	79207	87056	70352	22493	55326	37454	55591	64
April	87119	15464	54963	55626	40342	79830	57636	38185	52332	50388	71312	78012	35254	89493	48238	67756	50383	31
Mai	38754	58856	96108	92200	96617	26114	92690	92132	74474	14405	88411	65180	71782	66522	59983	25720	42266	71
Juni	45057	36690	56224	94966	66738	25894	38310	98369	13400	75540	90505	13544	57818	66501	69188	51885	9
Juli	25558	27797	31858	56716	82809	42511	19881	44652	80901	19359	72931	76958	28502	93350	74789	61780	13247	82
August	80233	65619	78241	88678	28073	62461	10506	12436	75769	49521	56145	86011	17019	92338	78301	39277	43532	61
September	62051	71212	32428	49651	95812	67238	20698	97036	14933	79634	62222	92676	62891	51247	47953	10050	54044	64
Oktober	67728	34066	35330	95402	64873	31747	91678	55701	95881	61817	66433	13331	61251	89798	78029	63181	14638	91
November	48252	88733	39150	68327	92663	96584	38706	58705	32630	30625	12183	10494	91589	87407	42069	22440	54
Dezember	94410	60151	45531	95069	24372	49521	30531	50457	30402	34219	43293	31456	89786	20702	30937	19448	57103	80

Abbildung 5.10 Die Liste muss transponiert werden.

5.4.1 Assistenten

Sicherlich kennen Sie die Excellösung mit dem Assistenten: Man kopiert die Liste (beispielsweise [Strg] + [A]), kopiert die Liste, wählt eine andere Zelle außerhalb des gewählten Bereichs und wählt nun den Befehl Inhalte einfügen / Transponieren:

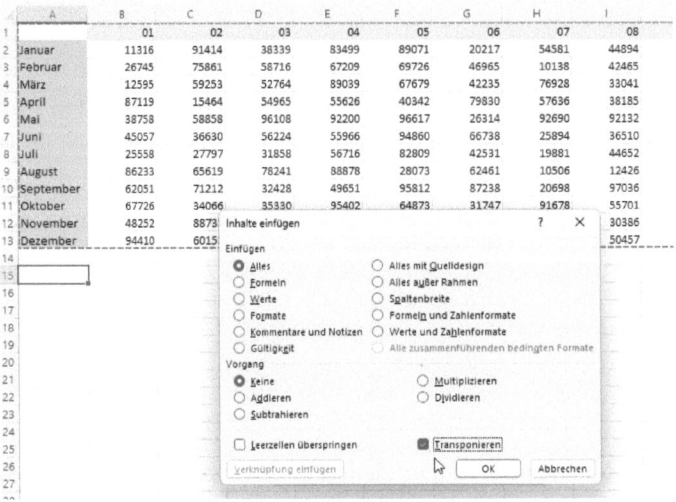

Abbildung 5.11 Die Liste wird transponiert.

Der Befehl „transponieren" befindet sich auch im Kontextmenü:

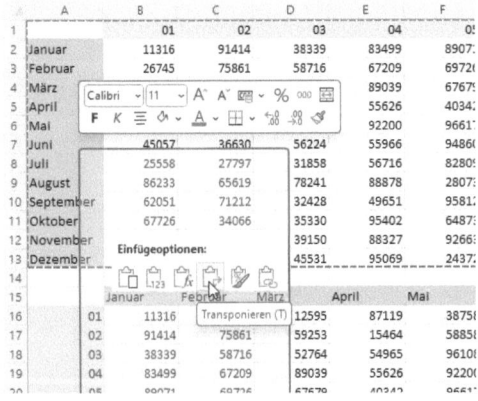

Abbildung 5.12 Das Kontextmenü hilft beim Transponieren.

Hinweis

Im Dialog können Sie weitere Einstellungen vornehmen. Sollen beispielsweise die Formeln in Werte umgewandelt werden oder ohne Formate transponiert werden, oder ähnliches, kann die entsprechende Option gewählt werden.

5.4.2 Formeln

Die Formel zum Transponieren lautet MTRANS, also beispielsweise

```
=MTRANS(A1:AF13)
```

oder

```
=MTRANS(tbl_Liste[#Alle])
```

Mit den Funktionen SPALTENWAHL, ZEILENWAHL, WEGLASSEN kann die Liste weiter modifiziert werden.

5.4.3 Power Query

Auch Power Query verfügt über einen Befehl zum Transponieren. Er heißt „vertauschen" und befindet sich in der Registerkarte „Transformieren".

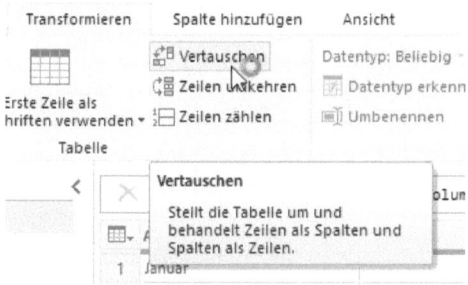

Abbildung 5.13 Power Query nennt „transponieren" „vertauschen"

5.5 Eine Liste umdrehen

Ich hatte die Teilnehmerin der Excelschulung zuerst nicht verstanden, als sie mich fragte, wie man eine Liste umdrehen kann.

Sie erklärte: Ihre Kolleginnen tragen die Produkte aus einer Kiste ein. In der Kiste befindet sich eine Reihe an Steckplätze, in welche die Reagenzgläser mit den chemischen Proben eingetragen werden. Nun drehen manchmal die Kolleginnen die Kiste um und tragen die Produkte statt von links nach rechts von rechts nach links ein. Diese Liste muss „umgedreht werden, das heißt: oben und unten müssen vertauscht werden.

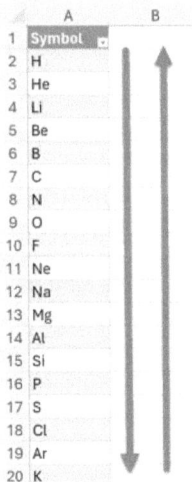

Abbildung 5.14 Die Aufgabe: die Liste soll umgedreht werden.

5.5.1 Assistenten

So ein Problem kann mit dem Sortierenbefehl gelöst werden. Dazu benötigt man eine fortlaufende Reihe, die per Hand oder mit dem Assistenten Datenreihe erzeugt werden kann. Natürlich kann man die Reihe auch mit der Funktion

=ZEILE()

generieren. Anschließend wird diese Liste absteigend sortiert.

	A	B	C	D	E	F
1	Symbol	Nummer			Symbol	Nummer
2	↑↓ Nach Größe sortieren (aufsteigend)				Og	118
3	↑↓ Nach Größe sortieren (absteigend)				Ts	117
4	Nach Farbe sortieren				Lv	116
5					Mc	115
6					Fl	114
7	Zahlenfilter				Nh	113
8	Suchen				Cn	112
9	(Alles auswählen)				Rg	111
10					Ds	110
11					Mt	109
12					Hs	108
13					Bh	107
14	OK Abbrechen				Sg	106
15	Si	14			Db	105
16	P	15			Rf	104
17	S	16			Lr	103
18	Cl	17			No	102
19	Ar	18			Md	101
20	K	19			Fm	100

Abbildung 5.15 Eine Liste „rumdrehen"

5.5.2 Formeln

Natürlich gibt es auch Formellösungen für dieses Problem. Beispielsweise folgende:

```
=BEREICH.VERSCHIEBEN(tbl_Liste[[#Kopfzeilen];[Symbol]];
ANZAHL2(tbl_Liste[Symbol])-ZEILE()+2;0)
```

	A	B	C	D	E	F
1	Symbol	Nummer				
2	H	1		Og		
3	He	2		Ts		
4	Li	3		Lv		
5	Be	4		Mc		
6	B	5		Fl		
7	C	6		Nh		
8	N	7		Cn		
9	O	8		Rg		
10	F	9		Ds		
11	Ne	10		Mt		
12	Na	11		Hs		
13	Mg	12		Bh		
14	Al	13		Sg		
15	Si	14		Db		
16	P	15		Rf		
17	S	16		Lr		

Abbildung 5.16 BEREICH.VERSCHIEBEN hilft, um die Liste „umzudrehen"

5.5.3 Power Query

Power Query scheint dieses Problem zu kennen, denn Power Query stellt das Werkzeug „Zeilen umkehren" in der Registerkarte „Transformieren" zur Verfügung.

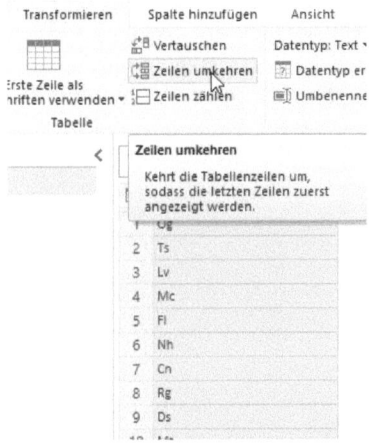

Abbildung 5.17 „Zeilen umkehren" beschreibt den Sachverhalt.

5.6 Daten in mehrere Spalten trennen

Dieses Problem taucht häufig auf: in einer Spalte befinden sich mehrere Informationen, die jedoch besser auf verschiedene Spalten aufgeteilt werden sollten. Für dieses Problem gibt es mehrere Lösungen.

5.6.1 Assistenten

Schon seit vielen Versionen stellt Excel denn Assistenten „Text in Spalten" zur Verfügung, den Sie in der Registerkarte „Daten" finden. Im ersten Schritt werden Sie gefragt, ob Sie eine feste Anzahl Zeichen trennen möchten oder ob es ein Trennzeichen gibt, anhand dessen Sie die Texte trennen wollen:

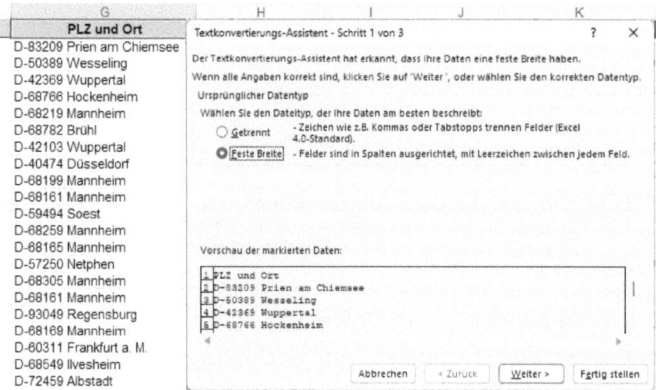

Abbildung 5.18 In dieser Spalte befindet sich Ländercode, Postleitzahl und Ort

Wenn Sie die Option „Feste Breite" verwenden, können Sie die Position festlegen, wo die Daten getrennt werden sollen.

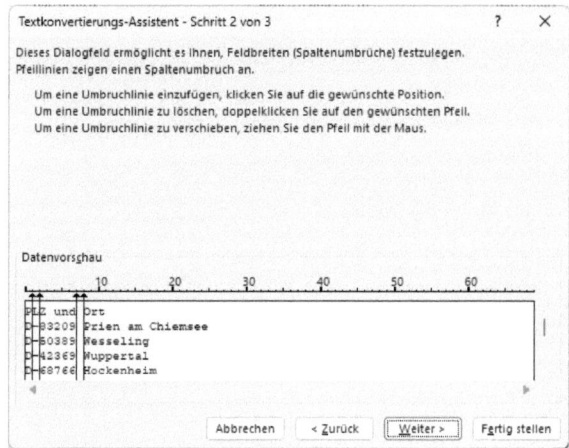

Abbildung 5.19 Feste Breite

Entscheiden Sie sich jedoch für ein Trennzeichen, können Sie dieses im zweiten Schritt auswählen oder eintragen:

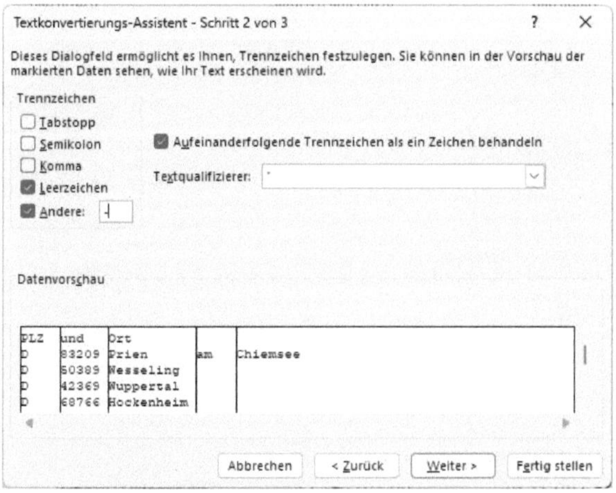

Abbildung 5.20 Trennzeichen

Übrigens: sollte das Trennzeichen eine Zeilenschaltung sein, kann man die Tastenkombination [Strg] + [J] in den Assistenten eingeben.

Abbildung 5.21 Die ursprüngliche Liste

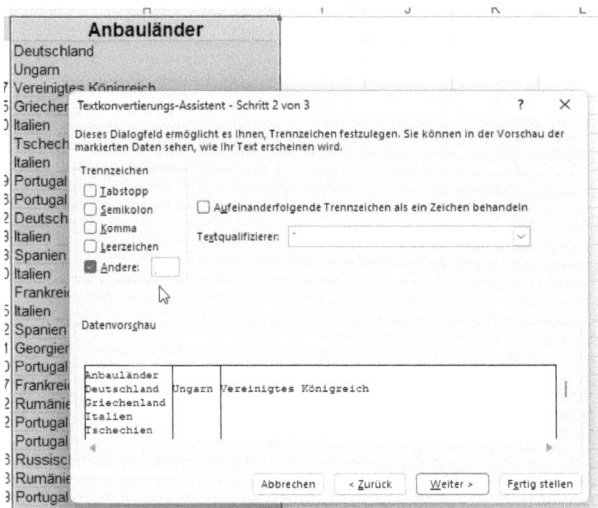

Abbildung 5.22 [Strg] + [J]

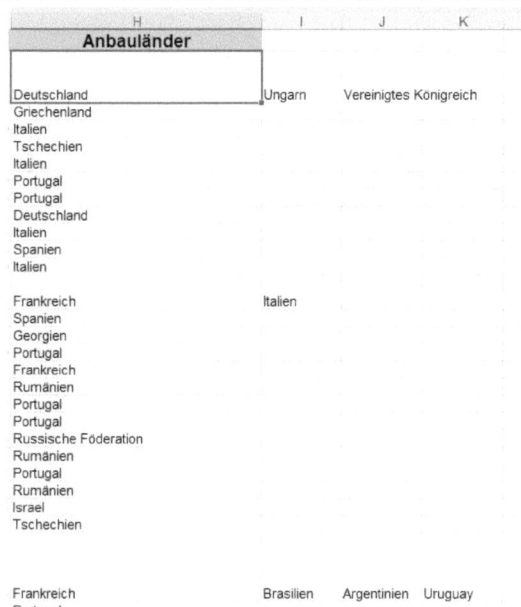

Abbildung 5.23 Das Ergebnis

Im dritten Schritt können Sie festlegen, ob Sie Text „unter" eine Zahl schieben wollen (hier beispielsweise, um Postleitzahlen mit einer führenden Null nicht in eine Zahl zu konvertieren). Sie können dort auch das Format festlegen, in welchem eine Zahl oder ein Datum eingegeben wurde.

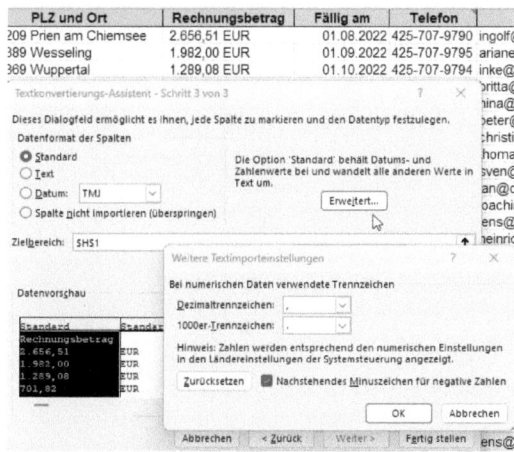

Abbildung 5.24 Der dritte Schritt des Assistenten „Text in Spalten"

Eine Alternative zu diesem Assistenten stellt das Werkzeug „Blitzvorschau" dar. Tragen Sie einen Text ein und wählen den Befehl „Blitzvorschau", den Sie in der Registerkarte „Start" in Bearbeiten / Ausfüllen finden.

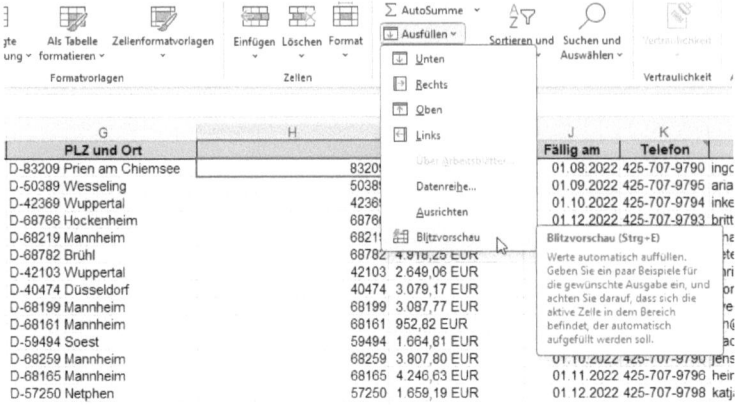

Abbildung 5.25 Die Blitzvorschau

Alternativ können Sie auch die Tastenkombination [Strg] + [E] verwenden, um die Blitzvorschau aufzurufen.

Sie können auch einen Text eintragen und den Beginn eines zweiten Textes eintragen. Excel schlägt nun die übrigen Texte vor, welche die Blitzvorschau erzeugen würden.

Abbildung 5.26 Die Blitzvorschau

Die Vor- und Nachteile der Assistenten „Text in Spalten" und „Blitzvorschau" liegen auf der Hand:

- Bei „Text in Spalten" wird die ursprüngliche Spalte getrennt. Soll sie bestehen bleiben, muss man sie zuvor kopieren.
- Bei „Text in Spalten" kann nur ein benutzerdefiniertes Zeichen festgelegt werden.
- Die „Blitzvorschau" verwendet die Spalte, die am weitesten links steht, in welcher die Informationen gefunden werden. Das heißt: es kann sein, dass falsche Informationen ausgelesen werden.
- Soll ein langer Text mit vielen Trennzeichen zerlegt werden erscheint die „Blitzvorschau" als ungeeignet, weil man alle Einzelteile tippen muss.
- Aktiviert man die „Blitzvorschau", macht den letzten Schritt rückgängig, kann man nicht mehr [Strg] + [E] verwenden.
- Weiß man nicht, in wie viele Spalten der Assistent „Text in Spalten" die Daten zerlegt, muss man die zu trennende Spalte so platzieren, dass keine vorhandenen Daten überschrieben werden.

5.6.2 Formeln

Die beiden Funktionen LINKS und RECHTS tun gute Dienste, um einen Text vom linken oder rechten Rand einer Zeichenkette herauszulösen.

Mit SUCHEN oder FINDEN kann die Position eines bestimmten Zeichens ermittelt werden; TEIL würde ab einer bestimmten Stelle eine bestimmte Anzahl Zeichen herauslösen.

Besser kann man mit der Funktion TEXTTEILEN einen Text aufsplitten. Der erste Parameter ist der Text, der zerlegt werden soll, der zweite das Trennzeichen. Da es sich hierbei um eine Arrayfunktion handelt, werden alle Teile nach rechts eingetragen.

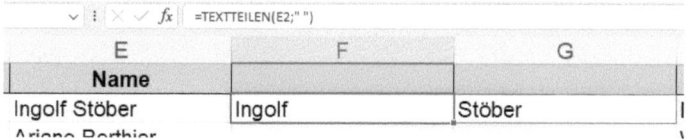

Abbildung 5.27 TEXTTEILEN

Wählt man das Trennzeichen nicht beim Parameter col_delimiter, sondern bei row_delimiter, werden die Texte untereinander geschrieben.

Daten in mehrere Spalten trennen

	f_x	=TEXTTEILEN(E2;;" ")

E	F
Name	
Ingolf Stöber	Ingolf
Ariane Berthier	Stöber
Inke Herrmann	
Britta Simon	

Abbildung 5.28 =TEXTTEILEN(E2;;" ")

Auch die übrigen Parameter verdienen Beachtung:

- ignore_empty übergeht „leere" Daten. Wenn beispielsweise x//y//z getrennt wird und keine leeren Spalten zwischen x, y und z stehen sollen.
- match_mode unterscheidet Groß- und Kleinschreibung bei den Trennzeichen. Wenn beispielsweise nicht zwischen „x" und „X" als Trennzeichen unterschieden werden soll.
- pad_with stellt den zum Ausfüllen verwendeten Wert dar.

TEXTTEILEN kann in SPALTEN und ZEILEN trennen:

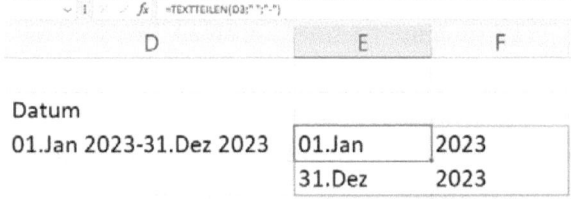

Abbildung 5.29 =TEXTTEILEN(D3;" ";"-")

Sollte eine Information fehlen, ist #NV die Folge:

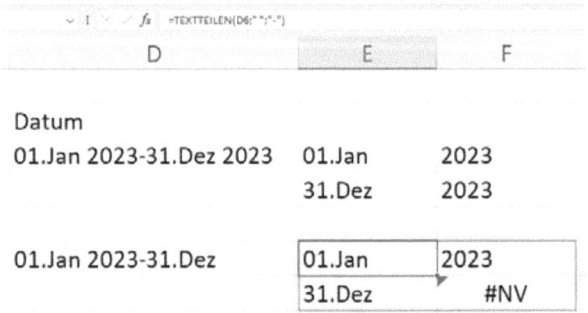

Abbildung 5.30 =TEXTTEILEN(D3;" ";"-") mit #NV als Fehler

Dieser Fehler kann mit dem Parameter pad_with abgefangen werden:

D	E	F
Datum		
01.Jan 2023-31.Dez 2023	01.Jan	2023
	31.Dez	2023
01.Jan 2023-31.Dez	01.Jan	2023
	31.Dez	

Abbildung 5.31 =TEXTTEILEN(D6;" ";"-";;;"") ohne Fehler

Auch die beiden Funktionen TEXTVOR und TEXTNACH leisten gute Dienste. Sie trennen Text vor, beziehungsweise nach einem bestimmten Text heraus.

Steht beispielsweise in der Zelle A2 der Text „C:\Programme\Microsoft Office\Vorlagen\Protokoll.dotx", liefert

=TEXTNACH(A2;"\";4)

Den Text „Protokoll.dotx"

Ebenso

=TEXTNACH(A2;"\";-1)

-1 steht hierbei für das erste Zeichen von rechts, 4 für das vierte Zeichen von links.

Steht in der Zelle C2 der Text „1 Min 15 Sek" löst die Formel

=WERT(TEXTVOR(TEXTNACH(C2;" ";2);" "))

Die Zahl 15 heraus.

TEXTNACH(C2;" ";2)

Liefert „15 Sek"

TEXTVOR(TEXTNACH(C2;" ";2);" ")

15 – allerdings als Text. Er muss in eine Zahl verwandelt werden, damit man damit weiterrechnen kann.

B2	✓ ⁝ × ✓ fx	=TEXTVOR(TEXTNACH(A2;"-";2);"-")

	A	B
1	ISBN	
2	978-3-7562-2008-3	7562
3	978-3-7526-6667-8	7526
4	978-3-7460-0648-1	7460
5	978-3-7543-3123-5	7543
6	978-3-7534-4011-8	7534

Abbildung 5.32 =TEXTVOR und TEXTNACH lösen Textteile vor oder nach einem bestimmten Zeichen heraus.

Natürlich können Sie auch andere Zeichen, beispielsweise die Zeilenschaltung ([Alt] + [Enter]) verwenden. Die Funktion ZEICHEN wandelt die entsprechende Codezahl in das Zeichen um, beispielsweise

=TEXTTEILEN(H2;ZEICHEN(10))

Abbildung 5.33 Sonderzeichen können mit Hilfe der Funktion ZEICHEN verwendet werden.

5.6.3 Power Query

Power Query geht sogar noch einen Schritt weiter. Der Assistent „Spalte teilen" stellt nicht nur die Variante „an welchem Trennzeichen" oder „nach welcher Position" zur Verfügung, sondern auch „nach Wechsel von Kleinbuchstabe zu Großbuchstabe", „nach Wechsel von

Großbuchstabe zu Kleinbuchstabe", „nach Wechsel von Ziffer zu Nicht-Ziffer" und „nach Wechsel von Nicht-Ziffer zu Ziffer" zur Verfügung.

Abbildung 5.34 Power Query stellt weitere Trennoptionen zur Verfügung.

Wählt man Trennzeichen, hat man nicht nur eine Liste von voreingestellten Auswahloptionen, sondern auch Sonderzeichen, wie Tab, Wagenrücklauf, Zeilenvorschub, Wagenrücklauf und Zeilenvorschub und geschütztes Leerzeichen zur Verfügung.

Zusätzlich bietet der Assistent die Option beim ersten, beim letzten oder bei jedem Auftreten eines Textes. Damit sind so gut wie alle Varianten erfasst.

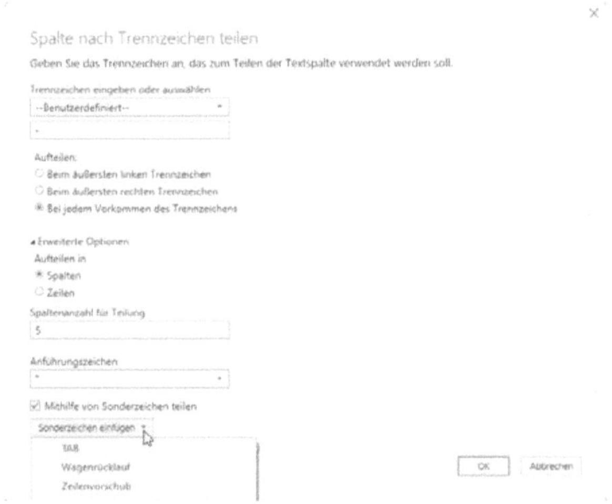

Abbildung 5.35 Der Assistent „Spalte nach Trennzeichen teilen" enthält viele Optionen.

Ähnlich wie bei der Blitzvorschau versucht der Assistent „Spalte aus Beispielen" ein Muster zu erkennen und gemäß diesem Muster zu trennen.

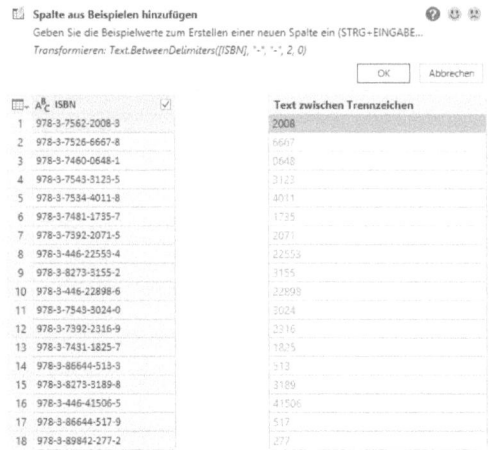

Abbildung 5.36 Der Assistent „Spalte aus Beispielen"

5.6.4 Trennen an mehreren Zeichen in Power Query

Die Ausgangslage: So schwierig kann das wohl nicht sein, dachte ich. Und probierte es. Allerdings: die Lösung des Problems war doch komplizierter als gedacht.

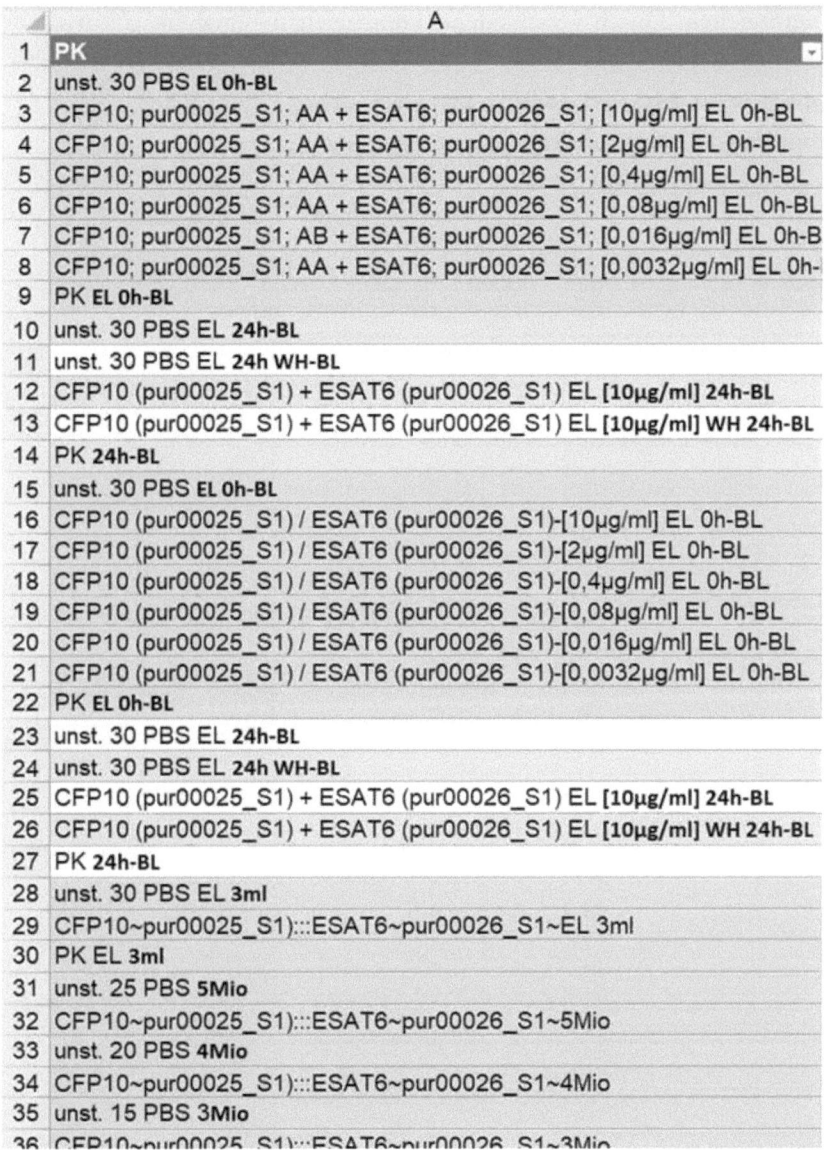

	A
1	PK ▾
2	unst. 30 PBS EL 0h-BL
3	CFP10; pur00025_S1; AA + ESAT6; pur00026_S1; [10µg/ml] EL 0h-BL
4	CFP10; pur00025_S1; AA + ESAT6; pur00026_S1; [2µg/ml] EL 0h-BL
5	CFP10; pur00025_S1; AA + ESAT6; pur00026_S1; [0,4µg/ml] EL 0h-BL
6	CFP10; pur00025_S1; AA + ESAT6; pur00026_S1; [0,08µg/ml] EL 0h-BL
7	CFP10; pur00025_S1; AB + ESAT6; pur00026_S1; [0,016µg/ml] EL 0h-B
8	CFP10; pur00025_S1; AA + ESAT6; pur00026_S1; [0,0032µg/ml] EL 0h-
9	PK EL 0h-BL
10	unst. 30 PBS EL 24h-BL
11	unst. 30 PBS EL 24h WH-BL
12	CFP10 (pur00025_S1) + ESAT6 (pur00026_S1) EL [10µg/ml] 24h-BL
13	CFP10 (pur00025_S1) + ESAT6 (pur00026_S1) EL [10µg/ml] WH 24h-BL
14	PK 24h-BL
15	unst. 30 PBS EL 0h-BL
16	CFP10 (pur00025_S1) / ESAT6 (pur00026_S1)-[10µg/ml] EL 0h-BL
17	CFP10 (pur00025_S1) / ESAT6 (pur00026_S1)-[2µg/ml] EL 0h-BL
18	CFP10 (pur00025_S1) / ESAT6 (pur00026_S1)-[0,4µg/ml] EL 0h-BL
19	CFP10 (pur00025_S1) / ESAT6 (pur00026_S1)-[0,08µg/ml] EL 0h-BL
20	CFP10 (pur00025_S1) / ESAT6 (pur00026_S1)-[0,016µg/ml] EL 0h-BL
21	CFP10 (pur00025_S1) / ESAT6 (pur00026_S1)-[0,0032µg/ml] EL 0h-BL
22	PK EL 0h-BL
23	unst. 30 PBS EL 24h-BL
24	unst. 30 PBS EL 24h WH-BL
25	CFP10 (pur00025_S1) + ESAT6 (pur00026_S1) EL [10µg/ml] 24h-BL
26	CFP10 (pur00025_S1) + ESAT6 (pur00026_S1) EL [10µg/ml] WH 24h-BL
27	PK 24h-BL
28	unst. 30 PBS EL 3ml
29	CFP10~pur00025_S1):::ESAT6~pur00026_S1~EL 3ml
30	PK EL 3ml
31	unst. 25 PBS 5Mio
32	CFP10~pur00025_S1):::ESAT6~pur00026_S1~5Mio
33	unst. 20 PBS 4Mio
34	CFP10~pur00025_S1):::ESAT6~pur00026_S1~4Mio
35	unst. 15 PBS 3Mio
36	CFP10~pur00025_S1):::ESAT6~pur00026_S1~3Mio

Abbildung 5.37 Die Ursprungstabelle

Vor einigen Jahren hatte ich die Aufgabe in einer sehr großen Excelliste (zirka 60.000 Zeilen) die Daten „zu putzen". Mitarbeiterinnen und Mitarbeiter hatten an unterschiedlichen Stellen in einer Spalte Informationen eingetragen – allerdings mehrere Informationen getrennt durch Trennzeichen. Durch verschiedene Trennzeichen – mal ein „/", mal ein Semikolon, mal ein „:::", mal ein „-„:

Ich habe damals einige VBA-Makros geschrieben, um die Daten „zu putzen". Ich frage mich, ob man sie mit PowerQuery bereinigen kann. Man kann!

Ich erstelle eine Liste der Trennzeichen:

Abbildung 5.38 Die Trennzeichen

Ich importiere die Daten und trenne die Liste „hart" an einem Zeichen:

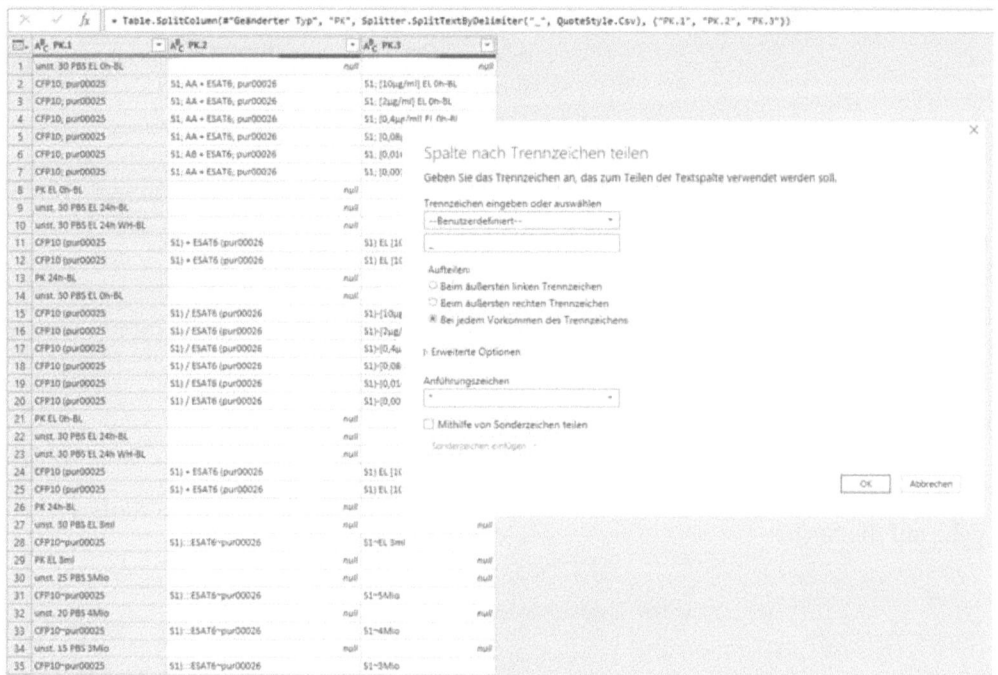

Abbildung 5.39 Spalte nach Trennzeichen trennen

Der Befehl

```
= Table.SplitColumn(#"Geänderter Typ", "PK", Splitter.SplitTextByDeli-
miter("_", QuoteStyle.Csv), {"PK.1", "PK.2", "PK.3"})
```

trennt die Spalte. Wie kann man alle Trennzeichen verwenden?

Ich importiere die Trennzeichenliste und wandle sie in über *Transformieren / In Liste konvertieren* in eine Liste um:

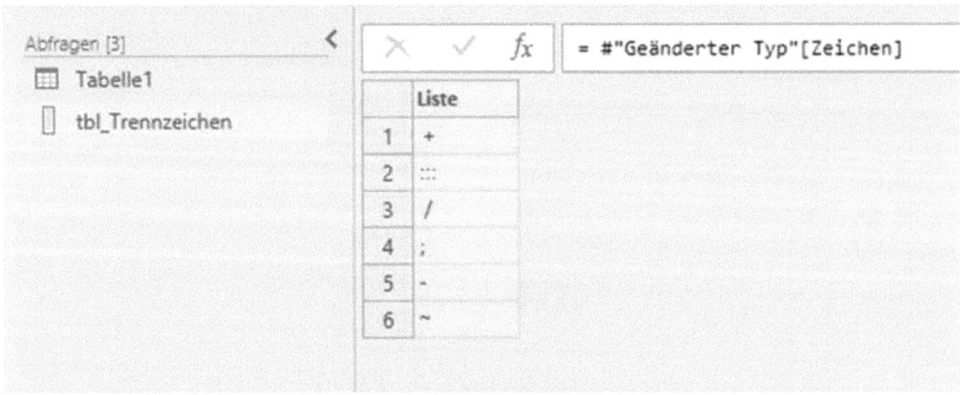

Abbildung 5.40 Die Liste der Trennzeichen in Power Query

Kann *SplitTextByDelimiter* meine *tbl_Trennzeichen* verarbeiten? Nein!

Ich gehe auf die Suche:

Abbildung 5.41 SplitTextByAnyDelimiter

SplitTextByAnyDelimiter kann die Liste verarbeiten:

```
= Table.SplitColumn(#"Geänderter Typ", "PK", Splitter.SplitTextByAny-
Delimiter(tbl_Trennzeichen), {"PK.1", "PK.2", "PK.3"})
```

Jedoch: {„PK.1", „PK.2", „PK.3"} legt fest, dass DREI neue Spalten geliefert werden mit den Namen „PK.1", „PK.2" und „PK.3". Ich probiere aus:

```
= Table.SplitColumn(#"Geänderter Typ", "PK", Splitter.SplitTextByAny-
Delimiter(tbl_Trennzeichen), {"PK.1", "PK.2", "PK.3", "PK.98",
"PK.99"})
```

Klappt! Ich erhalte weitere Spalten:

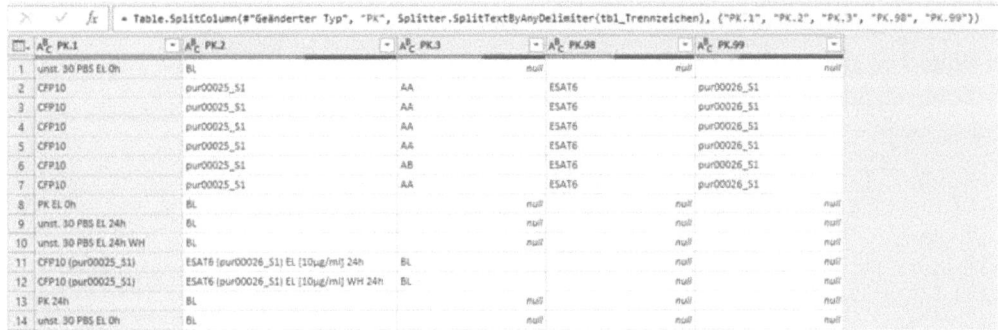

Abbildung 5.42 Mehrere Spalten sind das Ergebnis

Allerdings: Wie viele Spalten entstehen denn? Ich versuche es ohne den letzten Parameter:

```
= Table.SplitColumn(#"Geänderter Typ", "PK", Splitter.SplitTextByAny-
Delimiter(tbl_Trennzeichen))
```

Und erhalte EINE neue Spalte:

Abbildung 5.43 Leider nur eine Spalte

Schlecht! Ich schaue den Parameter genauer an – er heißt:

```
columnNamesOrNumber
```

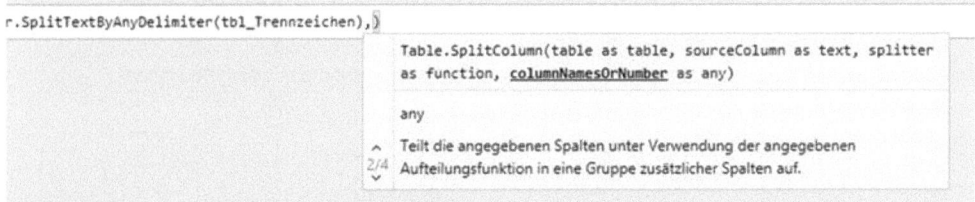

Abbildung 5.44 columnNamesOrNumber

Also versuche ich eine Zahl. Ich beginne bei 99:

Der linke Teil sieht vielversprechend aus:

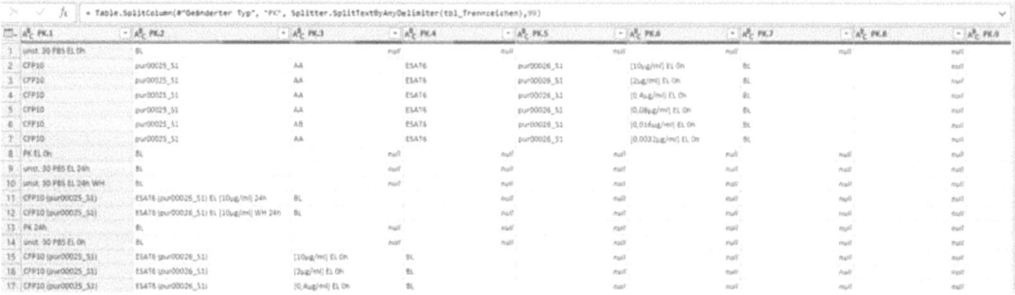

Abbildung 5.45 Mehrere Spalten

– der rechte nicht:

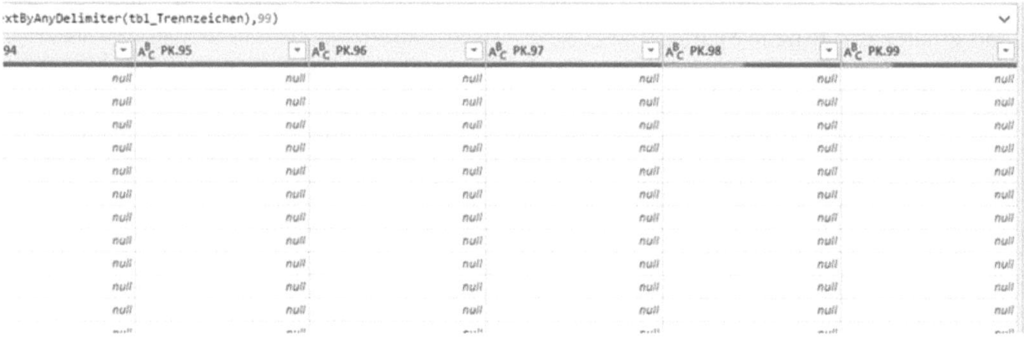

Abbildung 5.46 zu viele Spalten

Ich überlege: ich muss berechnen wie viele neue Spalten erzeugt werden. Ich muss berechnen wie oft die Trennzeichen der Liste *tbl_Trennzeichen* in jedem der Texte vorkommt.

Leider stellt PowerQuery keine Funktion zur Verfügung, mit deren Hilfe man die Anzahl der vorkommenden Zeichen in einer anderen Zeichenkette ermitteln kann. So etwas berechne ich (auch in Excel) immer wie folgt:

```
Länge(Zeichenkette) - Länge(Zeichenkette ohne gesuchten Zeichen)
```

oder

```
Länge(Zeichenkette) -
Länge(Ersetze(Zeichenkette; gesuchten Zeichen))
```

Eine PowerQuery-Abfrage muss her:

```
(Text.Length(Text) -
```

```
                    Text.Length(Text.Replace(Text -
```
Ich überlege: minus jedes Element der Liste. Also genauer:

```
(Text as text) =>

    List.Accumulate(
        tbl_Trennzeichen,
        0,
        (state, current) =>
            state +
                (Text.Length(Text) -
                Text.Length(Text.Replace(Text, current, "")))
    )
```

Ich muss die Anzahl kumulieren. Der Befehl *List.Accumulate* tut gute Dienste. Er möchte eine Liste haben (*tbl_Trennzeichen*), einen Beginn (0) und eine Funktion. Diese Funktion erhält zwei Teile:

```
(state, current)
```

Die Variable *state* „merkt" sich die Zahl, *current* greift auf jede Zeile zu. Allerdings darf ich nicht einfach die Differenz aus Länge vorher und Länge nachher bilden:

```
Text.Length(Text) -
        Text.Length(Text.Replace(Text, current, ""))
```

sondern muss durch die Länge teilen. Also wenn ich von der Länge

```
Hallo:::ich:::bin:::es:::wieder
```

31 die ::: entferne:

```
Halloichbineswieder
```

bleiben 19 Zeichen. Differenz = 12. Da aber nur vier Mal das ::: auftaucht, muss ich es noch durch die Länge teilen, also:

```
(Text.Length(Text) -
        Text.Length(Text.Replace(Text, current, "")))
        / Text.Length(current)
```

Und schließlich: Wenn ich in ich-will-das zwei Bindestriche finde, erhalte ich nach dem Trennen DREI Teile.

Die komplette Funktion, die ich *fxAnzahlTrennzeichen* nenne sieht dann so aus:

```
(Text as text) =>
    List.Accumulate(
```

```
       tbl_Trennzeichen,
       0,
       (state, current) =>
          state +
             (Text.Length(Text) -
             Text.Length(Text.Replace(Text, current, "")))
             / Text.Length(current)
    ) + 1
```

Und kann verwendet werden:

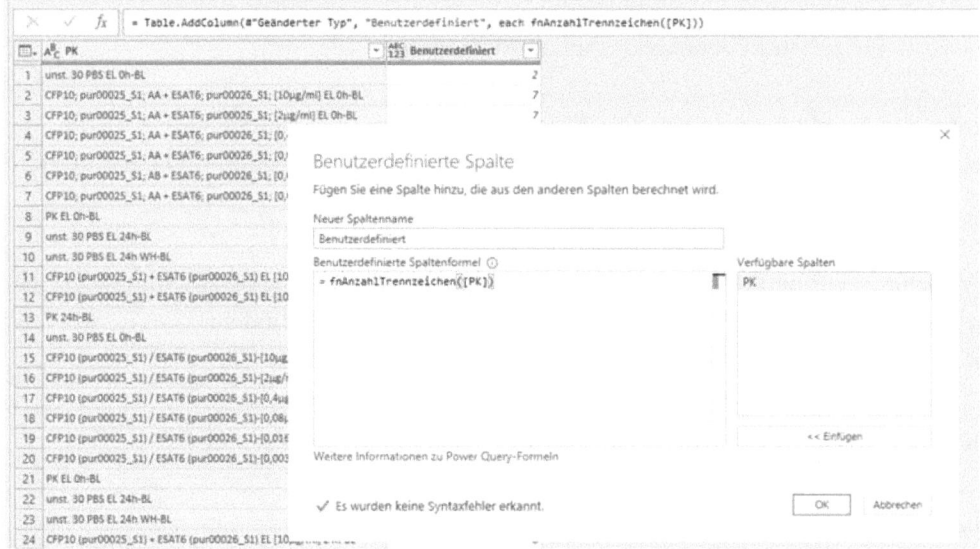

Abbildung 5.47 Die neue Funktion in Power Query

Von dieser Spalte wird das Maximum berechnet und über ein Drilldown als Zahl „gespeichert" (*MAXZeichen*):

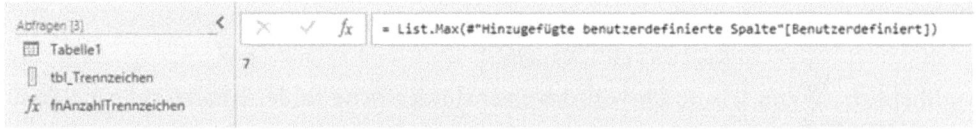

Ein Klick auf *fx* und ein Bezug wird zu einem vorhergehenden Schritt hergestellt:

= #"Geänderter Typ"

Dort wird getrennt:

```
= Table.SplitColumn(Benutzerdefiniert1, "PK", Splitter.SplitTextByAny-
Delimiter(tbl_Trennzeichen), MAXZeichen )
```

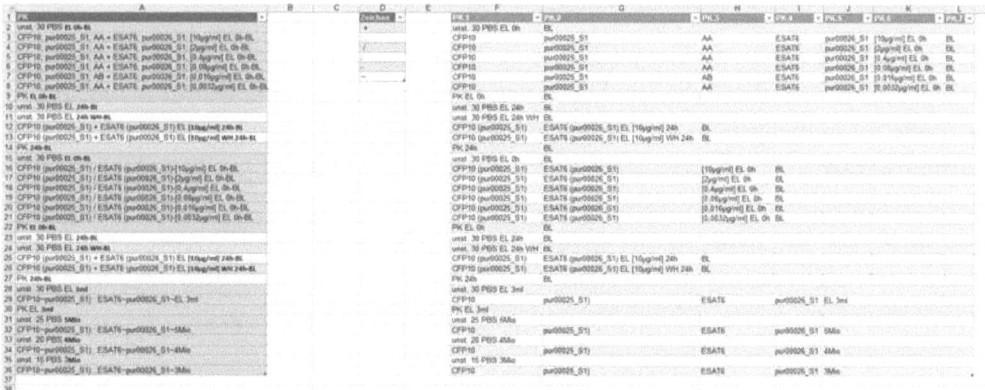

Und in Excel:

Abbildung 5.48 Die neue Power Query-Funktion wird verwendet.

Probe aufs Exempel – ich trage in der Liste den folgenden Text ein:

A-B-C-D-E-F-G-H-I

und aktualisiere:

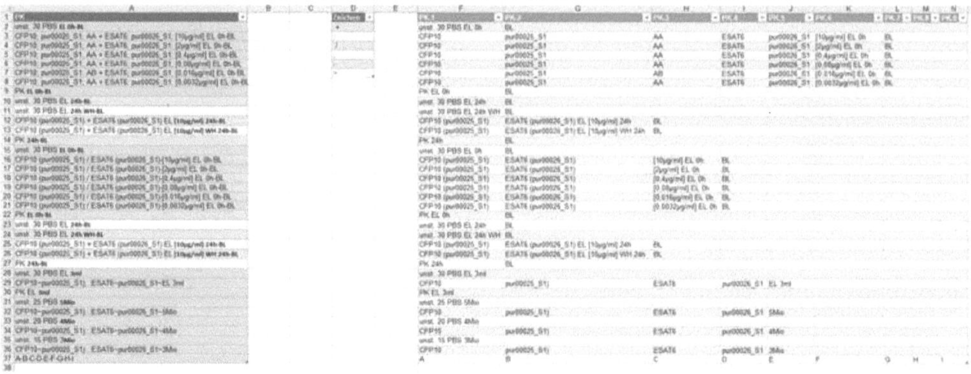

Abbildung 5.49 Klappt!

5.7 Daten aus mehreren Spalten zusammenfassen

So wie manchmal Daten zusammengefasst in einer Spalte von einem Datenbanksystem kommen, gibt es auch den Fall, dass Daten auf mehrere Spalten aufgeteilt sind, die nun zu einer Spalte zusammengefasst werden müssen. Am Beispiel der Ordnernamen soll dies demonstriert werden.

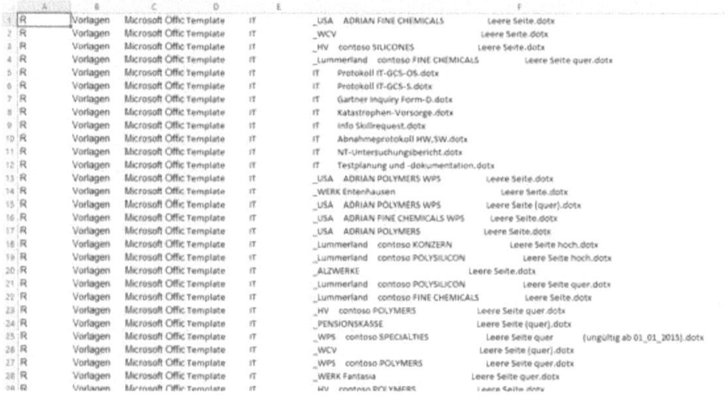

Abbildung 5.50 Daten sind auf mehrere Spalten aufgeteilt.

5.7.1 Assistenten

Man kann die Blitzvorschau verwenden, um Spalteninformationen zu verketten. Dazu schreibt man in die erste, oberste Zelle das Ergebnis und drückt [Strg] + [E] oder wählt den Befehl Blitzvorschau über Start / Bearbeiten / Ausfüllen aus.

Plz	Ort		Plz	Ort		Plz Ort	Jahr
68161	Mannheim	68161 Mannheim	68161	Mannheim	68161 Mannheim	
63739	Aschaffenburg		63739	Aschaffenburg	63739 Aschaffenbu	
50931	Koeln		50931	Koeln	50931 Koeln	
68775	Ketsch		68775	Ketsch	68775 Ketsch	
67227	Frankenthal		67227	Frankenthal	67227 Frankenthal	
01157	Dresden		01157	Dresden	01157 Dresden	
93051	Regensburg		93051	Regensburg	93051 Regensburg	
68163	Mannheim		68163	Mannheim	68163 Mannheim	
28832	Achim		28832	Achim	28832 Achim	
68535	Edingen-Neckarhausen		68535	Edingen-Neckarhau	68535 Edingen-Nec	
38102	Braunschweig		38102	Braunschweig	38102 Braunschwe	
80539	Muenchen		80539	Muenchen	80539 Muenchen	
40474	Duesseldorf		40474	Duesseldorf	40474 Duesseldorf	
65812	Bad Soden		65812	Bad Soden	65812 Bad Soden	

Abbildung 5.51 Das gewünschte und das fertige Ergebnis

Einige Nachteile und Stolperfallen zur Blitzvorschau werden in Kapitel 5.6.1 Assistenten beschrieben.

5.7.2 Formeln

Etwas mühsam gestaltet sich der Verkettungsoperator „&". Zwar kann man damit leicht zwei oder drei Informationen verketten, aber bei einer großen Anzahl wird dies zu einem mühsamen Unterfangen:

```
=A1&":\"&B1&"\"&C1&"\"&D1&"\"&E1&"\"&F1
```

Auch die Funktion VERKETTEN, die aus Kompatibilitätsgründen zur Verfügung gestellt wird, ist hier nicht besser:

Abbildung 5.52 Der Operator „&" und VERKETTEN sind bei vielen Spalten mühsam.

Besser geeignet sind die beiden Funktionen TEXTKETTE und TEXTVERKETTEN. Während TEXTKETTE alle Zellen eines Bereichs ohne Trennzeichen zusammenfügt

```
=TEXTKETTE(A3:F3)
```

kann man bei TEXTVERKETTEN ein Trennzeichen eingeben:

```
=TEXTVERKETTEN("\";WAHR;A4:F4)
```

Will man an einer Stelle ein anderes Zeichen verwenden, muss man entweder die Funktion ein zweites Mal bemühen oder mit „&" verketten:

```
=A5&":\"&TEXTVERKETTEN("\";WAHR;B5:F5)
```

Beachten Sie, dass TEXTVERKETTEN lediglich zwischen die einzelnen Texte ein Trennzeichen einfügt – nicht davor und nicht danach.

Verkettet man einen Text mit einem Datum, also beispielsweise

```
="München, "&HEUTE()
```

ermittelt Excel den internen Wert des Datums und liefert beispielsweise

München, 45227

Um dies zu verhindern, muss man die Funktion TEXT bemühen, um die Datumszahl zu konvertieren:

```
="München, "&TEXT(HEUTE();"TT.MM.JJJJ")
```

Das gibt auch bei anderen Zahlen, wenn sie formatiert verkettet werden sollen.

5.7.3 Power Query

Wahrscheinlich hat Power Query auf den fehlenden Assistenten in Excel und auf die ehemals unzureichende Funktion VERKETTEN reagiert und einen Assistenten eingebaut.

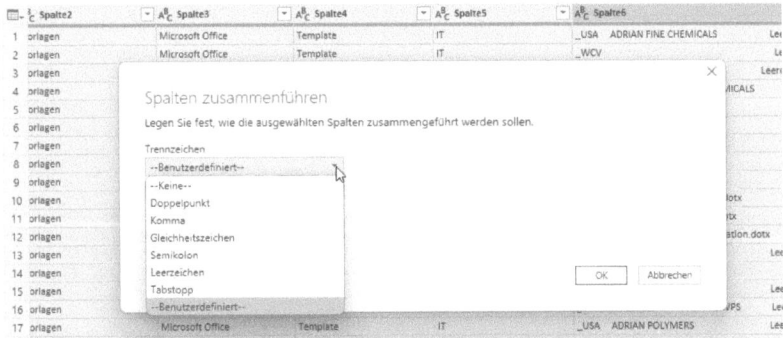

Abbildung 5.53 Verschiedenen Trennzeichen, um eine Spalte zu teilen

Power Query verwendet hierfür den Befehl

```
Table.CombineColumns
```

Natürlich können Sie auch in einer benutzerdefinierten Spalte den Verkettungsoperator „&" verwenden.

Hinweis

Wie bei allen Aktionen in Power Query ist auch hier die Reihenfolge des Markierens wichtig.

5.8 Tabellen verknüpfen

In Datenbankabfragen werden sie JOINs genannt. Jeder der mit Abfragen zu tun hat, kennt die sechs Joins, mit der zwei Tabellen miteinander verknüpft werden.

Excel stellt keinerlei Verknüpfungen zur Verfügung.

5.8.1 Assistenten?

Erstellt man eine Pivottabelle und fügt sie dem Datenmodell hinzu

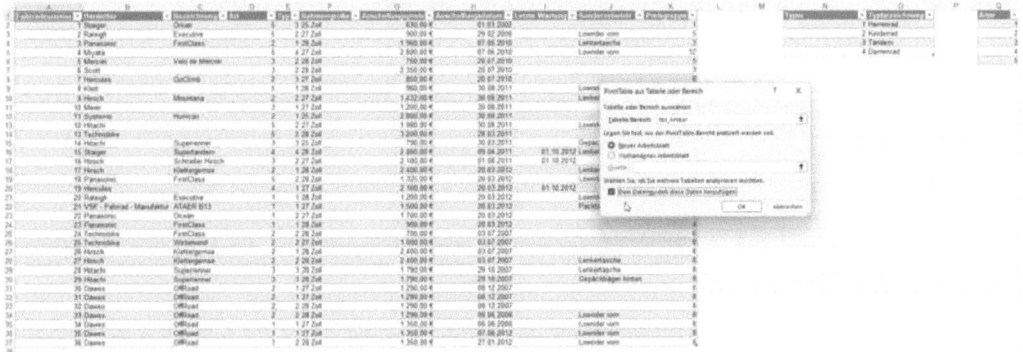

Abbildung 5.54 Dem Datenmodell hinzufügen

Danach erscheinen alle intelligenten Tabellen im Aufgabenbereich der Pivottabelfelder.

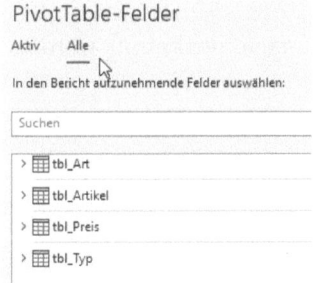

Abbildung 5.55 Alle Tabellen werden angezeigt.

Wählt man nun eine Spalte aus einer Tabelle und eine Spalte aus einer anderen Tabelle, erstaunt das Ergebnis.

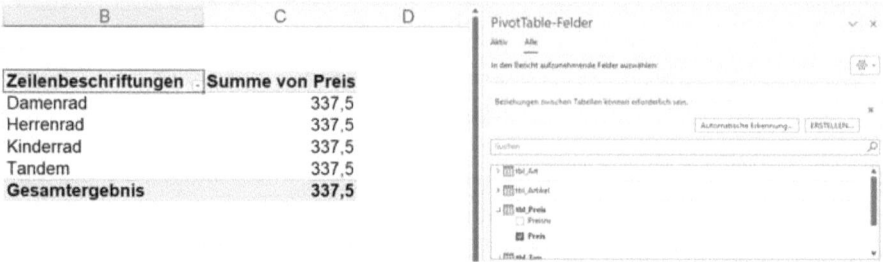

Abbildung 5.56 Spalten können verwendet werden; aber sie sind nicht verknüpft.

Die Tabellen sind noch nicht miteinander verknüpft.

Man kann sie über die automatische Erkennung verknüpfen lassen oder die Verknüpfung per Hand erstellen lassen.

Abbildung 5.57 Tabellen werden verknüpft.

Alternativ können die Tabellen über den Assistenten „Beziehungen" verknüpft werden, den Sie in der Registerkarte „PivotTable-Analyse" finden.

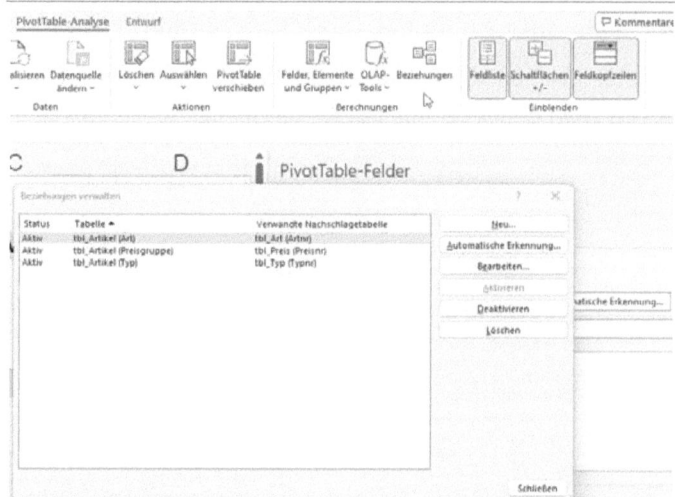

Abbildung 5.58 Beziehungen zwischen Tabellen werden hergestellt.

Und wieso kann man behaupten, dass Excel keine Tabellen verknüpfen kann, wenn doch Pivottabellen miteinander verknüpft werden? Diese beschriebenen Verknüpfungen werden nicht in Excel, sondern im Datenmodell erstellt. Das heißt: in PowerPivot. Hat man das Werkzeug aktiviert (als COM-Add-In), kann man dort im Datenmodell in der Diagrammansicht nicht nur die Verknüpfungen sehen, sondern auch neue Beziehungen herstellen oder bestehende ändern, beziehungsweise löschen.

5.8.2 Formeln

Zwei Tabellen kann kam in Excel nicht mit Formeln verknüpfen. Allerdings: das Ergebnis einer Verknüpfung – einen zugehörigen Wert aus einer Tabelle in einer anderen Tabelle anzeigen zu lassen stellt mit den „alten" Funktionen SVERWEIS und WVERWEIS oder INDEX und VERGLEICH und auch mit der „neuen" Funktion XVERWEIS kein Problem dar.

In Excel für Microsoft 365 in der Version 2001, die zu Beginn des Jahres 2020 eingeführt wurde, gibt es nun zwei neue Funktionen: XVERWEIS und XVERGLEICH. Die Syntax von XVERWEIS sieht folgendermaßen aus:

```
=XVERWEIS(Suchkriterium;Suchmatrix;Rückgabematrix;
[wenn nicht gefunden];[Vergleichsmodus];[Suchmodus])
```

Ähnlich wie SVERWEIS ...

Die ersten drei notwendigen Parameter arbeiten ähnlich wie SVERWEIS: gesucht wird ein Wert in einer Spalte – zurückgegeben wird der Wert einer anderen Spalte:

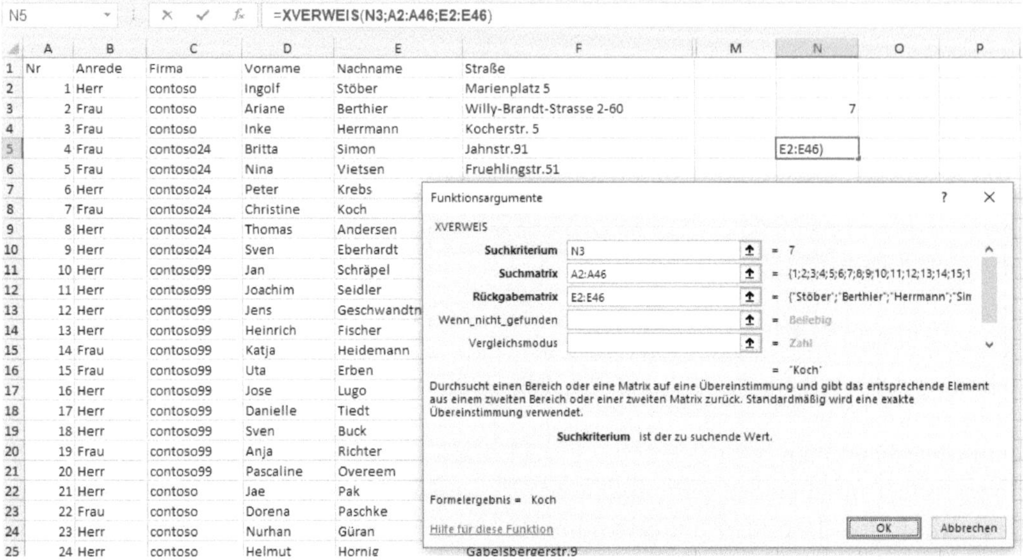

	A	B	C	D	E	F	N
1	Nr	Anrede	Firma	Vorname	Nachname	Straße	
2	1	Herr	contoso	Ingolf	Stöber	Marienplatz 5	
3	2	Frau	contoso	Ariane	Berthier	Willy-Brandt-Strasse 2-60	7
4	3	Frau	contoso	Inke	Herrmann	Kocherstr. 5	
5	4	Frau	contoso24	Britta	Simon	Jahnstr.91	E2:E46)
6	5	Frau	contoso24	Nina	Vietsen	Fruehlingstr.51	
7	6	Herr	contoso24	Peter	Krebs		
8	7	Frau	contoso24	Christine	Koch		
9	8	Herr	contoso24	Thomas	Andersen		
10	9	Herr	contoso24	Sven	Eberhardt		
11	10	Herr	contoso99	Jan	Schräpel		
12	11	Herr	contoso99	Joachim	Seidler		
13	12	Herr	contoso99	Jens	Geschwandtn		
14	13	Herr	contoso99	Heinrich	Fischer		
15	14	Frau	contoso99	Katja	Heidemann		
16	15	Frau	contoso99	Uta	Erben		
17	16	Herr	contoso99	Jose	Lugo		
18	17	Herr	contoso99	Danielle	Tiedt		
19	18	Herr	contoso99	Sven	Buck		
20	19	Frau	contoso99	Anja	Richter		
21	20	Herr	contoso99	Pascaline	Overeem		
22	21	Herr	contoso	Jae	Pak		
23	22	Frau	contoso	Dorena	Paschke		
24	23	Herr	contoso	Nurhan	Güran		
25	24	Herr	contoso	Helmut	Hornig	Gabelsbergerstr.9	

Abbildung 5.59 Die Funktion XVERWEIS

Sind die beiden Bereiche nicht gleich groß, ist eine Fehlermeldung (#WERT) die Folge. Sind die Bereiche „versetzt“, also: suche in A2:A46 und liefere den Wert aus A4:A48, dann wird die Berechnung durchgeführt, jedoch ist das Ergebnis falsch.

XVERWEIS bildet nicht nur SVERWEIS nach, sondern auch WVERWEIS – man kann auch zeilenweise suchen:

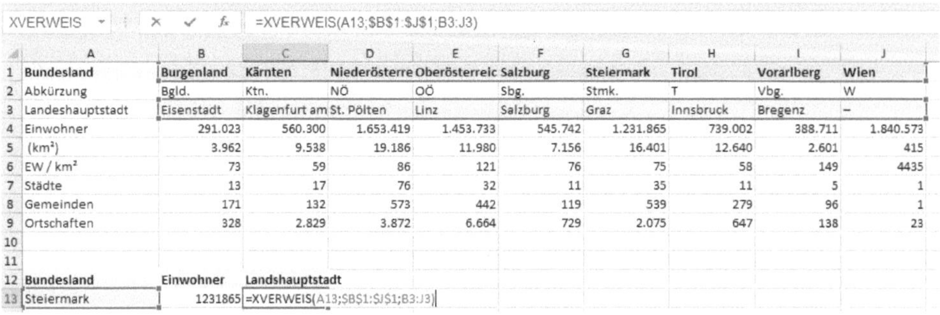

	A	B	C	D	E	F	G	H	I	J
1	Bundesland	Burgenland	Kärnten	Niederösterre	Oberösterreic	Salzburg	Steiermark	Tirol	Vorarlberg	Wien
2	Abkürzung	Bgld.	Ktn.	NÖ	OÖ	Sbg.	Stmk.	T	Vbg.	W
3	Landeshauptstadt	Eisenstadt	Klagenfurt am	St. Pölten	Linz	Salzburg	Graz	Innsbruck	Bregenz	–
4	Einwohner	291.023	560.300	1.653.419	1.453.733	545.742	1.231.865	739.002	388.711	1.840.573
5	(km²)	3.962	9.538	19.186	11.980	7.156	16.401	12.640	2.601	415
6	EW / km²	73	59	86	121	76	75	58	149	4435
7	Städte	13	17	76	32	11	35	11	5	1
8	Gemeinden	171	132	573	442	119	539	279	96	1
9	Ortschaften	328	2.829	3.872	6.664	729	2.075	647	138	23
10										
11										
12	Bundesland	Einwohner	Landshauptstadt							
13	Steiermark	1231865	=XVERWEIS(A13;$B$1:$J$1;B3:J3)							

Abbildung 5.60 Die Funktion XVERWEIS statt WVERWEIS

Da in einer Spalte gesucht und in einer anderen Spalte gefunden wird, bietet sich eine „intelligente" (formatierte/strukturierte/dynamische) Tabelle an:

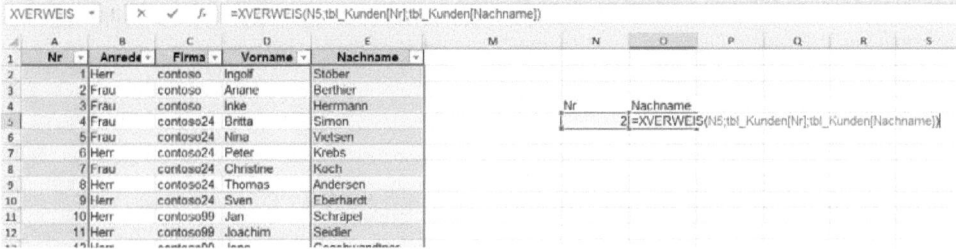

Abbildung 5.61 Die Funktion XVERWEIS mit intelligenter Tabelle

Ähnlich wie INDEX und VERGLEICH

Da Suchbereich und Rückgabebereich unabhängig sind, ersetzt die Funktion XVERWEIS die beiden Funktionen INDEX und VERGLEICH:

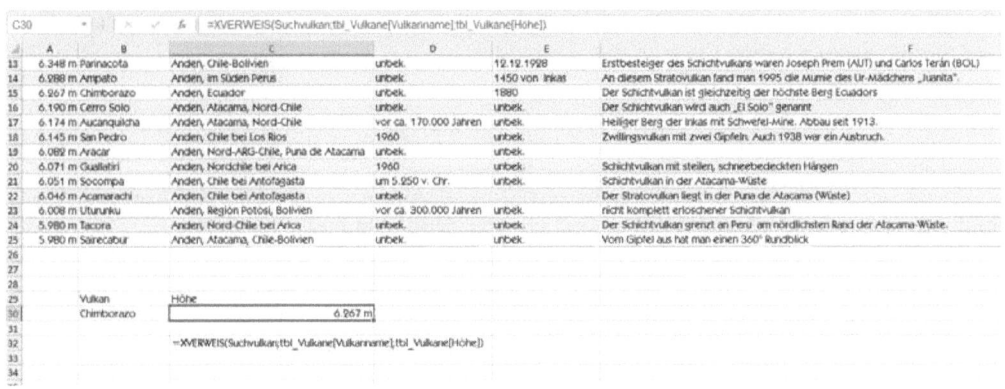

Abbildung 5.62 Die Funktion XVERWEIS ersetzt INDEX und VERGLEICH

Hinweis

Anders als beim SVERWEIS ist die Standardeinstellung: „suche exakt":

| O6 | ▼ | : | × | ✓ | fx | =XVERWEIS(N6;tbl_Kunden[Nr];tbl_Kunden[Nachname]) |

▲	A	B	C	D	E	M	N	O
1	**Nr** ▼	**Anrede** ▼	**Firma** ▼	**Vorname** ▼	**Nachname** ▼			
2	1 Herr	contoso	Ingolf	Stöber			
3	2 Frau	contoso	Ariane	Berthier			
4	3 Frau	contoso	Inke	Herrmann		Nr	Nachname
5	4 Frau	contoso24	Britta	Simon		2	Berthier
6	5 Frau	contoso24	Nina	Vietsen		2,9	#NV
7	6 Herr	contoso24	Peter	Krebs			
8	7 Frau	contoso24	Christine	Koch			
9	8 Herr	contoso24	Thomas	Andersen			

Abbildung 5.63 Die Funktion XVERWEIS und die Vergleichsmodi

Der Vergleichsmodus

Die Standardeinstellung von SVERWEIS: WAHR entspricht beim XVERWEIS dem Parameterwert -1 beim „Vergleichsmodus":

Abbildung 5.64 Die Funktion XVERWEIS und die drei Vergleichsmodi

Ebenso wie bei der Funktion VERGLEICH kann der darunterliegende Wert zurückgegeben werden:

`=XVERWEIS(N7;$K$2:$K$17;$L$2:$L$17;;1)`

	K	L	M	N	O	P	Q
	Menge	pH-Wert		Menge			
	10	7		8,31	7		
	20	7		175,03	#NV		
	30	7		121,21	7,5		
	40	7		138,06	7,5		
	50	7,1		150,98	7,6		
	60	7,1		75,85	=XVERWEIS(N7;$K$2:$K$17;$L$2:$L$17;;1)		
	70	7,1					
	80	7,2					
	90	7,3					
	100	7,3					
	110	7,3					
	120	7,5					
	130	7,5					
	140	7,5					
	150	7,5					
	160	7,6					

Abbildung 5.65 Die Funktion VERGLEICH

Und schließlich kann der vierte Parameterwert 2 („Platzhalterzeichenübereinstimmung")
mit den beiden Platzhaltern „*" und „?" arbeiten – „*" als Platzhalter für beliebige Zeichen
(0 Mal, 1 Mal oder beliebige) „?" als Platzhalter für genau ein Zeichen.

Abbildung 5.66 Die Funktion XVERWEIS mit Platzhalterzeichenübereinstimmung

Hinweis

Die beiden Platzhalter sind aus dem Autofilter bekannt und werden hier genauso verwendet. Ebenso wie beim Autofilter unterscheidet XVERWEIS nicht zwischen Groß-
und Kleinschreibung.

Der Parameter wenn_nicht_gefunden

Wird ein Wert nicht gefunden, weil er (bei den Parameterwerten 0 und 2) nicht vorhanden ist oder weil er (bei den Parameterwerten 1 und -1) außerhalb des Bereiches liegt, ist #NV der Fehler. Er kann abgefangen werden mit dem Parameter „wenn_nicht_gefunden":

	XVERWEIS	▾	×	✓	fx	=XVERWEIS(LINKS(A4;2);$G$2:$G$114;$H$2:$H$114;"nicht vorhanden")					
⊿	A		B	C	D	E	F	G	H	I	J
1	IBAN		Schulden (USD)					Ländercode	Land		
2	XX527024559171766722164		176.320,00	nicht vorhanden				AF	Afghanistan		
3	GE59494784795926043525		861.173,00	Georgia				AL	Albania		
4	MA92680905353170898330		609.003,00	=XVERWEIS(LINKS(A4;2);$G$2:$G$114;$H$2:$H$114;"nicht vorhanden")							
5	EC10047520616024731994		432.460,00	Ec							
6	AR43767195774903183752		934.409,00	Argentina				AM	Armenia		
7	EC22648510205388593707		137.378,00	Ecuador				AU	Australia		
8	TW43759886326604965336		270.165,00	Taiwan				AT	Austria		
9	GB54987568058217841076		897.678,00	United Kingdom				AZ	Azerbaijan		
10	JO65984839275082131128		617.816,00	Jordan				BH	Bahrain		
11	MK23659252575898536060		150.152,00	Former Yugoslav Republic of Macedonia				BY	Belarus		
12	BH49847636968503909696		200.767,00	Bahrain				BE	Belgium		
13			92.518,00	France				BZ	Belize		

Abbildung 5.67 Falls die Funktion XVERWEIS nicht findet …

Da SVERWEIS die Fehler #BEZUG und #NV liefern kann und diese mit WENNNV, beziehungsweise WENNFEHLER abgefangen werden können, so ist die Funktion WENNNV in der Funktion XVERWEIS bereits integriert.

Der Parameter Suchmodus

Der letzte Parameter „Suchmodus" kann 1: von oben nach unten oder 2: von unten nach oben suchen und finden. Dies ist bei mehrfach auftretenden Werten interessant.

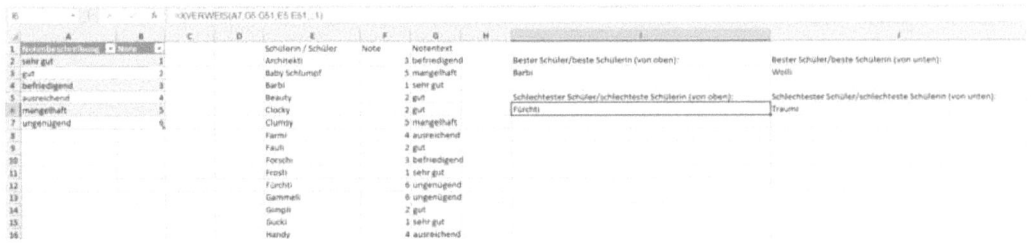

Abbildung 5.68 Die Funktion XVERWEIS und der Suchmodus

Ein weiteres Beispiel: erster Wert und letzter Wert:

Abbildung 5.69 Die Funktion XVERWEIS „von vorn" und „von hinten"

Da XVERWEIS die beiden Funktionen SVERWEIS und WVERWEIS vereint, kann man ihn kombinieren:

```
=XVERWEIS(N5;tbl_Kunden2[Nr];
XVERWEIS(O$4;tbl_Kunden2[#Kopfzeilen];tbl_Kunden2))
```

Abbildung 5.70 Mehrmals die Funktion XVERWEIS

XVERWEIS als Array

XVERWEIS liefert einen Wert oder mehrere Werte. Sie werden als Array angezeigt:

```
=XVERWEIS(O2;tbl_Kunden3[Nr];
tbl_Kunden3[Vorname]:tbl_Kunden3[Ort];"nicht gefunden")
```

Abbildung 5.71 Die Funktion VERGLEICH

Ebenso kann XVERWEIS als Datenbereich verwendet werden:

```
=SUMME(XVERWEIS(E3;A2:A62;B2:B62):XVERWEIS(E5;A2:A62;B2:B62))
```

| E7 | | | ▼ | : | × | ✓ | fx | =SUMME(XVERWEIS(E3;A2:A62;B2:B62):XVERWEIS(E5;A2:A62;B2:B62)) | | | |

◢	A	B	C	D	E	F	G	H	I	J	K
1	Jahr	Einnahmen in Mio									
2	1980	11			Summe von Jahr						
3	1981	87			2015						
4	1982	14			bis zu Jahr						
5	1983	3			2019						
6	1984	6									
7	1985	58			261						
8	1986	28									
9	1987	32									
10	1988	53									
11	1989	99									
12	1990	40									
13	1991	46									
14	1992	69									
15	1993	3									

Abbildung 5.72 Die Funktion XVERWEIS kann einen Bereich liefern.

Und somit ist möglich Werte bis zu einem bestimmten Monat oder von dem ersten „x" bis zum letzten „x" zu summieren:

`=SUMME(XVERWEIS("x";B:B;A:A;;;1):XVERWEIS("x";B:B;A:A;;;-1))`

| D5 | | | ▼ | : | × | ✓ | fx | =SUMME(XVERWEIS("x";B:B;A:A;;;1):XVERWEIS("x";B:B;A:A;;;-1)) | | |

◢	A	B	C	D	E	F	G	H
1	Wert	Suchspalte						
2		1						
3		2						
4		3						
5		4		95				
6		5 x						
7		6						
8		7						
9		8						
10		9						
11		10						
12		11						
13		12						
14		13						
15		14 x						
16		15						
17		16						

Abbildung 5.73 Die Funktion XVERWEIS mit zwei Schiebereglern

Auch das funktioniert:

`=SUMME(XVERWEIS(B1:XVERWEIS(D2;A2:A13;B2:B13))`

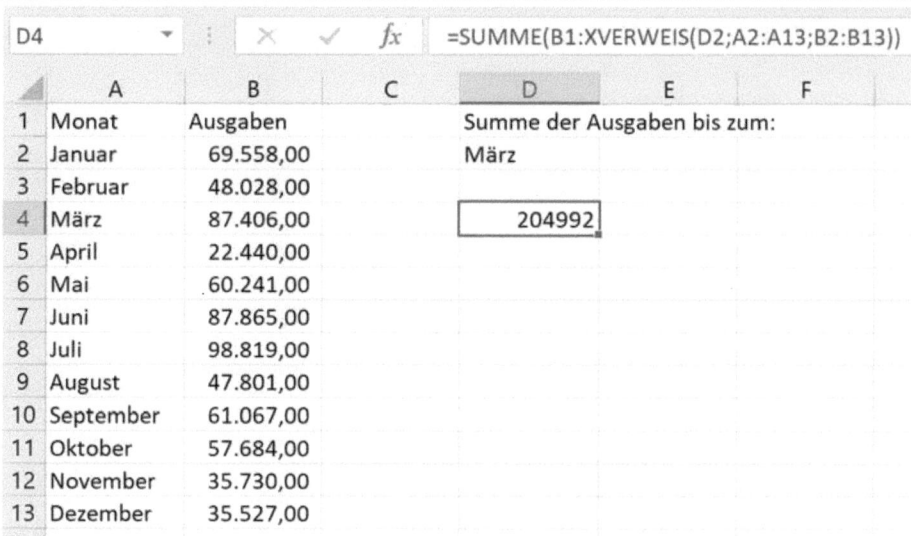

Abbildung 5.74 Die Funktion XVERWEIS liefert Werte bis zu einem Monat

Und man kann auch mehrere Werte verketten und das Ergebnis suchen:

`=XVERWEIS(F15&"-"&TEXTKETTE(G15:J15);A2:A10;F2:F10)`

Oder umgekehrt: einen Wert in mehreren Spalten suchen:

`=XVERWEIS(F15;A2:A10&"-"&B2:B10;F2:F10)`

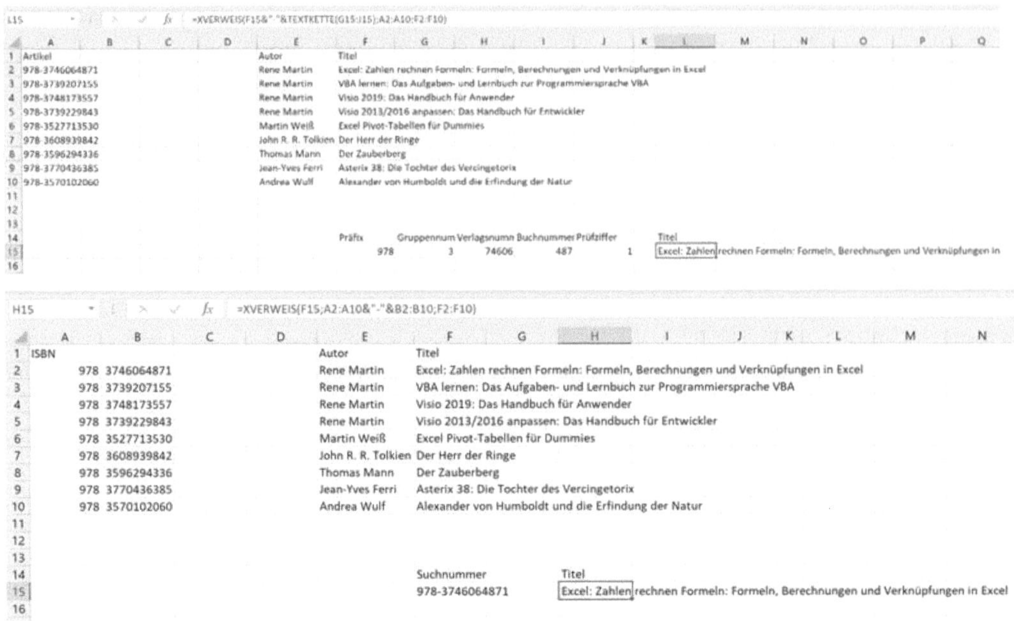

Abbildung 5.75 Die Funktion XVERWEIS ermöglicht die Suche über mehrere Spalten

XVERWEIS und Fehler

Zwar kann der Fehler #NV abgefangen werden, aber XVERWEIS kann einige Fehler produzieren, die entweder überprüft oder abgefangen werden sollten:

- #WERT: Stimmen Suchmatrix und Rückgabematrix nicht in ihrer Größe überein, wird der Fehler #WERT zurückgegeben. Ebenso bei fehlerhaften Parameterwerten.

- #ÜBERLAUF wie alle Array-Funktionen, die mehrere Werte zurückgeben, werden vorhandene Werte nicht kommentarlos überschrieben, sondern mit #ÜBERLAUF gekennzeichnet.

- #NV: Wurde der Parameter wenn_nicht_gefunden nicht gefüllt, liefert die Funktion XVERWEIS den Fehler #NV.

- #BEZUG: Wurde die Funktion verschoben oder kopiert, so dass der Bezug nicht angepasst werden kann, ist #BEZUG die Konsequenz.

Und der Haken an der Sache?

XVERWEIS scheint bei großen Datenmengen langsamer zu sein als SVERWEIS. Jedoch: auch hierfür hat XVERWEIS eine Lösung: der letzte Parameter „Suchmodus" weist die beiden Werte 2 und -2 auf – Binärsuche bei einer aufsteigenden und absteigenden Liste. Tatsächliche – diese Variante ist schneller als SVERWEIS.

Zusammenfassung

Die Vorteile von XVERWEIS

- Fasst SVERWEIS und WVERWEIS zusammen
- Fasst INDEX und VERGLEICH zusammen
- Hat als Standardsuchparameter „exakte Suche" eingestellt
- Ist matrixfähig, das heißt: kann mehrere Werte gleichzeitig suchen – in mehreren Spalten und – falls nötig: mehrere Werte zurückgeben.
- Hat die Funktion WENNNV integriert
- Hat einen Parameter zur schnellen Suche.

Nachtrag

Interessant sind einige Buchstaben und einige diakritische Zeichen: SVERWEIS unterscheidet bei der Suche nicht zwischen Ä, Ö, Ü und Ae, Oe und Ue. Umgekehrt schon. Das heißt: Ärger wird in einer Spalte gefunden, wenn dort Aerger steht. XVERWEIS jedoch nicht. SVERWEIS unterscheidet nicht, ob ein Vokal einen Akzent trägt, also René und Rene werden nicht unterschieden. XVERWEIS jedoch schon!

Und: beide Funktionen unterscheiden nicht zwischen „ß" und „ss".

5.8.3 Power Query

Selbstverständlich können in Power Query zwei Abfragen miteinander verknüpft werden:

Dabei werden die Spalten markiert, die miteinander verknüpft werden, alle sechs JOIN-Varianten stehen zur Verfügung:

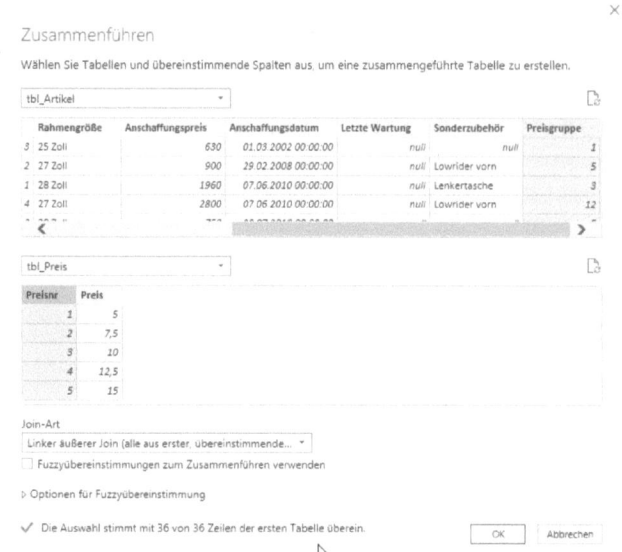

Abbildung 5.76 Zwei Tabellen (Abfragen) werden zusammengeführt.

Beachten Sie, dass das Ergebnis in Power Query eine Tabelle ist. Man muss die Tabelle „öffnen", um einzelne Werte zu erhalten.

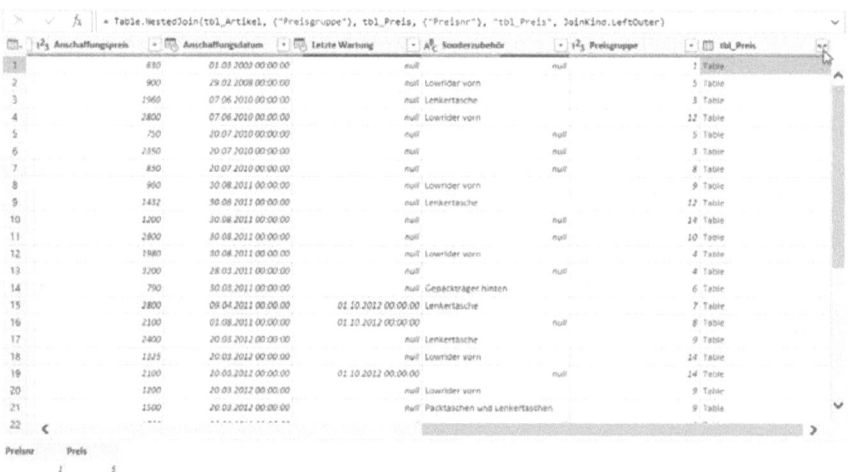

Abbildung 5.77 Das Ergebnis ist eine Tabelle.

Folgende Joins stehen in Power Query zur Verfügung:

- Linker äußerer Join:

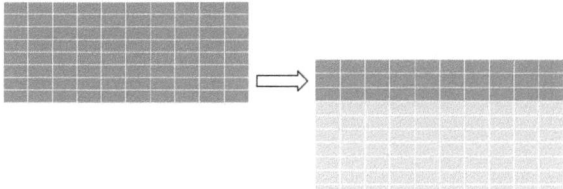

- Rechter äußerer Join:

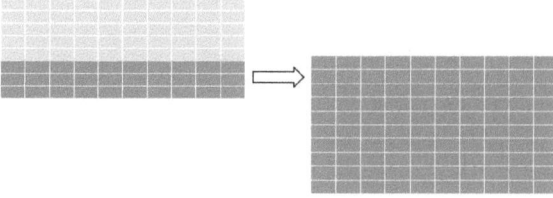

- Vollständiger Join:

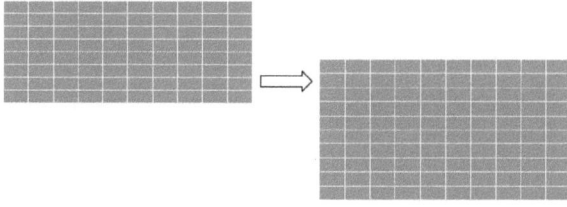

- Innerer Join:

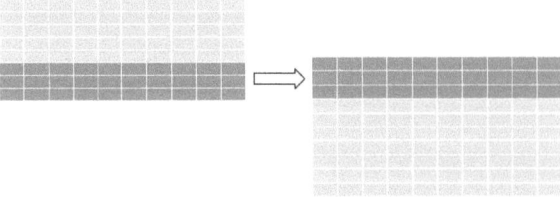

- Linker Anti-Join:

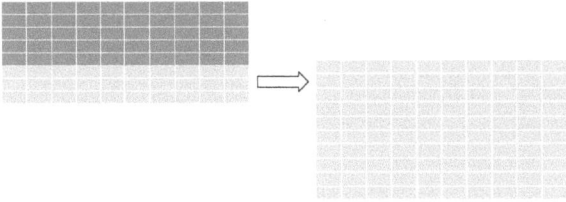

- Rechter Anti-Join:

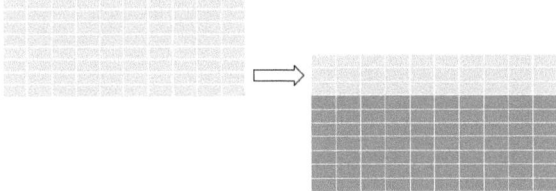

Abbildung 5.78 Die verschiedenen Joins

5.9 Tabellen zusammenfassen (kombinieren)

Manchmal erhält man zwei oder mehrere Listen, die man untereinander zu einer großen Liste kombinieren möchte. Einige wenige Listen kann man bequem markieren, kopieren und anschließend untereinander einfügen. Jedoch bei vielen Tabellen?

Preise ausgewählter Getränke (in Euro pro Liter)	Kirschsaft 2015	Limonade 2015	Wasser 2015
Widderzelt	10,25	-	9,60
Stierbrauerei	10,10	8,00	8,00
Zwillinge	10,30	9,20	7,40
Fischer-Krebs	10,30	9,60	7,40
Löwenbräu	10,30	9,20	9,20
Jungfrauenbräu	10,30	8,80	8,80
Schmetterling	10,30	9,80	7,60
Waage	10,35	9,80	7,80
Skorpion	10,30	-	8,00
Schützenbräu	10,20	8,60	8,60
Steinbockbraterei	10,30	9,70	8,70
Wassermann	10,25	9,00	8,00
Fische-Festzelt	10,30	-	9,40

Preise ausgewählter Getränke (in Euro pro Liter)	Kirschsaft 2016	Birnensaft 2016	Limonade 2016	Wasser 20156
Widderzelt	10,60	10,85	8,99	9,95
Stierbrauerei	10,45	10,70	8,35	8,35
Zwillinge	10,65	10,90	9,55	7,75
Fischer-Krebs	10,65	10,90	9,95	7,75
Löwenbräu	10,65	10,90	9,55	9,55
Jungfrauenbräu	10,65	10,90	9,15	9,15
Schmetterling	10,65	10,90	10,15	7,95
Waage	10,70	10,95	10,15	8,15
Skorpion	10,65	10,90	9,25	8,35
Schützenbräu	10,55	10,80	8,95	8,95
Steinbockbraterei	10,65	10,90	10,05	9,05
Wassermann	10,60	10,85	9,35	8,35
Fische-Festzelt	10,65	10,90	9,35	9,75

Abbildung 5.79 Zwei (oder 2.000?) Tabellen sollen untereinander verknüpft werden.

5.9.1 Formeln

Die Funktion VSTAPELN hilft mehrere Tabellen dynamisch untereinander zu verbinden:

G18 =VSTAPELN(A2:E14;G2:K14)

Preise ausgewählter Getränke (in Euro pro Liter)	Kirschsaft 2015	Limonade 2015	Wasser 2015
Widderzelt	10,25	-	9,60
Stierbrauerei	10,10	8,00	8,00
Zwillinge	10,30	9,20	7,40
Fischer-Krebs	10,30	9,60	7,40
Löwenbräu	10,30	9,20	9,20
Jungfrauenbräu	10,30	8,80	8,80
Schmetterling	10,30	9,80	7,60
Waage	10,35	9,80	7,80
Skorpion	10,30	-	8,00
Schützenbräu	10,20	8,60	8,60
Steinbockbraterei	10,30	9,70	8,70
Wassermann	10,25	9,00	8,00
Fische-Festzelt	10,30	-	9,40

Preise ausgewählter Getränke (in Euro pro Liter)	Kirschsaft 2016	Birnensaft 2016	Limonade 2016	Wasser 20156
Widderzelt	10,60	10,85	8,99	9,95
Stierbrauerei	10,45	10,70	8,35	8,35
Zwillinge	10,65	10,90	9,55	7,75
Fischer-Krebs	10,65	10,90	9,95	7,75
Löwenbräu	10,65	10,90	9,55	9,55
Jungfrauenbräu	10,65	10,90	9,15	9,15
Schmetterling	10,65	10,90	10,15	7,95
Waage	10,70	10,95	10,15	8,15
Skorpion	10,65	10,90	9,25	8,35
Schützenbräu	10,55	10,80	8,95	8,95
Steinbockbraterei	10,65	10,90	10,05	9,05
Wassermann	10,60	10,85	9,35	8,35
Fische-Festzelt	10,65	10,90	9,35	9,75

Widderzelt	10,25	-	9,6	0
Stierbrauerei	10,1	8	8	0
Zwilinge	10,3	9,2	7,4	0
Fischer-Krebs	10,3	9,6	7,4	0
Löwenbräu	10,3	9,2	9,2	0
Jungfrauenbräu	10,3	8,8	8,8	0
Schmetterling	10,3	9,8	7,6	0
Waage	10,35	9,8	7,8	0
Skorpion	10,3	-	8	0
Schützenbräu	10,2	8,6	8,6	0
Steinbockbraterei	10,3	9,7	8,7	0
Wassermann	10,25	9	8	0
Fische-Festzelt	10,3	-	9,4	0
Widderzelt	10,6	10,85	8,99	9,95
Stierbrauerei	10,45	10,7	8,35	8,35
Zwilinge	10,65	10,9	9,55	7,75
Fischer-Krebs	10,65	10,9	9,95	7,75
Löwenbräu	10,65	10,9	9,55	9,55
Jungfrauenbräu	10,65	10,9	9,15	9,15

Abbildung 5.80 Zwei Tabellen werden mit VSTAPELN verknüpft.

Die beiden Tabellen haben jedoch eine unterschiedliche Anzahl an Spalten. Würde man (hier in diesem Beispiel) einmal die vier, einmal die fünf Spalten markieren, wäre der Fehlerwert #NV die Folge:

Abbildung 5.81 Zwei Tabellen werden mit VSTAPELN verknüpft - #NV ist das Resultat.

Die Funktion ERWEITERN kann eine Tabelle auf eine bestimmte Anzahl Zeilen und Spalten erweitern. Die nicht vorhandenen Zeilen und Spalten können mit einem Wert – hier: 0 – ausgefüllt werden:

```
=VSTAPELN(ERWEITERN(A2:D14;;5;0);G2:K14)
```

Abbildung 5.82 Die Funktion ERWEITERN in VSTAPELN

5.9.2 Power Query

Power Query stellt für dieses Problem den Assistenten „Abfragen anfügen". Dabei kann eine Abfrage an eine bestehende angefügt werden oder die vorhandenen Abfragen in eine neue zusammengeführt werden.

Abbildung 5.83 Abfragen zusammenführen

Power Query orientiert sich beim Anfügen an den Überschriftsnamen. Sind sie unterschiedlich, werden neue Spalten generiert, wobei die entsprechenden Zellen leer bleiben.

Das heißt umgekehrt: die Reihenfolge der Spalten spielt keine Rolle.

Abbildung 5.84 Das Ergebnis mit unterschiedlicher Spaltenbeschriftung

5.10 Spalte zu Liste

Es ist gar nicht so selten, dass Datenbanksysteme Daten in einer Spalte liefern. Also in der Form Name | Straße | Ort | Name | Straße | Ort | Name | Straße | Ort | … und zwar untereinander.

5.10.1 Assistenten

Dieses Problem könnte man – ebenso wie im vorherigen Kapitel mit Kopieren und Einfügen lösen. Das ist aufwändig und bei vielen Spalten sehr umständlich.

5.10.2 Formeln

Sinnvoller ist es sicherlich die Liste per Formeln zusammenzufassen. Hierzu benötigt man die entsprechende Zeilen und Spaltennummer aus der Spaltennummer der einspaltigen

Liste. Entweder man verwendet die Funktion INDIREKT und baut so Zeile und Spalte zusammen oder man benutzt Bereich verschieben. Die Lösungen könnten beispielsweise folgendermaßen aussehen:

```
=INDIREKT("A"&ZEILE(A1)*5-4+SPALTE(A1)-1)
=BEREICH.VERSCHIEBEN($A$1;ZEILE(A1)*5-4+SPALTE(A1)-1-1;0)
```

	A	B	C	D	E	F	G	H	I
E16				fx	=BEREICH.VERSCHIEBEN($A$1;ZEILE(A1)*5-4+SPALTE(A1)-1-1;0)				
1	Bianca				1	2	3	4	5
2	Castafiore				6	7	8	9	10
3	Opernstraße 7				11	12	13		
4	1234								
5	Divenstadt								
6	Fridolin				Bianca	Castafiore	Opernstraße	1234	Divenstadt
7	Kiesewetter				Fridolin	Kiesewetter	Vertreterweg	2345	Weitblick
8	Vertreterweg 1				Roberto	Rastapopoul(	Gangsterstr.	5214	Diebdorf
9	2345				Allan	Thompson	Wassergasse	8521	Offiziersburg
10	Weitblick				Oliveira	de Figueira	Händlergasse	9874	Tradecity
11	Roberto				Pjotr	Klap	Pilotenstraße	8541	Flughausen
12	Rastapopoulos				0	0	0	0	0
13	Gangsterstr. 44				0	0	0	0	0
14	5214								
15	Diebdorf								
16	Allan				Bianca	Castafiore	Opernstraße	1234	Divenstadt
17	Thompson				Fridolin	Kiesewetter	Vertreterweg	2345	Weitblick
18	Wassergasse 3				Roberto	Rastapopoul(	Gangsterstr.	5214	Diebdorf
19	8521				Allan	Thompson	Wassergasse	8521	Offiziersburg
20	Offiziersburg				Oliveira	de Figueira	Händlergasse	9874	Tradecity
21	Oliveira				Pjotr	Klap	Pilotenstraße	8541	Flughausen
22	de Figueira								
23	Händlergasse 3								
24	9874								
25	Tradecity								
26	Pjotr								
27	Klap								
28	Pilotenstraße 8								
29	8541								
30	Flughausen								

Abbildung 5.85 Die aufbereitete Liste

Eleganter funktioniert es mit der Funktion ZEILENUMBRUCH (beziehungsweise SPALTENUMBRUCH). Hier muss lediglich als zweiter Parameter die Intervalllänge angegeben werden – hier: 5:

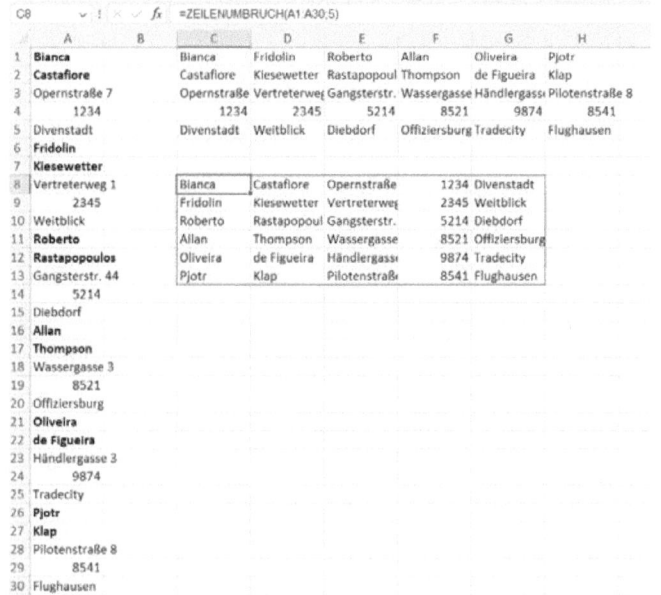

Abbildung 5.86 Zeilenumbruch erzeugt die Liste aus der Tabelle.

5.10.3 Power Query

In Power Query sind einige (wenige) Schritte nötig:

Man benötigt eine Hilfsspalte. Einen Index, dessen Zählung bei 0 beginnt.

Man benötigt eine zweite Hilfsspalte, welche den Rest der Indexspalte (Modulo) berechnet. Die Zahl ist die Anzahl der Zeilen, die sich wiederholen.

Die erste Spalte kann nun mit einer Ganzzahldivision durch diese Zahl modifiziert werden.

Abbildung 5.87 Zeilenumbruch erzeugt die Liste aus der Tabelle.

Damit liefert die eine Hilfsspalte die Spaltennummer, die andere die Zeilennummer.

Diese beiden Spalten werden markiert und pivotiert, wobei die Datenspalte die Spalte ist, welche die Wertespalte darstellt. Sie darf nicht aggregiert werden.

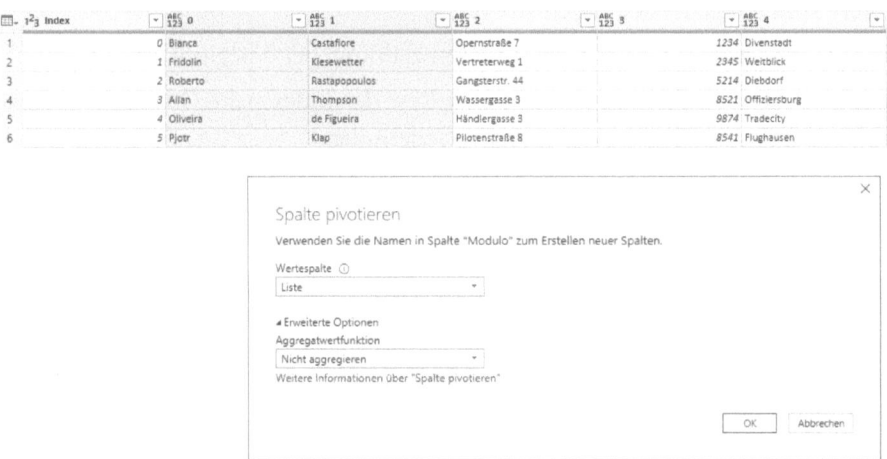

Abbildung 5.88 Auch Power Query kann aus einer Spalte eine Liste generieren.

5.11 Zusammenfassen

Der Klassiker: in einer Liste befinden sich mehrere Daten, die sich wiederholen: Artikelnamen, Namen von Verkäufern und Verkäuferinnen, Namen von Abteilungen, Standorten, Kategorien, … Sie sollen gruppiert werden und Zahlen zusammengefasst werden. Meistens möchte man die Summe wissen, manchmal aber auch den Mittelwert, die Anzahl, den Median, … Auch wenn Sie sofort an eine Pivottabelle denken, gibt es natürlich noch weitere Techniken des Zusammenfassens.

5.11.1 Pivottabelle als Assistent

Die Pivottabelle als Werkzeug des Aggregierens ist hinlänglich bekannt. Sollte sich die ursprüngliche Liste erweitern, empfiehlt es sich, statt eines Bereichs in der Form

Datenbank!\$A\$1:\$F\$76

auf den Namen einer intelligenten Tabelle zuzugreifen:

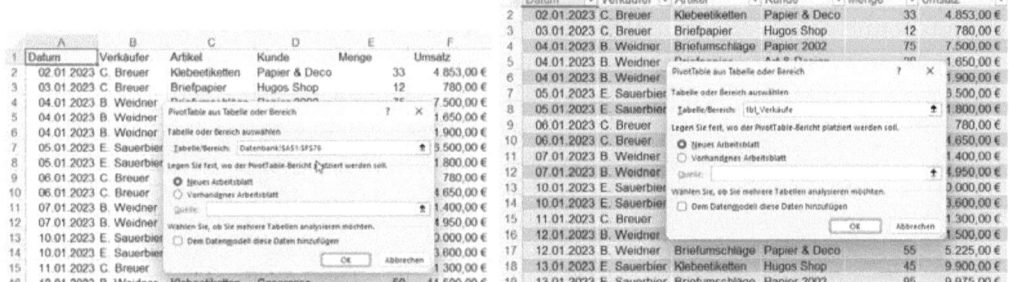

Abbildung 5.89 Pivottabellen haben als Basis eine intelligente Tabelle oder einen Bereich

Dort werden die Feldnamen, also die Überschriften in den Zeilen (oder Spalten) gruppiert und die Werte summiert, den Mittelwert berechnet, …

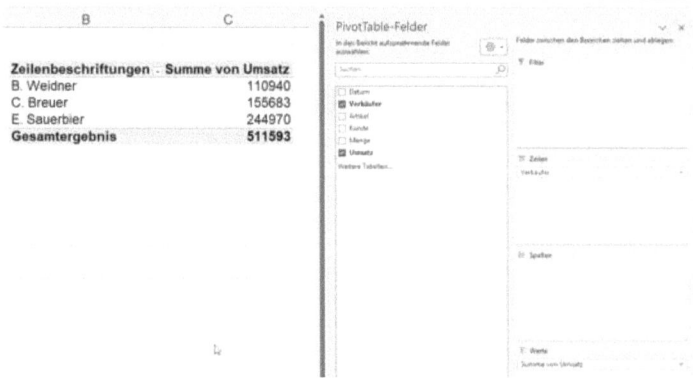

Abbildung 5.90 Die fertige Pivottabelle

5.11.2 Formeln

Natürlich kann man so eine Gruppierung von mehrfach vorkommenden Daten nicht nur mit einer Pivottabelle erzeugen, sondern auch mit der Funktion EINDEUTIG.

Und nun können die Werte summiert werden. SUMMEWENN hilft hierbei:

`=SUMMEWENN(tbl_Verkäufe[Verkäufer];I2;tbl_Verkäufe[Umsatz])`

	A	B	C	D	E	F	G	H	I	J
1	Datum	Verkäufer	Artikel	Kunde	Menge	Umsatz			EINDEUTIG	SUMMEWENN
2	02.01.2023	C. Breuer	Klebeetiketten	Papier & Deco	33	4.853,00 €			C. Breuer	155683
3	03.01.2023	C. Breuer	Briefpapier	Hugos Shop	12	780,00 €			B. Weidner	110940
4	04.01.2023	B. Weidner	Briefumschläge	Papier 2002	75	7.500,00 €			E. Sauerbier	244970
5	04.01.2023	B. Weidner	Briefpapier	Art & Design	30	1.650,00 €				
6	04.01.2023	B. Weidner	Klebeetiketten	Hugos Shop	10	1.900,00 €				
7	05.01.2023	E. Sauerbier	Briefpapier	Art & Design	100	6.500,00 €				
8	05.01.2023	E. Sauerbier	Klebeetiketten	Papier 2002	10	1.800,00 €				
9	06.01.2023	C. Breuer	Briefpapier	Hugos Shop	12	780,00 €				

Abbildung 5.91 EINDEUTIG und SUMMEWENN bilden die Pivottabelle nach.

Die Funktion SUMMENPRODUKT kann ebenfalls verwendet werden:

`=SUMMENPRODUKT(tbl_Verkäufe[Umsatz]*(tbl_Verkäufe[Verkäufer]=I2))`

	A	B	C	D	E	F	G	H	I	J	K
1	Datum	Verkäufer	Artikel	Kunde	Menge	Umsatz			EINDEUTIG	SUMMEWENN	SUMMENPRODUKT
2	02.01.2023	C. Breuer	Klebeetiketten	Papier & Deco	33	4.853,00 €			C. Breuer	155683	155683
3	03.01.2023	C. Breuer	Briefpapier	Hugos Shop	12	780,00 €			B. Weidner	110940	110940
4	04.01.2023	B. Weidner	Briefumschläge	Papier 2002	75	7.500,00 €			E. Sauerbier	244970	244970
5	04.01.2023	B. Weidner	Briefpapier	Art & Design	30	1.650,00 €					
6	04.01.2023	B. Weidner	Klebeetiketten	Hugos Shop	10	1.900,00 €					
7	05.01.2023	E. Sauerbier	Briefpapier	Art & Design	100	6.500,00 €					
8	05.01.2023	E. Sauerbier	Klebeetiketten	Papier 2002	10	1.800,00 €					
9	06.01.2023	C. Breuer	Briefpapier	Hugos Shop	12	780,00 €					
10	06.01.2023	C. Breuer	Klebeetiketten	Casarossa	15	4.650,00 €					
11	07.01.2023	B. Weidner	Briefpapier	Papier 2002	20	1.400,00 €					

Abbildung 5.92 SUMMENPRODUKT statt SUMMEWENN

Der Vorteil von SUMMENPRODUKT gegenüber SUMMEWENN besteht darin, dass weitere Berechnungen in den Bedingungen ausgeführt werden können. Beispielsweise summiere die Umsätze für den Monat Januar:

```
=SUMMENPRODUKT(tbl_Verkäufe[Umsatz]*(MONAT(tbl_Verkäufe[Datum])=1))
```

Wenn man die Daten anders anordnet, kann auch die Funktion DBSUMME diese Aufgabe lösen:

```
=DBSUMME(tbl_Verkäufe[#Alle];"Umsatz";I7:I8)
```

Abbildung 5.93 DBSUMME statt SUMMEWENN

Sollen komplexe Kriterien verwendet werden, kann man SUMMEWENNS verwenden, die Kriterien in SUMMENPRODUKT eingeben oder die Kriterientabelle von DBSUMME geschickt aufbauen.

Will man andere Aggregationsfunktionen verwenden, stehen

- ZÄHLENWENN / ZÄHLENWENNS
- MITTELWERTWENNS
- MAXWENNS
- MINWENNS

zur Verfügung.

Analog:

- DBANZAHL
- DBANZAHL2
- DBMITTELWERT
- DBMAX
- DBMIN

Und die anderen? Für Standardabweichung und Varianz stehen zur Verfügung

DBSTDABW, DBSTDABWN, DBVRIANZ und DBVARIANZEN

Das Pendant VARIANZWENN oder STABWNWENN existiert nicht. Auch für Mittelwert, Max und Minimum müssten diese Berechnungen mit SUMMENPRODUKT nachgebaut werden.

Und der Median? Hierfür gibt es keiner keine Funktion, in welcher eine Bedingung und der Median integriert ist. Hier hilft nur eine Hilfsspalte. Ebenso bei der Funktion QUANTIL.

Es funktioniert auch mit den CUBE-Funktionen:

Auf die Beschreibung eines OLAP (On Line Analytical Processing)-Cubes setzt die Installation eines SQL-Servers und eines OLAP-Services voraus, mit dem auf Daten aus einem solchen Cube zugegriffen werden können. Die Daten werden multidimensional (MOLAP), relational (ROLAP) oder im Hauptspeicher (memory-basierte Analyse) gespeichert.

Sie können aber auch ohne SQL-Server die Cube-Funktionen verwenden. Erstellen Sie auf Basis einer Liste eine Pivottabelle. Achten Sie dabei darauf, dass die Daten dem Datenmodell hinzugefügt werden.

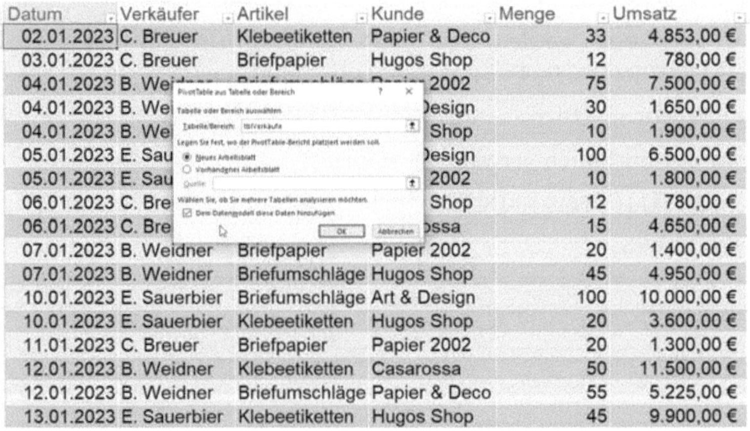

Datum	Verkäufer	Artikel	Kunde	Menge	Umsatz
02.01.2023	C. Breuer	Klebeetiketten	Papier & Deco	33	4.853,00 €
03.01.2023	C. Breuer	Briefpapier	Hugos Shop	12	780,00 €
04.01.2023	B. We		2002	75	7.500,00 €
04.01.2023	B. We		esign	30	1.650,00 €
04.01.2023	B. We		Shop	10	1.900,00 €
05.01.2023	E. Sau		esign	100	6.500,00 €
05.01.2023	E. Sau		2002	10	1.800,00 €
06.01.2023	C. Bre		Shop	12	780,00 €
06.01.2023	C. Bre		ssa	15	4.650,00 €
07.01.2023	B. Weidner	Briefpapier	Papier 2002	20	1.400,00 €
07.01.2023	B. Weidner	Briefumschläge	Hugos Shop	45	4.950,00 €
10.01.2023	E. Sauerbier	Briefumschläge	Art & Design	100	10.000,00 €
10.01.2023	E. Sauerbier	Klebeetiketten	Hugos Shop	20	3.600,00 €
11.01.2023	C. Breuer	Briefpapier	Papier 2002	20	1.300,00 €
12.01.2023	B. Weidner	Klebeetiketten	Casarossa	50	11.500,00 €
12.01.2023	B. Weidner	Briefumschläge	Papier & Deco	55	5.225,00 €
13.01.2023	E. Sauerbier	Klebeetiketten	Hugos Shop	45	9.900,00 €

Abbildung 5.94 Die Pivottabelle wird erstellt. Die Daten werden dem Datenmodell hinzugefügt.

Anschließend können Sie in den Pivottable-Tools in der Registerkarte „Analysieren" über die Schaltfläche „OLAP-Tools" die Pivottabelle in Formeln konvertieren.

Abbildung 5.95 Die Pivottabelle wird in Formeln konvertiert.

Man kann sich die Formeln, die verwendet werden, anzeigen lassen:

Abbildung 5.96 Die Cube-Funktionen

Befindet sich die Tabelle im Datenmodell, kann man nun mit der Funktion CUBE-MENGE auf die Elemente zugreifen. Geben Sie

```
=CUBEMENGE ("
```

ein und Sie erhalten den Vorschlag "ThisWorkbookDataModel". Im zweiten Parameter werden die Tabellen aufgelistet, beispielsweise „tblVerkäufe". Wenn Sie danach einen Punkt eingeben, werden die einzelnen Spalten angeboten:

Abbildung 5.97 Die Parameter der Cube-Funktion CUBEMENGE

Danach können Sie entweder [All] auswählen oder „Members", beziehungsweise „Children" eingeben. Der Parameter wird mit abschließendem Anführungszeichen beendet. Der dritte Parameter stellt optional eine Beschriftung, also eine Überschrift zur Verfügung. Die ganze Formel sieht folgendermaßen aus:

```
=CUBEMENGE ("ThisWorkbookDataModel";"[tblVerkäufe].
[Verkäufer].Members";"Verkäufer")
```

Zusätzlich können Sie sich die Liste sortieren lassen. Hierfür stehen die beiden letzten, optionalen Parameter „Sortier_reihenfolge" und „Sortieren_nach" zur Verfügung. Also beispielsweise so:

```
=CUBEMENGE("ThisWorkbookDataModel";
"[tblVerkäufe].[Verkäufer].Members";"Verkäufer";2;
"[Measures].[Summe von Umsatz]")
```

Bei den beiden Argumenten 3, 4, 5 und 6 der Sortier_reihenfolge (Alphabetisch aufsteigend und absteigend, Natürlich aufsteigend und absteigend) wird der letzte Parameter „Sortieren_nach" ignoriert.

Noch wird kein Ergebnis angezeigt. Mit der Funktion CUBEMENGENANZAHL kann man sich die Anzahl der Elemente anzeigen lassen:

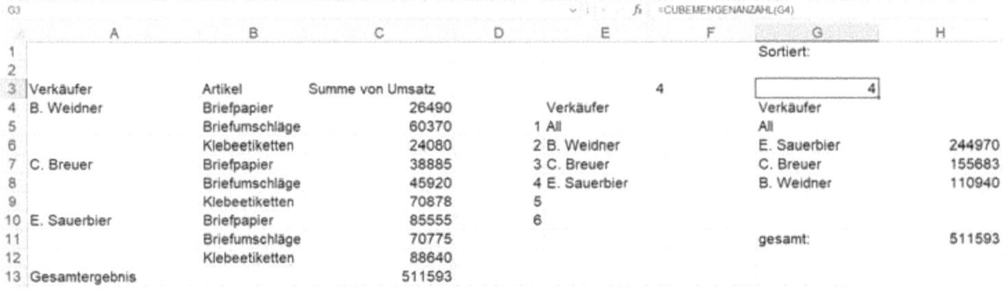

Abbildung 5.98 Die Parameter der Cube-Funktion CUBEMENGENANZAHL

Die Zahl ist um eins größer als die „echte" Anzahl, da das Element [All] miteingerechnet wurde. Würde man statt „Members" „Children" verwenden, wäre die korrekte Zahl das Ergebnis:

```
=CUBEMENGENANZAHL(CUBEMENGE("ThisWorkbookDataModel";
"[tblVerkäufe].[Verkäufer].Children";"Verkäufer"))
```

Setzt man nun darauf die Funktion CUBERANGELEMENT ab, kann man sich sämtliche Elemente anzeigen lassen. Den Parameter „Rang" kann man mit einer Hilfsspalte hochzählen lassen oder mit der Funktion ZEILE. Die Formel sieht folgendermaßen aus:

```
=CUBERANGELEMENT("ThisWorkbookDataModel";$E$4;D5)
```

Das Ergebnis:

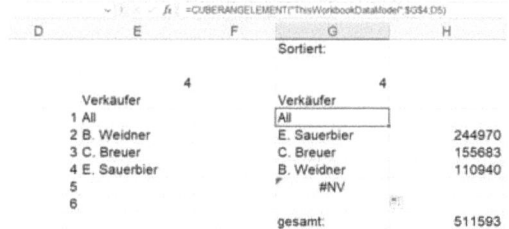

Abbildung 5.99 Die Parameter der Cube-Funktion CUBERANGELEMENT

Und schließlich verlangt die Funktion CUBEWERT ein Element und ein Measure:

```
=CUBEWERT("ThisWorkbookDataModel";
CUBEELEMENT("ThisWorkbookDataModel";
"[tblVerkäufe].[Verkäufer].["E. Sauerbier"]");
CUBEELEMENT("ThisWorkbookDataModel";
"[Measures].[Summe von Umsatz]"))
```

Das zweite Element CUBEELEMENT wird für den ersten Ausdruck verwendet. Der Text könnte auch aus einer Zelle ausgelesen werden, in der das Element ermittelt wurde. Im zweiten Ausdruck wird ein Measure verlangt.

	A	B	C	D	E	F	G	H	I
1							Sortiert:		
2									
3	Verkäufer	Artikel	Summe von Umsatz			4		4	
4	B. Weidner	Briefpapier	26490		Verkäufer		Verkäufer		
5		Briefumschläge	60370		1 All		All		
6		Klebeetiketten	24080		2 B. Weidner		E. Sauerbier	244970	
7	C. Breuer	Briefpapier	38885		3 C. Breuer		C. Breuer	155683	
8		Briefumschläge	45920		4 E. Sauerbier		B. Weidner	110940	
9		Klebeetiketten	70878		5				
10	E. Sauerbier	Briefpapier	85555		6				
11		Briefumschläge	70775				gesamt:	511593	
12		Klebeetiketten	88640						
13	Gesamtergebnis		511593						

Abbildung 5.100 Die Cube-Funktion CUBEWERT

5.11.3 Power Query

Will man mit Power Query Daten gruppieren und zugehörige Zahlen aggregieren, bieten sich zwei Assistenten an: Gruppieren und Pivotieren.

Beide Assistenten verfügen über die wichtigen Aggregationsfunktionen; eben auch Median.

Abbildung 5.101 Der Assistent „Gruppieren"

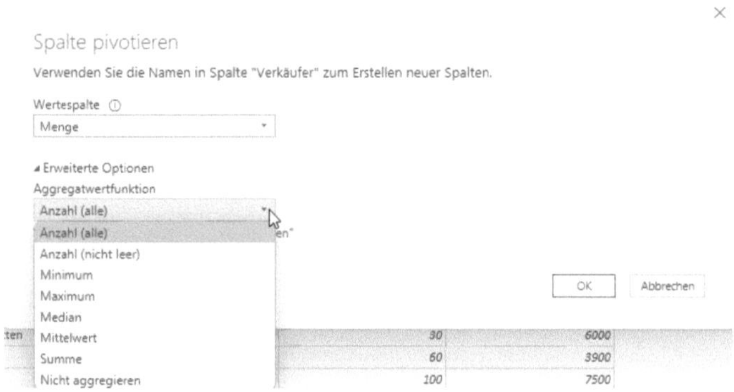

Abbildung 5.102 Der Assistent „Pivotieren"

Zwei wesentliche Unterschiede gibt es zwischen beiden Assistenten: bei Gruppieren können weitere Daten in der Tabelle vorhanden sein. Sie werden gelöscht. Beim Pivotieren werden alle vorhandenen Spalten verwendet und gruppiert – was häufig nicht gewünscht ist. Die Spalten müssen vorher gelöscht werden- Außerdem setzt Pivotieren mindestens zwei Spalten voraus – auch wenn eigentlich nur die Anzahl der Daten gezählt werden soll.

Gruppieren liefert das Ergebnis als vertikale Liste, Pivotieren als horizontale. Natürlich kann man eine Liste in die andere durch Vertauschen transformieren.

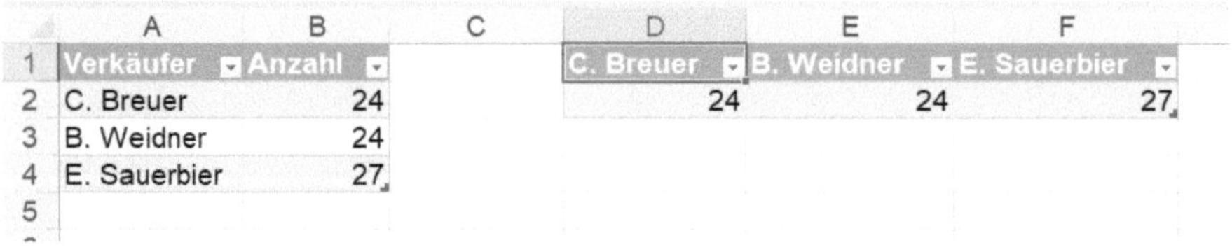

Abbildung 5.103 Das Ergebnis des Gruppierens (links) und des Pivotierens (rechts)

5.12 Gruppieren mit Zwischenergebnissen

Im Sinne der Datenkonsistenz ist es nicht geschickt in eine Datentabelle Zwischenergebnisse einzufügen. Daten sollten von der Datenanalyse, das heißt von den Zusammenfassungen getrennt bleiben.

Dennoch gibt es manchmal im Reporting der Wunsch nach Zusammenfassungen. Das heißt: die Einzeldaten sollen aufgelistet werden und danach die darüberstehende Gruppe aggregiert werden, beispielsweise die Anzahl der Datensätze oder Summe der Preise in einem Zwischenergebnis ausgewiesen werden.

5.12.1 Assistenten

Der Assistent „Teilergebnis", der sich in der Registerkarte „Daten" befindet, löst diese Aufgabe.

Wichtig hierbei ist, dass die Daten sortiert vorliegen. Sind die Daten sortiert und somit gruppiert, fügt der Assistent „Teilergebnis" nach Datenänderung eine Leerzeile ein und aggregiert dort die gewünschten Daten.

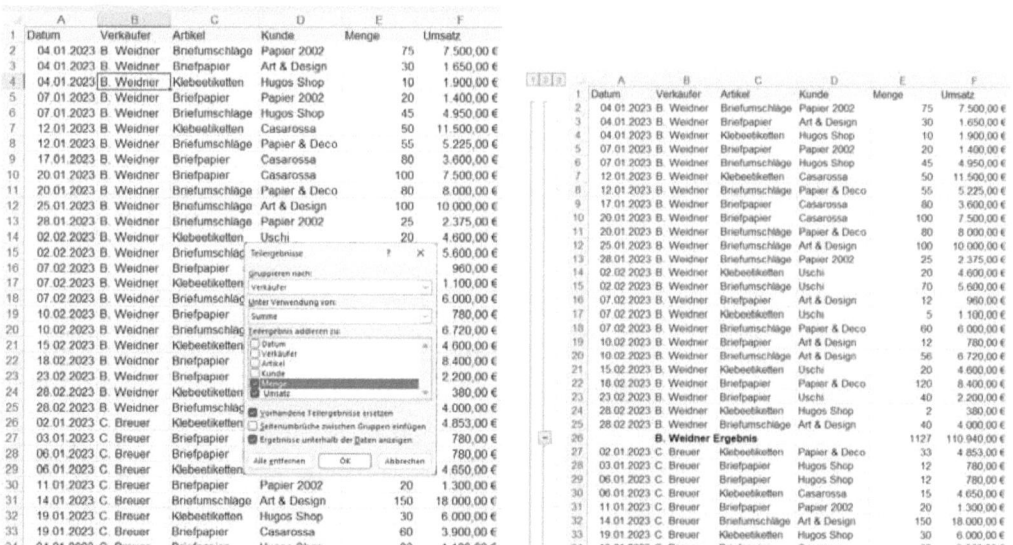

Abbildung 5.104 Die Verkäufer werden sortiert und anschließend Daten aggregiert.

Hinweis

Bedauerlicherweise kann nur eine Funktion ausgewählt werden. Es ist also nicht möglich die Summe und den Durchschnitt der Umsatzzahlen anzeigen zu lassen.

115

5.12.2 Formeln

Mit Formeln gestaltet sich eine solche Aufgabe etwas schwieriger. Man könnte es beispielsweise für zwei Verkäufer folgendermaßen lösen:

```
=VSTAPELN(
    tbl_Verkäufe[#Kopfzeilen];
    FILTER(tbl_Verkäufe; tbl_Verkäufe[Verkäufer] = "C. Breuer");
    HSTAPELN(
        "Σ Umsatz:";
        "";
        "";
        "";
        "";
        SUMMEWENN(tbl_Verkäufe[Verkäufer]; "C. Breuer"; tbl_Verkäufe[Umsatz])
    );
    HSTAPELN(
        "Ø Umsatz:";
        "";
        "";
        "";
        "";
        MITTELWERTWENN(tbl_Verkäufe[Verkäufer]; "C. Breuer"; tbl_Verkäufe[Umsatz])
    );
    HSTAPELN(
        "MAX Umsatz:";
        "";
        "";
        "";
        "";
        MAXWENNS(tbl_Verkäufe[Umsatz]; tbl_Verkäufe[Verkäufer]; "C. Breuer")
    );
    HSTAPELN(
        "MIN Umsatz:";
        "";
```

```
    "";
    "";
    "";
    MINWENNS(tbl_Verkäufe[Umsatz]; tbl_Verkäufe[Verkäufer]; "C.
Breuer")
);
FILTER(tbl_Verkäufe; tbl_Verkäufe[Verkäufer] = "B. Weidner");
HSTAPELN(
    "Σ Umsatz:";
    "";
    "";
    "";
    "";
    SUMMEWENN(tbl_Verkäufe[Verkäufer]; "B. Weidner"; tbl_Ver-
käufe[Umsatz])
);
HSTAPELN(
    "Ø Umsatz:";
    "";
    "";
    "";
    "";
    MITTELWERTWENN(tbl_Verkäufe[Verkäufer]; "B. Weidner"; tbl_Ver-
käufe[Umsatz])
);
HSTAPELN(
    "MAX Umsatz:";
    "";
    "";
    "";
    "";
    MAXWENNS(tbl_Verkäufe[Umsatz]; tbl_Verkäufe[Verkäufer]; "B.
Weidner")
);
HSTAPELN(
    "MIN Umsatz:";
    "";
```

```
                   "";
                   "";
                   "";

        MINWENNS(tbl_Verkäufe[Umsatz]; tbl_Verkäufe[Verkäufer]; "B.
Weidner")
        )
)
```

Das Ergebnis sieht dann folgendermaßen aus:

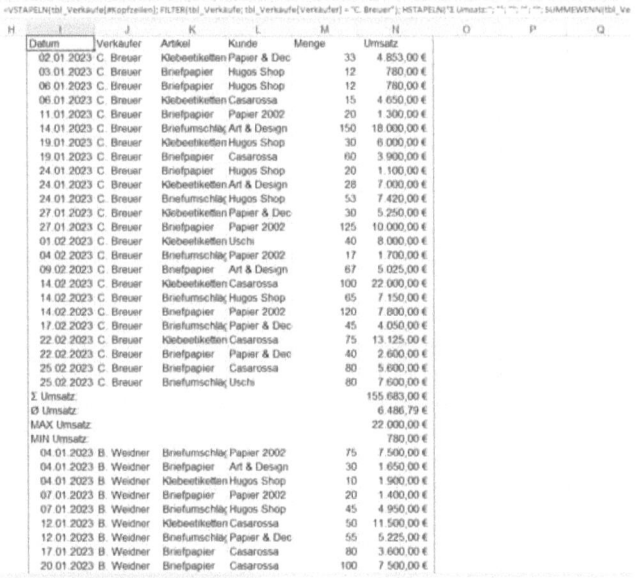

Abbildung 5.105 Teilergebnis mit Formeln nachgebaut

Zugegeben: bei sehr vielen Kriterien wird die Formel nicht mehr lesbar. Zwar wäre LAMBDA eine Option, aber lesbarer wird die Formel dadurch nicht.

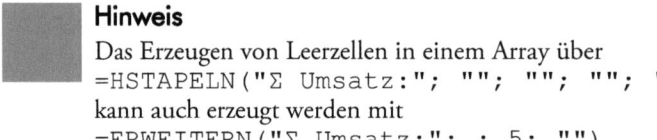

Hinweis

Das Erzeugen von Leerzellen in einem Array über
=HSTAPELN("Σ Umsatz:"; ""; ""; ""; "")
kann auch erzeugt werden mit
=ERWEITERN("Σ Umsatz:"; ; 5; "")

5.12.3 Power Query

Will man unbedingt in Power Query die einzelnen Daten und deren Zwischenergebnisse in einer Tabelle aufgelistet haben, könnte man wie folgt vorgehen:

Im ersten Schritt werden in einer neuen Abfrage die Daten gruppiert:

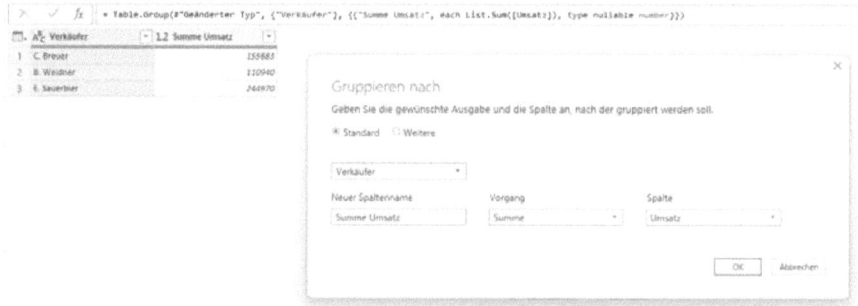

Abbildung 5.106 gruppieren

Eine weitere Spalte mit dem Namen „Artikel" wird hinzugefügt. Dort wird der Text „Summe Umsatz angezeigt". Dieser Text wird später in dieser Spalte anstelle des Artikelnamens stehen.

Und im dritten Schritt wird die Summenspalte als Hilfsspalte erneut verwendet – mit einem beliebigen Namen, der nicht in der Originalliste auftaucht:

Abbildung 5.107 Die fertige Hilfstabelle

Eine weitere Tabelle wird für den Mittelwert; falls nötig für Maximum und Minimum erstellt.

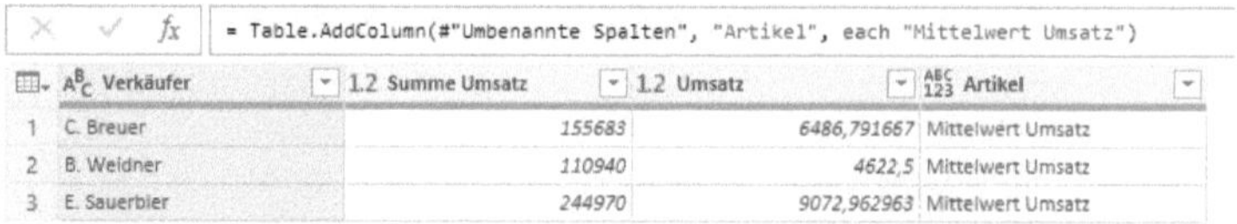

Abbildung 5.108 Die zweite Hilfstabelle für den Mittelwert

Anschließend werden die Tabellen (Abfragen) angefügt, sortiert und die Hilfsspalte, die benötigt wurde, um das Ergebnis unterhalb der Daten anzuzeigen, gelöscht.

119

```
Table.RemoveColumns(#"Sortierte Zeilen",{"Summe Umsatz"})
```

	Datum	Verkäufer	Artikel	Kunde	Menge	Umsatz
1	02.02.2023	B. Weidner	Klebeetiketten	Uschi	20	4800
2	28.02.2023	B. Weidner	Briefumschläge	Art & Design	40	4000
3	07.02.2023	B. Weidner	Briefpapier	Art & Design	12	960
4	02.02.2023	B. Weidner	Briefumschläge	Uschi	70	5600
5	20.01.2023	B. Weidner	Briefpapier	Casarossa	100	7500
6	17.01.2023	B. Weidner	Briefpapier	Casarossa	80	3600
7	25.01.2023	B. Weidner	Briefumschläge	Art & Design	100	10000
8	20.01.2023	B. Weidner	Briefumschläge	Papier & Deco	80	8000
9	18.02.2023	B. Weidner	Briefpapier	Papier & Deco	120	8400
10	15.02.2023	B. Weidner	Klebeetiketten	Uschi	20	4800
11	28.02.2023	B. Weidner	Klebeetiketten	Hugos Shop	2	380
12	23.02.2023	B. Weidner	Briefpapier	Uschi	40	2200
13	07.02.2023	B. Weidner	Briefumschläge	Papier & Deco	90	9000
14	07.02.2023	B. Weidner	Klebeetiketten	Uschi	5	1100
15	10.02.2023	B. Weidner	Briefumschläge	Art & Design	56	6720
16	10.02.2023	B. Weidner	Briefpapier	Art & Design	12	780
17	04.01.2023	B. Weidner	Briefpapier	Art & Design	30	1650
18	17.01.2023	B. Weidner	Klebeetiketten	Casarossa	50	11500
19	04.01.2023	B. Weidner	Briefumschläge	Papier 2002	75	7500
20	07.01.2023	B. Weidner	Briefumschläge	Hugos Shop	45	4950
21	07.01.2023	B. Weidner	Briefpapier	Papier 2002	30	1400
22	04.01.2023	B. Weidner	Klebeetiketten	Hugos Shop	10	1900
23	28.01.2023	B. Weidner	Briefumschläge	Papier 2002	25	2375
24	12.01.2023	B. Weidner	Briefumschläge	Papier & Deco	53	5229
25	null	B. Weidner	Mittelwert Umsatz	null	null	4622,5
26	null	B. Weidner	Summe Umsatz	null	null	110940
27	09.02.2023	C. Breuer	Briefpapier	Art & Design	87	3025
28	06.01.2023	C. Breuer	Klebeetiketten	Casarossa	15	4650
29	06.01.2023	C. Breuer	Briefpapier	Hugos Shop	12	780
30	02.02.2023	C. Breuer	Klebeetiketten	Uschi	40	8000

Abbildung 5.109 Das fertige Konstrukt in Power Query

5.13 Mehrere Überschriftszeilen

Eine Liste sollte eine, genau eine Überschriftszeile besitzen. Mehrere Zeilen führen zu Problemen beim Filtern, Sortieren, Pivotieren, …

	A	B	C	D	E	F	G	H
1	Intern				Extern			
2	Januar	Februar	März	April	Januar	Februar	März	April
3	11661	15755	13140	15231	11447	10005	17876	16111
4	11027	16081	10165	11011	12472	18581	18574	12534
5	14168	17729	19177	18897	10013	19834	13478	18315
6	17304	17352	10047	10144	16967	14693	18913	14281
7	15350	13023	13173	18577	16631	10380	15961	16872
8	18418	17039	13626	12444	16880	13376	17543	18241
9	19611	13171	12384	18859	14131	19240	11043	19495
10	16970	11407	14088	13534	12985	14984	19222	10963
11	12840	10584	17330	17855	12000	18207	12988	11774

Abbildung 5.110 Diese Überschrift(en) kann(können) Probleme bereiten.

5.13.1 Assistenten

Die einfachste Lösung besteht darin, die Überschrift durch eine Leerzeile zu splitten. Diese Leerzeile kann ausgeblendet sein.

	A	B	C	D	E	F	G	H
1			Intern				Extern	
3	Januar	Februar	März	April	Januar	Februar	März	April

Abbildung 5.111 Häufig genügt eine Leerzeile.

Während Sortieren und Filtern keine Probleme bereiten, verlangt die Pivottabelle eindeutige Spaltenbezeichnungen. Deshalb werden gleichnamige Spalten umbenannt:

PivotTable-Felder

In den Bericht aufzunehmende Felder au

Suchen

☐ Januar
☐ Februar
☐ März
☐ April
☐ Januar2
☐ Februar2
☐ März2
☐ April2

Abbildung 5.112 Die Überschriftsnamen werden in der Pivottabelle geändert.

Falls es möglich ist, ist auch die intelligente Tabelle eine gute Lösung. Auch hier werden eindeutige Feldnamen verlangt:

	A	B	C	D	E	F	G	H
1			Intern				Extern	
3	Januar	Februar	März	April	Januar2	Februar3	März4	April5
4	11661	15755	13140	15231	11447	10005	17876	16111
5	11027	16081	10165	11011	12472	18581	18574	12534
6	14168	17729	19177	18897	10013	19834	13478	18315
7	17304	17352	10047	10144	16967	14693	18913	14281
8	15350	13023	13173	18577	16631	10380	15961	16872
9	18418	17039	13626	12444	16880	13376	17543	18241
10	19611	13171	12384	18859	14131	19240	11043	19495
11	16970	11407	14088	13534	12985	14984	19222	10963
12	12840	10584	17330	17855	12000	18207	12988	11774

Abbildung 5.113 Intelligente Tabelle

5.13.2 Formeln

Wenn die Daten und nicht so sehr die Überschriftsbezeichnungen im Vordergrund stehen, kann man auch mit einer Formel, beispielsweise

```
=A3&"_"&SPALTE()
```

eine eindeutige Überschrift erzeugen.

	A	B	C	D	E	F	G	H
1			Intern				Extern	
3	Januar	Februar	März	April	Januar	Februar	März	April
4								
5	Januar_1	Februar_2	März_3	April_4	Januar_5	Februar_6	März_7	April_8

Abbildung 5.114 Eine Hilfsüberschrift

Oder man füllt beide Spalten der Überschriften aus und verkettet die Texte:

	A	B	C	D	E	F	G	H
1	Intern	Intern	Intern	Intern	Extern	Extern	Extern	Extern
3	Januar	Februar	März	April	Januar	Februar	März	April
4								
5	Intern: Januar	Intern: Februar	Intern: März	Intern: April	Extern: Januar	Extern: Februar	Extern: März	Extern: April

Abbildung 5.115 Alternative: Zwei Überschriften verketten

5.13.3 Power Query

In Power Query gibt es für dieses Problem eine simple Lösung, die man auch in Excel bei sehr vielen Spalten anwenden kann: Man transponiert die Tabelle, das heißt: man vertauscht Zeilen und Spalten. Dabei muss man beachten, dass die Überschriften als Daten in der Tabelle vorliegen. Nur so stehen sie nach Vertauschen in der ersten, beziehungsweise zweiten Spalte.

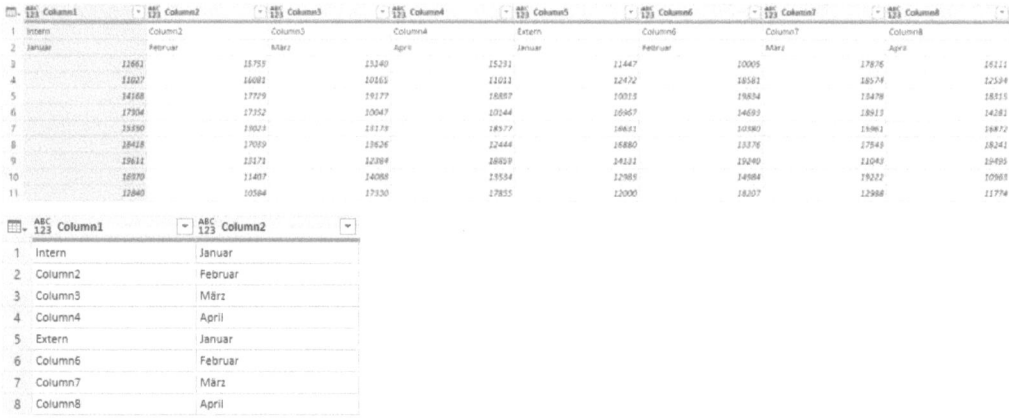

Abbildung 5.116 Die Liste vor und nach dem Vertauschen

Falls nötig kann man die Leerzellen ausfüllen – der Assistent Bedingte Spalte hilft.

Abbildung 5.117 Wenn die Überschrift mit „Column" beginnt, wird sie gelöscht.

Das Ergebnis kann nach unten ausgefüllt werden; beide Spalten werden zusammengeführt.

Abbildung 5.118 Die Spalten werden zusammengeführt.

Und schließlich wird die Liste wieder vertauscht (transponiert).

Abbildung 5.119 Die Liste mit einer Überschrift.

5.14 Texte gruppieren

Die Aufgabe hört sich einfach an. In einer Liste befinden sich mehrere Texte in verschiedenen Zellen. Zu ihnen gibt es jeweils eine ID. Das heißt: Artikel 1, Artikel 2 und Artikel 3 gehören zur ID 1. Artikel 4 und Artikel 5 zur ID 2. Und so weiter.

In einer Zelle sollen nun die Texte zusammengefasst werden – durch einen Zeilenumbruch oder ein Semikolon – gemäß der zugehörigen ID.

	A	B	C	D
1	Artikel-Nr	Artikelname	Lieferanten-Nr	Liefereinheit
2	1	Chai	1	10 Kartons x 20 Beutel
3	2	Chang	1	24 x 12-oz-Flaschen
4	3	Aniseed Syrup	1	12 x 550-ml-Flaschen
5	4	Chef Anton's Cajun Seasoning	2	48 x 6-oz-Gläser
6	5	Chef Anton's Gumbo Mix	2	36 Kartons
7	6	Louisiana Fiery Hot Pepper Sauce	2	32 x 8-oz-Flaschen
8	7	Louisiana Hot Spiced Okra	2	24 x 8-oz-Gläser
9	8	Grandma's Boysenberry Spread	3	12 x 8-oz-Gläser
10	9	Uncle Bob's Organic Dried Pears	3	12 x 1-lb-Packungen
11	10	Northwoods Cranberry Sauce	3	12 x 12-oz-Gläser
12	11	Mishi Kobe Niku	4	18 x 500-g-Packungen
13	12	Ikura	4	12 x 200-ml-Gläser
14	13	Longlife Tofu	4	5-kg-Paket
15	14	Queso Cabrales	5	1-kg-Paket
16	15	Queso Manchego La Pastora	5	10 x 500-g-Packungen
17	16	Konbu	6	2-kg-Karton
18	17	Tofu	6	40 x 100-g-Packungen
19	18	Genen Shouyu	6	24 x 250-ml-Flaschen
20	19	Pavlova	7	32 x 500-g-Kartons
21	20	Alice Mutton	7	20 x 1-kg-Dosen
22	21	Carnarvon Tigers	7	16-kg-Paket
23	22	Vegie-spread	7	15 x 625-g-Gläser
24	23	Outback Lager	7	24 x 355 ml-Flaschen

Abbildung 5.120 In der Ausgangsliste soll der Artikel nach Literanten-Nr gruppiert werden.

5.14.1 Formeln

Dazu muss man die eindeutigen Lieferanten-Nummern ermitteln. Eine Pivottabelle oder die Funktion EINDEUTIG tun hier gute Dienste.

Die Funktion XVERWEIS liefert den zugehörigen Artikelnamen zu ID. Der letzte Parameter „Suchmodus" gibt für den Parameterwert 1 den ersten Artikel, bei -1 den letzten Artikel zurück. Da XVERWEIS matrixfähig ist, erhält man alle zugehörigen Texte:

```
=XVERWEIS(K1;tbl_Artikel[Lieferanten-Nr];tbl_Artikel[Artikelname];;;1)
:
XVERWEIS(K1;tbl_Artikel[Lieferanten-Nr];tbl_Artikel[Artikelname];;;-1)
```

Diese Texte können mit TEXTVERKETTEN zusammengefasst werden:

```
=TEXTVERKETTEN(";";FALSCH;
XVERWEIS(K1;tbl_Artikel[Lieferanten-Nr];tbl_Artikel[Artikelname];;;1)
:
XVERWEIS(K1;tbl_Artikel[Lieferanten-Nr];tbl_Artikel[Artikelname];;;-1))
```

Abbildung 5.121 Die gruppierten Texte

Statt XVERWEIS kann auch mit der Funktion VERGLEICH die Zeilennummer ermittelt werden. Der erste Text befindet sich in:

```
=VERGLEICH(K35;tbl_Artikel[Lieferanten-Nr];0)
```

der letzte in

```
=VERGLEICH(K35;tbl_Artikel[Lieferanten-Nr];1)
```

Die Funktion BEREICH.VERSCHIEBEN kann einen Bereich aufspannen. Man kann ihr diese beiden Eckwerte übergeben und mit TEXTVERKETTEN zusammenfassen:

```
=TEXTVERKETTEN(";";FALSCH;
BEREICH.VERSCHIEBEN($B$1;
VERGLEICH(K35;tbl_Artikel[Lieferanten-Nr];0);0;
VERGLEICH(K35;tbl_Artikel[Lieferanten-Nr];1)-
VERGLEICH(K35;tbl_Artikel[Lieferanten-Nr];0)+1))
```

Abbildung 5.122 Die gruppierten Texte

5.14.2 Power Query

Drei Lösungen in Power Query habe ich für dieses Problem gefunden. Sicherlich gibt es noch viel mehr.

In der ersten Lösung werden sämtliche Nummern gruppiert.

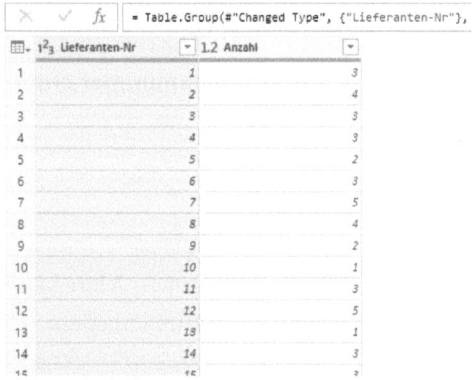

Abbildung 5.123 Die gruppierten IDs

Beide Tabellen werden verknüpft und lediglich die IDs, die Texte und die Anzahl angezeigt.

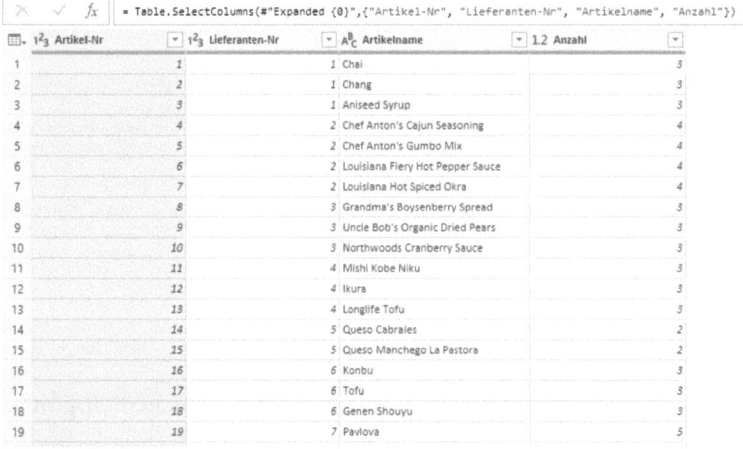

Abbildung 5.124 Die gruppierten IDs mit ihrer Anzahl

Anschließend wird ein laufender Index (beginnend bei 0) eingefügt. Die Funktion List.Range erzeugt eine Liste mit der Anzahl der Elemente, welche eine ID beinhaltet.

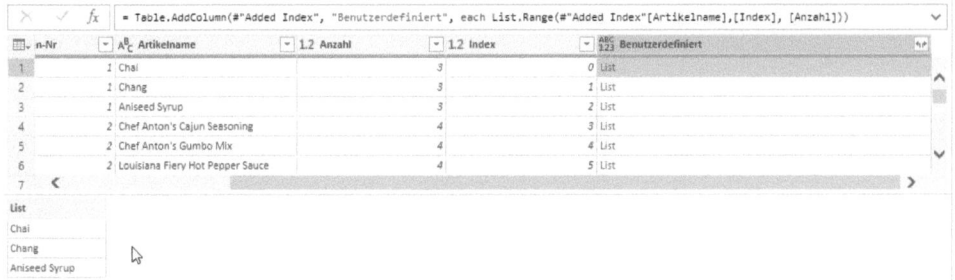

Abbildung 5.125 List.Range erzeugt eine Liste der einzelnen Elemente.

Diese Elemente können nun mit Text.Combine in einer neuen Spalte zusammengefasst werden.

Abbildung 5.126 Text.Combine verkettet die einzelnen Elemente.

Die überflüssigen Spalten werden gelöscht. Da die erste Zeile die korrekte ist, werden die übrigen Zeilen gelöscht. Die Funktion Duplikate entfernen (Table.Distinct) tut hier gute Dienste.

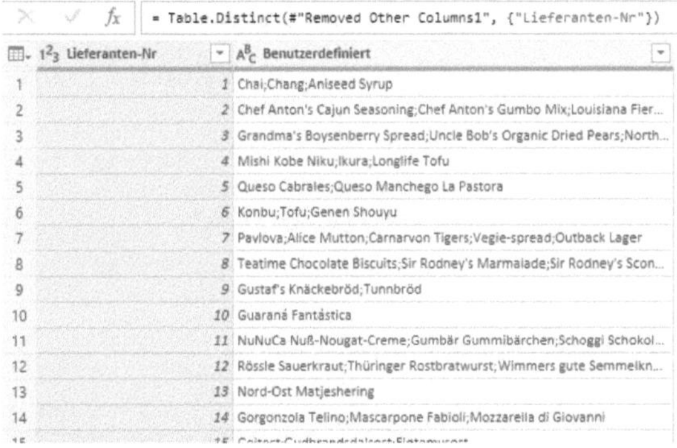

Abbildung 5.127 Das fertige Ergebnis

In einer zweiten Lösung könnte man direkt die Artikelnamen zu einer Liste gruppieren.

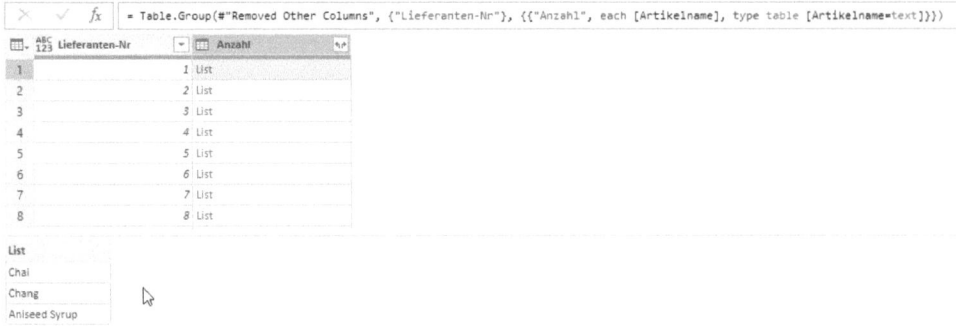

Abbildung 5.128 Die gruppierte Liste

Im nächsten Schritt werden mit Text.Combine die einzelnen Elemente der Liste verkettet:

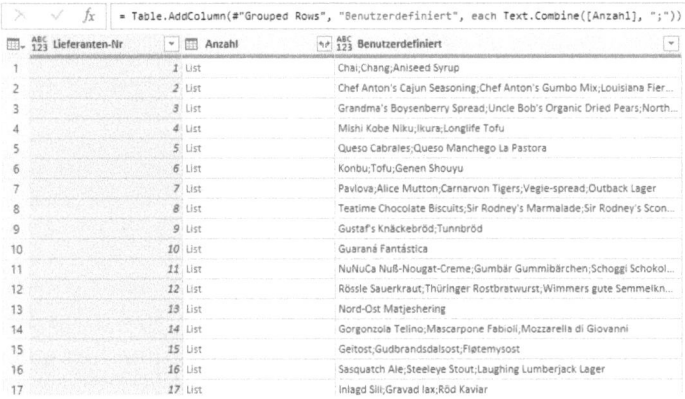

Abbildung 5.129 Das (fast) fertige Ergebnis

Den Schritt Table.AddColumn, also: „Spalte hinzufügen" kann man auch durch „Transformieren" ersetzen und sich so einen Schritt sparen:

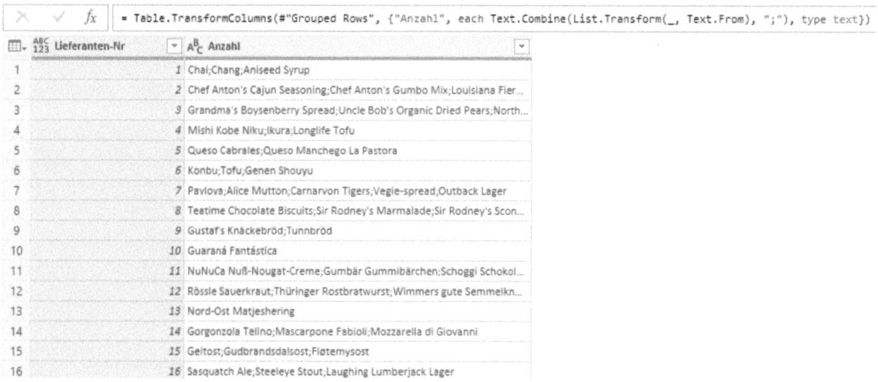

```
= Table.TransformColumns(#"Grouped Rows", {"Anzahl", each Text.Combine(List.Transform(_, Text.From), ";"), type text})
```

	Lieferanten-Nr	Anzahl
1	1	Chai;Chang;Aniseed Syrup
2	2	Chef Anton's Cajun Seasoning;Chef Anton's Gumbo Mix;Louisiana Fier...
3	3	Grandma's Boysenberry Spread;Uncle Bob's Organic Dried Pears;North...
4	4	Mishi Kobe Niku;Ikura;Longlife Tofu
5	5	Queso Cabrales;Queso Manchego La Pastora
6	6	Konbu;Tofu;Genen Shouyu
7	7	Pavlova;Alice Mutton;Carnarvon Tigers;Vegie-spread;Outback Lager
8	8	Teatime Chocolate Biscuits;Sir Rodney's Marmalade;Sir Rodney's Scon...
9	9	Gustaf's Knäckebröd;Tunnbröd
10	10	Guaraná Fantástica
11	11	NuNuCa Nuß-Nougat-Creme;Gumbär Gummibärchen;Schoggi Schokol...
12	12	Rössle Sauerkraut;Thüringer Rostbratwurst;Wimmers gute Semmelkn...
13	13	Nord-Ost Matjeshering
14	14	Gorgonzola Telino;Mascarpone Fabioli;Mozzarella di Giovanni
15	15	Geitost;Gudbrandsdalsost;Fløtemysost
16	16	Sasquatch Ale;Steeleye Stout;Laughing Lumberjack Lager

Abbildung 5.130 Das fertige Ergebnis

5.15 Duplikate finden (und löschen)

Ein Problem, das gar nicht so selten in Excel auftaucht, heißt: Duplikatensuche. In einer Liste befinden sich mehrere Begriffe oder IDs, die nicht einmal, sondern mehrfach vorkommen. Entweder jemand hat sich bei der manuellen Dateneingabe vertippt oder ein System hat aus irgendeinem Grund (beispielsweise bei einer Umstellung) eine ID doppelt vergeben. Manchmal möchte man die Duplikate aufspüren, manchmal möchte man die Duplikate eliminieren. Dafür gibt es verschiedene Varianten.

5.15.1 Assistenten

Der Assistent „Duplikate entfernen", der sich im Register „Daten" befindet, hilft alle Datensätze, die sich in einer Liste befinden, zu löschen. Dabei wird der erste Datensatz stehen gelassen, das Duplikat gelöscht.

Abbildung 5.131 Der Assistent „Duplikate entfernen"

Selbstredend ist die Verwendung dieses Assistenten gefährlich. Es gibt keine Möglichkeit zu überprüfen welche Datensätze, das heißt: welche Zeilen, gelöscht werden.

Will man die Zeilen sichtbar machen, kann man den Assistenten „Bedingte Formatierung" verwenden. Dort findet sich die Option „Doppelte Werte". Anschließend können die farbig gekennzeichneten Zellen sortiert und gefiltert werden.

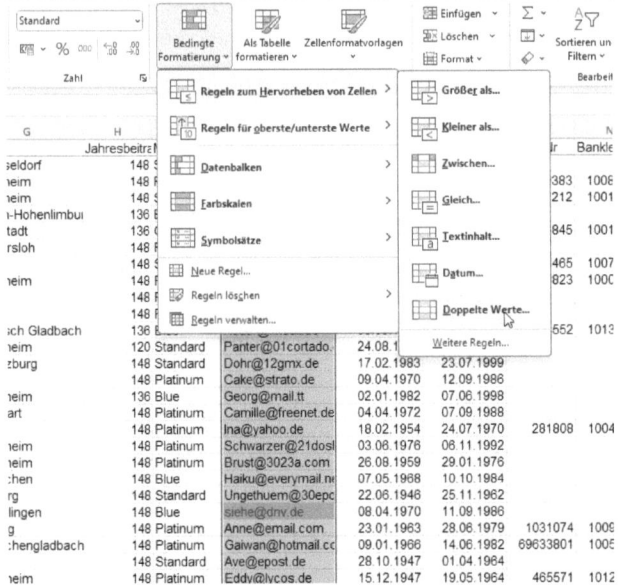

Abbildung 5.132 Mit Hilfe der Bedingten Formatierung findet man Duplikate

Und schließlich kann man mit einer Pivottabelle Duplikate auffinden. Man gruppiert die Daten und zählt sie. Anschließend können die Zahlen sortiert werden. So stehen die Zahlen > 1 oben in der Liste. Mit einem Doppelklick auf die Anzahl werden die einzelnen Datensätze auf einem anderen Tabellenblatt angezeigt.

Abbildung 5.133 Pivottabellen helfen beim Auffinden von Duplikaten.

5.15.2 Formeln

Die Funktion ZÄHLENWENN ermittelt die Anzahl eines Textes (oder einer Zahl) in einer Liste. Taucht ein Wert einmal auf, ist das Ergebnis 1, bei Duplikaten eine Zahl > 1. Diese Ergebnisspalte kann sortiert werden.

Abbildung 5.134 ZÄHLENWENN findet Duplikate

Bei großen Datenmengen benötigt die Funktion ZÄHLENWENN sehr viel Rechenzeit. Abhilfe schafft folgender Trick.

Im ersten Schritt wird die Liste sortiert. Man fügt anschließend einige Leerzeilen am Beginn der Liste ein, beispielsweise zehn Zeilen. Nun wird die Funktion ZÄHLENWENN nicht in über die ganze Spalte in der Form

```
=ZÄHLENWENN(J:J;J2)
```

eingefügt, sondern über einen kleinen Bereich

```
=ZÄHLENWENN(J2:J18;J12)
```

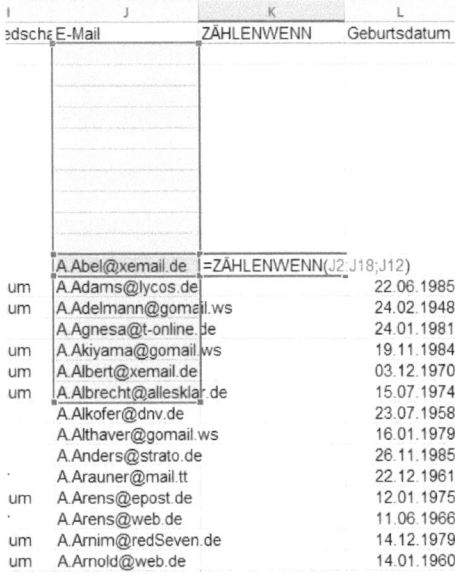

	J	K	L
edschaE-Mail		ZÄHLENWENN	Geburtsdatum
	A.Abel@xemail.de	=ZÄHLENWENN(J2:J18;J12)	
um	A.Adams@lycos.de		22.06.1985
um	A.Adelmann@gomail.ws		24.02.1948
	A.Agnesa@t-online.de		24.01.1981
um	A.Akiyama@gomail.ws		19.11.1984
um	A.Albert@xemail.de		03.12.1970
um	A.Albrecht@allesklar.de		15.07.1974
	A.Alkofer@dnv.de		23.07.1958
	A.Althaver@gomail.ws		16.01.1979
	A.Anders@strato.de		26.11.1985
	A.Arauner@mail.tt		22.12.1961
um	A.Arens@epost.de		12.01.1975
.	A.Arens@web.de		11.06.1966
um	A.Arnim@redSeven.de		14.12.1979
um	A.Arnold@web.de		14.01.1960

Abbildung 5.135 ZÄHLENWENN nicht über die gesamte Spalte

Das beschleunigt die Berechnung.

Berechnung (8 Threads): 2%

Abbildung 5.136 ZÄHLENWENN kann sehr zeitaufwändig sein.

5.15.3 Power Query

Ähnlich wie bei der Pivottabelle kann die Spalte mit den Duplikaten gruppiert und die Anzahl gezählt werden. Anschließend kann die Anzahlspalte sortiert oder gefiltert werden.

Abbildung 5.137 Power Query kann gruppieren und zählen und so Duplikate ermitteln.

6

6   Sachen verstecken

6.1   Warum „verstecken?

Es gibt die Notwendigkeit Dinge in Excel „zu verstecken". Das hat nichts mit Geheimniskrämerei zu tun, sondern hat entweder ästhetische Gründe („ich möchte nicht, dass Zwischenberechnungen sichtbar sind") oder Schutzgründe („der Anwender oder die Anwenderin soll nicht aus Versehen Konstanten, Formeln, Kommentare, Bilder … ändern oder löschen).

Excel hat mehrere solcher Mechanismen eingebaut – beispielsweise die Gliederungsfunktion oder der Assistent „Teilergebnis", mit denen Teile einer Tabelle schnell ein- oder ausgeblendet werden können. Diese Gliederung wird automatisch beim Assistenten Teilergebnisse eingeschaltet. Oder in der bedingten Formatierung, die bei Symbolsätzen die Option „nur Symbol anzeigen" anbietet. Und damit die Formel oder den Wert der Zelle ausblendet.

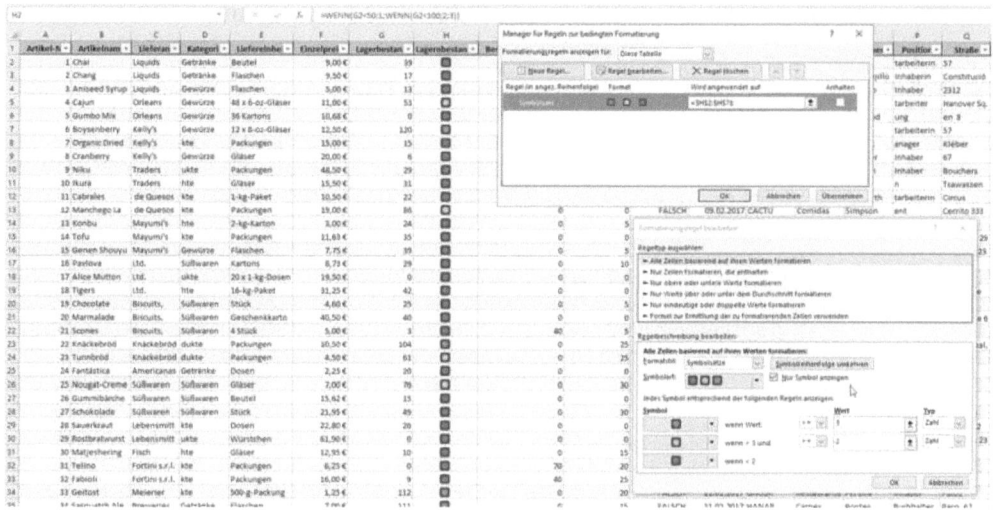

Abbildung 6.1 Bei den Symbolsätzen kann man die Werte ausblenden.

6.2 Weiße Farbe

Das beliebteste und sicherlich auch gefährlichste Mittel zum Verbergen ist das Verwenden von weißer Schriftfarbe. So ist der Text oder die Zahl zwar nicht sichtbar und wird auch nicht gedruckt, kann aber leicht überschrieben werden. Außerdem würden bei Berechnungen diese Werte mit in das Ergebnis einbezogen werden, wenn eine Formel auf sie verweist.

Ein beliebtes Beispiel für das Ausblenden von Zahlen findet sich in der Buchhaltung: zwar sollen Werte mitberechnet werden, jedoch nicht angezeigt werden, da sie an anderer Stelle zu sehen sind.

I19		▼	⁝	✕	✓	*f*ₓ	=I18+H19				

◢	A	B	C	D	E	F	G	H	I	J	K	L
2	Kassenkontrolle			Etat 2020 Gruppe H. Potter					Noch zur Verfügung		1.354,97	
4						Einnahmen		Ausgaben			Kassenstand	
6	Datum	Beleg	Firma	Artikel	Verwendung/Zweck	Betrag	Saldo	Betrag	Saldo		Saldo	
8	08.01.		Frau Hehmann	Übertrag von 2017	137,73 verwendbar bis 03/2021						0,00	
9	13.01.		Lara Croft	2 Batterie-Lok etc.	Spielmaterial			72,76	72,76		-72,76	
10	16.01.		Avön	kleine Seifen	Geschenke/Geburtstag			4,50	77,26		-77,26	
11	26.01.		Max&Milian	Bilderbuch / Anteil	"Der kleine Dino"			16,00	93,26		-93,26	
12	30.01.		Die Nadel	Reißverschluss	RV f. Kleid, Puppenecke			5,50	98,76		-98,76	
13	02.02.		Edeka	Knetmasse	Spielmaterial			39,92	138,68		-138,68	
14	03.02.		Obi	Tapetenkleister	Kleber f. Kinder			6,66	145,34		-145,34	
15	07.02.		Tschibo	Reißverschluss	RV f. Kleid, Puppenecke			6,00	151,34		-151,34	
16	09.02.		Edison	Batterien, aufladbar	Brio-Eisenbahn			10,01	161,35		-161,35	
17	13.02.		Schmidt	goldf. Fotokarton	Geburtstagskronen			25,20	186,55		-186,55	
18	15.02.		Edeka	Knetmasse	Spielmaterial			19,96	206,51		-206,51	
19	15.02.		Frau Hehmann	Erstattung aller, bis hierher angefallenen, Beträge		206,51	206,51				0,00	
20	16.02.		Carl Hanser-Verl	Bücher	"Mit Gott unterwegs"			29,95	236,46		-29,95	
21	16.02.		Frau Hehmann	Erstattung	für o.a. Rechnung	29,95	236,46				0,00	
22	16.02.				Schüttelkuchen / Anteil			9,90	246,36		-9,90	
23	16.02.		Frau Hehmann	Eratattung	für o.a. Rechnung	9,90	246,36				0,00	
24	21.02.		Kiga-heute	Ideen-Blitz	Hefte / Wind, Farben							
25					Purzelbaum, Tage / Anteil			21,45	267,81		-21,45	
26	21.02.		Frau Hehmann	Erstattung	für o.a. Rechnung	21,45	267,81				0,00	
27	08.03.			Tierstempel	Osterkörbchen / Geburtstag			14,95	282,76		-14,95	
28	08.03.		Frau Hehmann	Erstattung	für o.a. Rechnung	14,95	282,76				0,00	

Abbildung 6.2 Weiße Schriftfarbe – man sieht die Zahlen nicht.

6.3 ;;;

Bei dem benutzerdefinierten Zahlenformat ;;; stehen die vier Elemente für:

- Positive Zahl
- Negative Zahl
- Leer
- Text

Also beispielsweise

`_-* #.##0,00 €_-;-* #.##0,00 €_-;_-* "-"?? €_-;_-@_-`

Damit ist es beispielsweise möglich in Pivottabellen oder anderen Berechnungen „Rundungsfehler" auszublenden, also werden Zahlen als #.##0,0000;- #.##0,0000; dargestellt. So kann man Rundungsfehler ausblenden und ist unabhängig von einer Hintergrundfarbe.

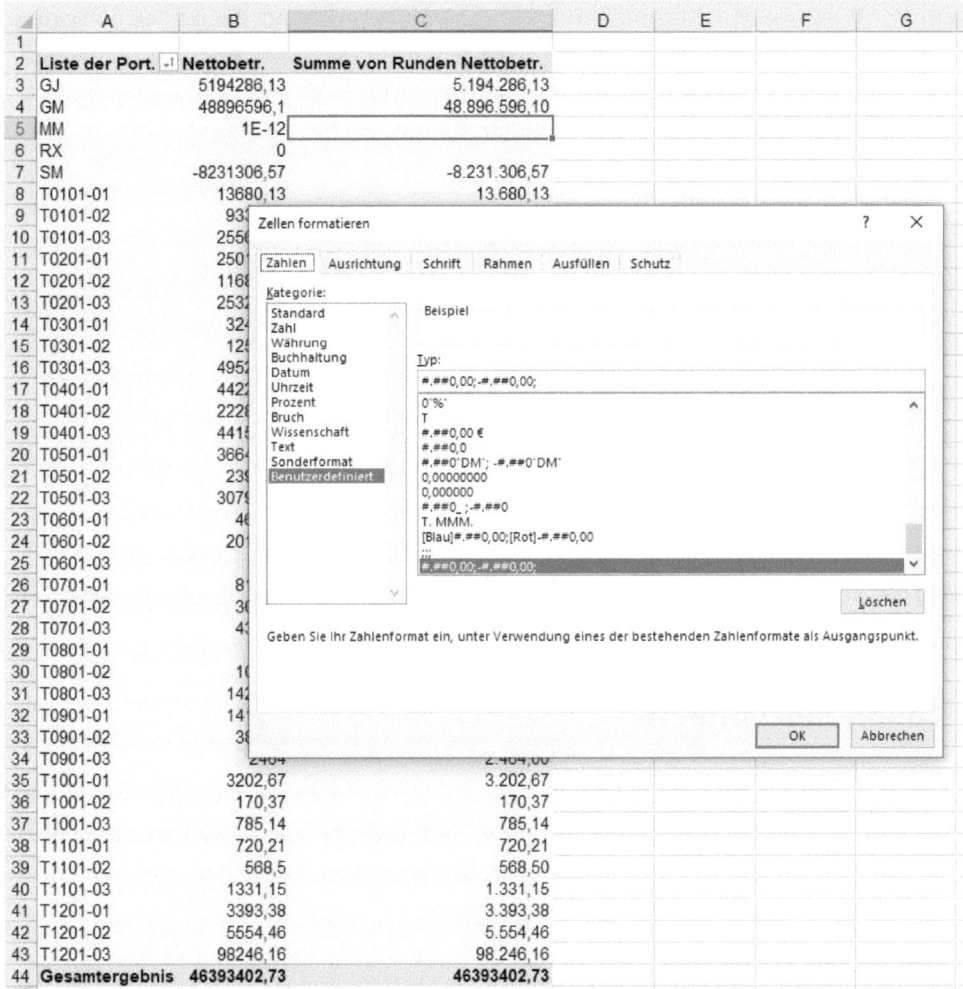

Abbildung 6.3 Mit ;;; kann man Werte ausblenden.

6.4 Bedingte Formatierung

Dies kann beispielsweise in folgendem Szenario verwendet werden:

In einem Formular soll ein Kombinationsfeld (Datenüberprüfung) die beiden Varianten „Keine Auswahl;x" zur Verfügung stellen. Jedoch soll der ausgewählte Text „keine Auswahl" nicht auf dem Tabellenblatt angezeigt werden. Also kann man ihn dynamisch mit Hilfe einer bedingten Formatierung ausblenden: Benutzerdefiniertes Zahlenformat: ;;;

	C	D	E	F	G	H	I	J	K	L	M	N	O	P	Q	R
			bis 24 h		bis 48 h		bis 72 h		bis 96 h		bis 120 h		bis 240 h		bis 480 h	
105																
106	x				x		x		x		x		x		x	
107	x										x		x		x	
108	x								x		x		x		x	
109	x															
110	x				x											

Abbildung 6.4 Das benutzerdefinierte Zahlenformat ;;; kann auch in der bedingten Formatierung verwendet werden.

6.5 Zeilen ausblenden

Ähnlich absurd wie das Einfärben mit weißer Schriftfarbe ist das Ausblenden von Zeilen (oder Spalten). Es gibt in Excel keine Suchoption, um festzustellen, ob Zeilen oder Spalten ausgeblendet wurden. Die einzige Möglichkeit, um ausgeblendete Zeilen und Spalten zu finden lautet: alles markieren und alles einblenden.

Manchmal gibt es allerdings die Notwendigkeit Zeilen und Spalten auszublenden, um Informationen vor dem Anwender zu verbergen. Beispielsweise komplexe Berechnungen, die im „Kopfteil" verwendet und im „Fußteil" durchgeführt werden.

1 2	◢	A	B	C	D	E	F	G	H	I
	1									
	2									
	3	**Nur gültig für 2020**								
	4									
	5	Berechnung der Unterstützungsleistung nach B6, B7, C2, C3 d. Richtlinien								
	6	für das Jahr 2020								
	7									
	8	Name					(nur bei Bedarf und evt. Ausdruck)			
	9									
	10	Pers.Nr.				(nur bei Bedarf und evt. Ausdruck)				
	11									
	12									
	13		Zur Ermittlung des Unterstützungsbetrages die mit					hinterlegten Felder ausfüllen		
	14									
	15							bei 0,5 Personen "x" eintragen		
	16	Zu unterstützende Personen / Familienmitglieder								
	17									
	18	Zu berücksichtigendes Nettoeinkommen					1.000,00			
	19									
	20	Betriebszugehörigkeit						Jahre		
	21									
	22	Eigenanteil								
	23									
	24									
	25									
	26	**Errechneter Unterstützungsbetrag**						**0**	**siehe unten !**	
	27						! unter Mindestbetrag von 20,00 EURO !			
	28									
	29									
	30									
	31									
	66									
	96									
	97									

Abbildung 6.5 Zeilen werden ausgeblendet – dort finden sich die Zwischenrechnungen.

6.6 Rechteck

Sehr unschön und gefährlich ist die Möglichkeit über eine Zelle ein weißes Rechteck zu legen. So kann man Zellinhalte verschleiern.

Und: Inquire findet grafische Objekte als Möglichkeit des Verschleierns nicht. Immerhin kann man in Excel nach Objekten suchen ...

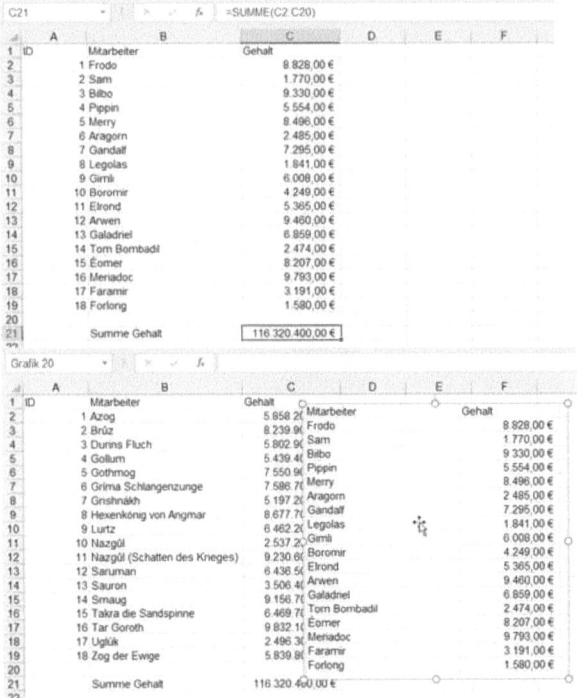

Abbildung 6.6 Rechteck, Autoform, Bild oder Screenshot – gefährlich!

6.7 Alt + Enter

Achtung bei längeren Texten mit einer festen Zeilenhöhe – [Alt] + [Enter] erzeugt einen Zeilenumbruch, von dem nur die erste Zeile angezeigt wird.

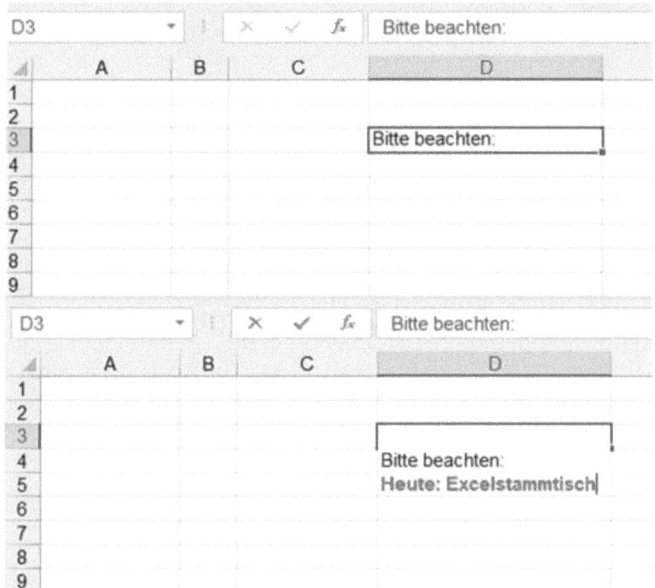

Abbildung 6.7 Die zweite Zeile wird nicht angezeigt.

6.8 Eigenschaften

Word, Excel, PowerPoint & co stellen Eigenschaften für die Datei zur Verfügung. Diese können vom Anwender gefüllt werden und so Metadaten über das Dokument liefern. Man kann diese Eigenschaften und auch die benutzerdefinierten Eigenschaften verwenden, um per Programmierung Werte „zu verstecken", das heißt dort ablegen und von dort wieder auszulesen.

Abbildung 6.8 In den Eigenschaften der Arbeitsmappe können Werte hinterlegt werden.

6.9 xlSheetVeryHidden

Im VBA-Editor kann man die Eigenschaft von Tabellenblättern auf xlSheetVeryHidden setzen. Dann sind sie in Excel nicht mehr einblendbar und damit nicht sichtbar.

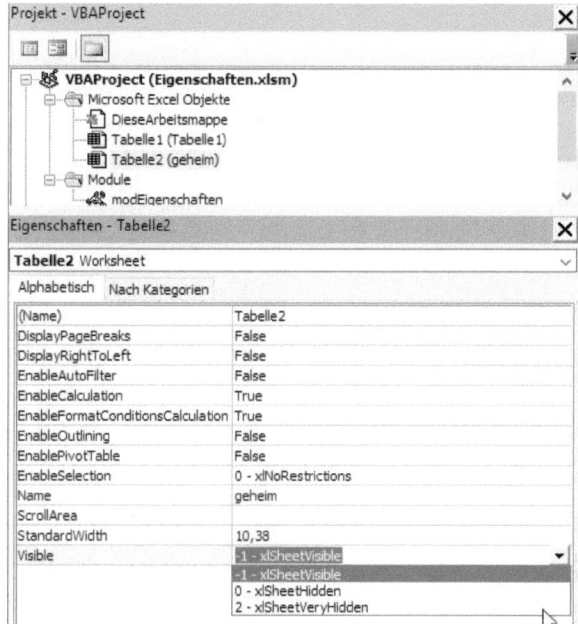

Abbildung 6.9 xlSheetVeryHidden

Per VBA kann man Texte eintragen und auslesen, ohne das Blatt sichtbar machen zu müssen. Allerdings: Befehle wie Copy oder Delete kann man nicht auf unsichtbare Blätter anwenden – dann muss man sie vorher wieder einblenden.

Ich verwende diese Eigenschaft sehr gerne, wenn ich mehrere Informationen vor dem Anwender/vor der Anwenderin „verbergen" möchte, so dass diese Daten nicht aus Versehen überschrieben oder verändert werden.

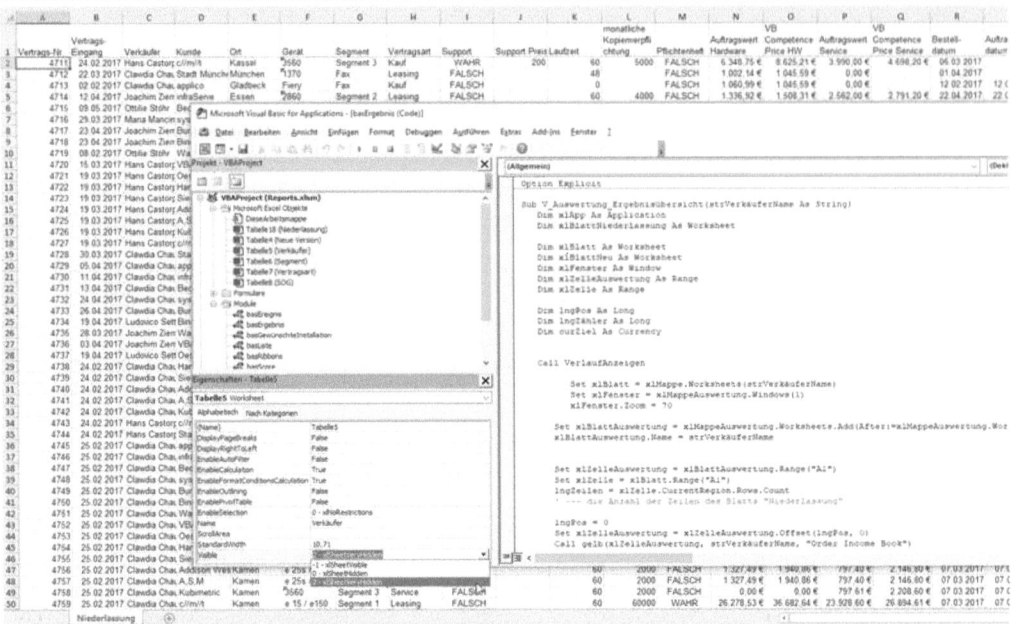

Abbildung 6.10 Seht viele Blätter sind ausgeblendet – für Zusatzinformationen

6.10 Module verstecken (VBA)

Mourad Louha macht darauf aufmerksam, dass man auch Module verstecken kann:

Das Werkzeug Unviewable+ hilft dabei. Man findet es:

https://www.spreadsheet1.com/unviewable-vba-project-app-for-excel.html

Allerdings ist das Tool kostenpflichtig. Mittlerweile kann zwar Unviewable+ auch geknackt werden, der Schutz ist aber immer noch so hoch und nicht einfach zu knacken. Der Vorteil von Unviewable+ ist, dass man keine weiteren, externen Tools für die geschützte Datei mehr benötigt.

Danke Mourad, für den Hinweis!

6.11 Namen

Mit dem Befehl

```
ThisWorkbook.Names.Add Name:="copyright", __
```

```
RefersTo:="(c) by compurem", Visible:=False
```

Kann man einer Datei einen unsichtbaren Namen hinzufügen. Der Parameter Visible verbirgt den Namen und blendet ihn – bei Bedarf – wieder ein.

Und wer macht so etwas? Nun zum einen, wenn Namen vom Anwender/von der Anwenderin nicht einfach geändert werden sollen. Aber auch, um ein copyright an eine Datei zu binden, die nur mit guten Excelkenntnissen wieder entfernt werden könnte.

6.12 XML

Es ist verblüffend, aber man kann auch im XML-Code der Datei Informationen unsichtbar transportieren.

Die Technik ist sicherlich bekannt. Benennen Sie eine Excelmappe mit der Endung .ZIP um. Entzippen Sie das Archiv. Darin finden Sie nun mehrere XML-Dateien, die sämtliche Informationen der Datei enthalten: Texte, Zahlen, Grafiken, Formeln, Einstellungen der Seitenränder, Schriftgröße, Spaltenbreite, Kennwörter ... Und dort hinein könnte man Dinge verstecken. Die Dateien und Ordner werden markiert und wieder gezippt - die fertige .ZIP-Datei anschließend umbenannt - et voilà!

Abbildung 6.11 Das XML-Archiv bietet „Versteckmöglichkeiten".

6.13 Weitere „Verstecke"

Natürlich kann man Informationen auch außerhalb von Excel speichern.

Ini-Dateien

Ein Relikt aus Urzeiten von Windows stellen die ini-Dateien dar. Es sind Textdateien, die in Abschnitte und Schlüssel gegliedert sind. Word-VBA stellt einen Befehl zur Verfügung, um Daten in diese Dateien zu schreiben und aus ihnen zu lesen; in Excel ist kein VBA-Befehl dafür vorgesehen – man müsste Word aufrufen, um mit PrivateProfileString arbeiten zu können.

Allerdings beinhaltet er einige kleine Nachteile:

* ini-Dateien können nicht sortiert werden.

* Abschnitte und Schlüssel in ini-Dateien können nicht gelöscht werden.

* ini-Dateien können nicht durchlaufen werden.

* ini-Dateien können nicht nach Informationen durchsucht werden.

Textdateien

Eine einfache Methode, um Text mit VBA in eine Textdatei zu schreiben, steht über das Objekt FileSystemObject zur Verfügung.

```
Set fsObj = CreateObject("Scripting.FileSystemObject")
Set txtObj = fs.CreateTextFile("c:\Dummy.txt", True)
txtObj.WriteLine("Hallo Excelstammtisch.")
txtObj.Close
```

Eine existierende Datei kann mit der Methode OpenTextFile geöffnet werden. Die Syntax lautet:

```
Objekt.OpenTextFile(Dateiname[, E/A-Modus[, erstellen[, Format]]])
```

Sequentielle Dateien

Wie der Name schon sagt, werden die Daten hintereinander in einer Datei gespeichert. Bevor man mit einer sequentiellen Datei arbeiten kann, muss diese mit Open geöffnet werden. Die vollständige Syntax lautet:

```
Open Name$ For Modus As [#]Dateinummer
```

XML-Dateien

Excel besitzt seit der Version 97 das Objekt DOM, mit dem XML-Dateien erzeugt werden können. Inzwischen kam auch SAX hinzu.

Die Registry

In Excel kann ein beliebiger Wert in die Registry geschrieben werden. Die Befehle: Get-Setting, SaveSetting, GetAllSettings und DeleteSetting. SaveSetting erzeugen unterhalb des Schlüssels HKEY_CURRENT_USER\Software\VB and VBA Program Settings einen neuen Bereich, in dem einem Schlüssel ein Wert zugewiesen wird.

```
SaveSetting " Excelstammtisch", "Frank", "Organisator", "Nächster Ter-
min: November 2024"
```

Dieser kann ausgelesen werden.

```
MsgBox GetSetting("Excelstammtisch", "Frank", "Organisator")
```

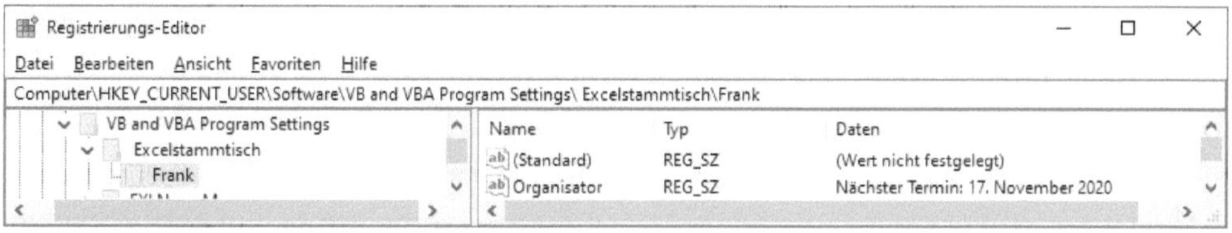

Abbildung 6.12 Die Registry

Der Vorteil der Registry ist sicherlich, dass sie für den Benutzer gesperrt werden kann, der Nachteil ist, dass damit nur schwerlich Daten verteilt werden können. Außerdem ist es mühsam, bestimmte Registry-Einträge von einem Rechner auf einen anderen zu portieren. Dies ist mit einer ini-Datei, einer XML-Datei oder einer Textdatei leichter möglich, die man außerdem einfach editieren und ändern kann.

7 Sachen finden

Meine Aufgabe ist es häufig fremde Daten zu analysieren. Dazu muss ich wissen, wo welche Elemente versteckt sind. Natürlich leistet Inquire gute Dienste, aber leider findet dieses Werkzeug nicht alle Elemente in Excel. Beispielsweise keine Notizen oder Diagramme. Deshalb muss man andere Werkzeuge und Techniken kennen, um solche Elemente zu finden. Die meisten Werkzeuge zum Suchen (und Finden) verbergen sich in Start / Suchen und Auswählen. Und: Mit Formeln und mit Power Query kann man diese Objekte nicht ausfindig machen.

7.1 Notizen und Kommentare

Natürlich kann man Kommentare über den Aufgabenbereich „Kommentare anzeigen" auflisten lassen, den man über das Register „Überprüfen" öffnet. Notizen findet man über den Auswahlbereich, den man über Start / Suchen und Auswählen öffnen kann:

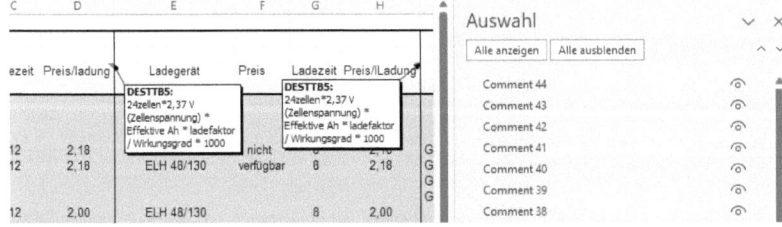

Abbildung 7.1 Die Kommentare werden aufgelistet.

Jedoch: nicht alles, was nach einer Notiz aussieht, muss eine sein. Es könnte auch das Ergebnis der Eingabemeldung der Datenüberprüfung sein:

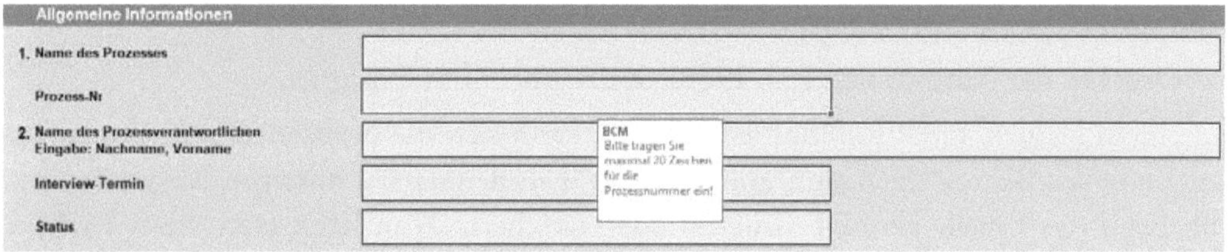

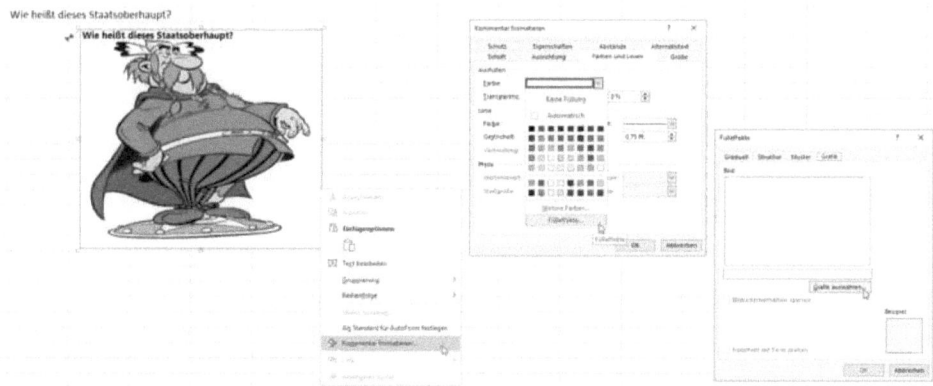

Abbildung 7.2 Eine Notiz?

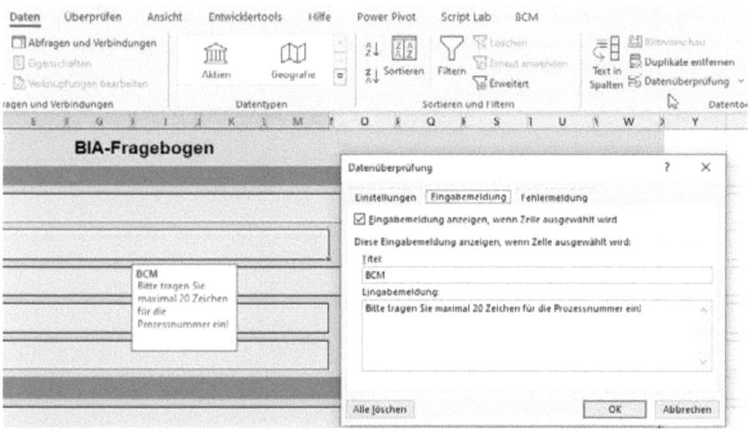

Abbildung 7.3 Nein: Die Eingabemeldung der Datenüberprüfung

Kann man Bilder in Notizen einfügen? Beispielsweise, um ein Quiz, einen visuellen Kommentar oder eine Klassenarbeit zu erstellen?

Ja – indem man die Notiz formatiert:

Abbildung 7.4 Notizen mit Bildern

Kann man Notizen exportieren?

Das Drucken der Notizen stell kein Problem dar – aber das Exportieren.

Mit einem kleinen Trick funktioniert es: Man kann sich die Notizen und Kommentare „am Ende des Blattes" (gemeint: am Ende des Tabellenblattes) anzeigen lassen und anschließend die Tabelle als PDF drucken oder speichern. Nun kann man dieses PDF in Word öffnen und hat die Notizen zur Verfügung.

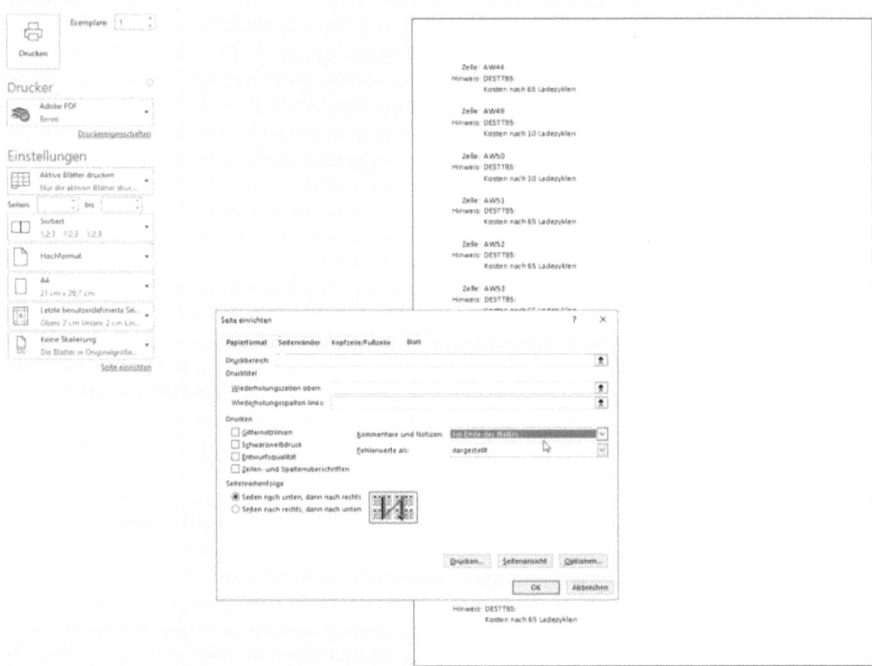

Abbildung 7.5 Notizen können aus einem PDF beispielsweise über Word oder über Power Query extrahiert werden.

Als Alternative bietet sich die XML-Datei, die man erhält, wenn man die Excelmappe mit der Endung .ZIP umbenennt und anschließend extrahiert.

7.2 Objekte (auch Diagramme)

Inquire findet keine Objekte. Manchmal stellt sich jedoch die Frage, wie viele Objekte in der Datei liegen (weil dies eine mögliche Ursache ist, warum die Datei langsamer wird) oder ob „störende" Textfelder oder Autoformen über Zellen gelegt wurden.

Abbildung 7.6 Der smiley ist nicht Teil des Textes

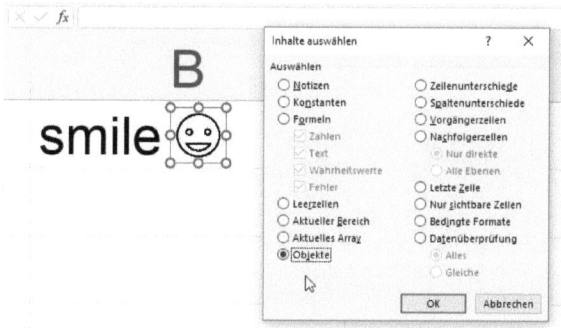

Abbildung 7.7 Der smiley ist ein Objekt in Excel

Gibt es noch andere Objekte auf der Seite? oder: wurde das Diagramm gelöscht? Man kann alle Objekte, die sich auf einem Tabellenblatt befinden, im Auswahlbereich anzeigen lassen: man öffnet ihn über Start / Suchen und Auswählen. Oder über die Tastenkombination [Alt] + [F10]

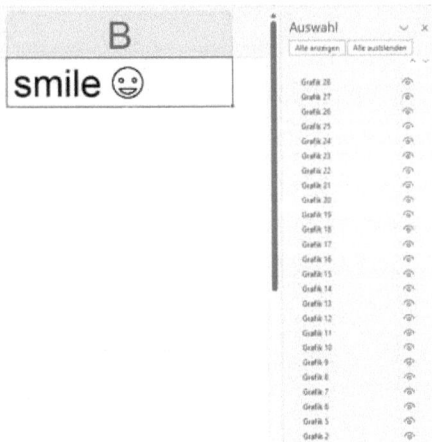

Abbildung 7.8 In der Zelle liegt nicht nur ein Objekt, sondern mehrere hintereinander

Im Auswahlbereich werden aufgelistet:

- Formen
- Diagramme
- SmartArt-Objekte
- 3D-Objekte
- Bilder
- Datenschnitte
- Steuerelemente
- Kommentare

Abbildung 7.9 Unterschiedliche Objekte werden aufgelistet

7.3 Formeln

Im Prinzip könnte man nach dem Gleichheitszeichen suchen, um Zellen zu finden, in denen eine Formel steht. Man kann auch über das Symbol „Formeln anzeigen", das sich in der Registerkarte „Formeln" befindet oder über [Umschalt] + [Strg] + ['] geöffnet werden kann. Bei größeren Tabellenblättern empfiehlt sich eine andere Strategie: der Assistent Suchen / Formeln markiert alle Zellen, in denen sich eine Formel befindet.

Damit man sie nacheinander auswählen kann, kann man sie formatieren, beispielsweise mit einer Hintergrundfarbe. Nach diesen Zellen kann man einzeln suchen.

D	E	F	
do Stunden	Genehmigte Überstunden	Abbauplan	Stu
	=SVERWEIS($A2;Tabelle2;6;FALSCH)	=SVERWEIS($A2;Tabelle2;8;WAHR) ok	
	=SVERWEIS($A3;Tabelle2;6;FALSCH)	=SVERWEIS($A3;Tabelle2;8;WAHR)	
	=SVERWEIS($A4;Tabelle2;6;FALSCH)	=SVERWEIS($A4;Tabelle2;8;WAHR)	
	=SVERWEIS($A5;Tabelle2;6;FALSCH)	=SVERWEIS($A5;Tabelle2;8;WAHR)	
	=SVERWEIS($A6;Tabelle2;6;FALSCH)	=SVERWEIS($A6;Tabelle2;8;WAHR)	
	=SVERWEIS($A7;Tabelle2;6;FALSCH)	=SVERWEIS($A7;Tabelle2;8;WAHR)	

Abbildung 7.10 Formeln anzeigen

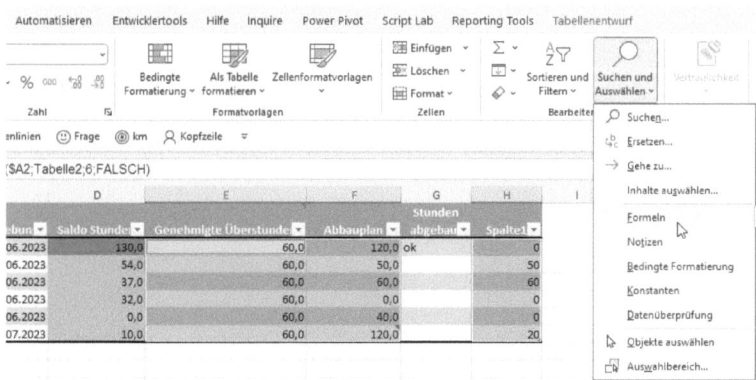

Abbildung 7.11 Formeln suchen und finden

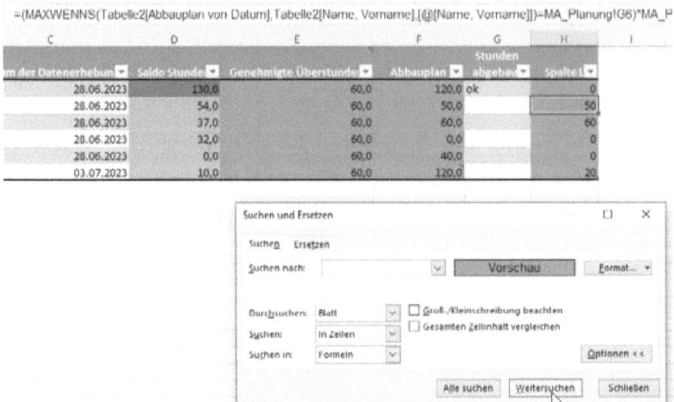

Man kann die Formen auch auflisten. Die Funktion FORMELTEXT zeigt eine Funktion einer Zelle an. Steht in der Zelle keine Funktion, ist #NV die Folge. Da die Funktion matrixfähig ist, liefert sie einen Bereich:

```
=FORMELTEXT(Analyse!A1:I11)
```

Abbildung 7.13 Alle Formeltexte

Man kann sie untereinander mit

```
=ZUSPALTE(FORMELTEXT(Analyse!A1:I11);2)
```

schreiben. Da der zweite Parameter „ignore" Fehlerwerte abfangen kann, werden nur alle Formeln angezeigt – die Fehler #NV werden nicht mehr aufgelistet.

Analog kann man die Zeilennummer und Spaltennummer ermitteln. Beispielsweise so:

```
=FILTER(ZUSPALTE(ISTFORMEL(Analyse!A1:J11) *
SPALTE(Analyse!A1:J11);1);ZUSPALTE(
ISTFORMEL(Analyse!A1:J11)*SPALTE(Analyse!A1:J11);1)>0)
```

Aus Zeilennummer und Spaltennummer kann mit Hilfe der Funktion ADRESSE der Zellname ermittelt werden.

	A	B	C	D	E	F	G	H	I	J
A2			fx	=FILTER(ZUSPALTE(ISTFORMEL(Analyse!A1:J11)*SPALTE(Analyse!A1:J11),1),ZUSPALTE(ISTFORMEL(Analyse!A1:J11)*SPALTE(Analyse!A1:J11),1)>0						
1	Spalte	Zeile		Adresse	Formel					
2	5		2	$E$2	=SVERWEIS($A2;Tabelle2;6;FALSCH)					
3	6		2	$F$2	=SVERWEIS($A2;Tabelle2;8;WAHR)					
4	8		2	$H$2	=(MAXWENNS(Tabelle2[Abbauplan von Datum];Tabelle2[Name, Vorname];[@[Name, Vorname]])=					
5	5		3	$E$3	=SVERWEIS($A3;Tabelle2;6;FALSCH)					
6	6		3	$F$3	=SVERWEIS($A3;Tabelle2;8;WAHR)					
7	8		3	$H$3	=(MAXWENNS(Tabelle2[Abbauplan von Datum];Tabelle2[Name, Vorname];[@[Name, Vorname]])=					
8	5		4	$E$4	=SVERWEIS($A4;Tabelle2;6;FALSCH)					
9	6		4	$F$4	=SVERWEIS($A4;Tabelle2;8;WAHR)					
10	8		4	$H$4	=(MAXWENNS(Tabelle2[Abbauplan von Datum];Tabelle2[Name, Vorname];[@[Name, Vorname]])=					
11	5		5	$E$5	=SVERWEIS($A5;Tabelle2;6;FALSCH)					
12	6		5	$F$5	=SVERWEIS($A5;Tabelle2;8;WAHR)					
13	8		5	$H$5	=(MAXWENNS(Tabelle2[Abbauplan von Datum];Tabelle2[Name, Vorname];[@[Name, Vorname]])=					
14	5		6	$E$6	=SVERWEIS($A6;Tabelle2;6;FALSCH)					
15	6		6	$F$6	=SVERWEIS($A6;Tabelle2;8;WAHR)					
16	8		6	$H$6	=(MAXWENNS(Tabelle2[Abbauplan von Datum];Tabelle2[Name, Vorname];[@[Name, Vorname]])=					
17	5		7	$E$7	=SVERWEIS($A7;Tabelle2;6;FALSCH)					
18	6		7	$F$7	=SVERWEIS($A7;Tabelle2;8;WAHR)					
19	8		7	$H$7	=(MAXWENNS(Tabelle2[Abbauplan von Datum];Tabelle2[Name, Vorname];[@[Name, Vorname]])=					

Abbildung 7.14 Alle Formeln mit Adresse

7.4 Bedingte Formatierung

Um die Zellen zu ermitteln, in denen sich eine bedingte Formatierung befindet, kann man entweder den Assistenten Suchen : Bedingte Formatierung wählen oder den Manager zu Regeln der Bedingten Formatierung, den Sie im Menü Bedingte Formatierung unter „Regeln verwalten" finden.

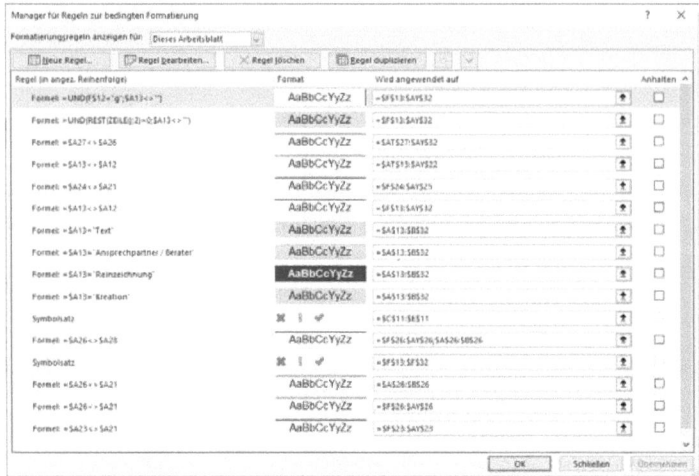

Abbildung 7.15 Die Bedingten Formatierungen

Beachten Sie, dass man umschalten kann zwischen den Optionen Aktuelle Auswahl, Dieses Arbeitsblatt, Diese Tabelle oder einem anderen Tabellenblatt. Es ist leider nicht möglich alle bedingten Formatierungen aller Tabellen aufzulisten.

7.5 Datenüberprüfung

In welchen Zellen sich Datenüberprüfungen befinden, kann man mit einem Klick Start / Suchen und Auswählen / Datenüberprüfung herausfinden. Dann werden alle Zellen markiert. Da die Datenüberprüfung keine Formatierung ist, kann man sie nicht mit dem Suchen-Assistenten über die Formate suchen.

Werden die Zellen, in denen sich eine Datenüberprüfung befindet, markiert, kann man sie mit einer Hintergrundfarbe einfärben und über diese Farbe suchen. So kann man schnell die unterschiedlichen Datenüberprüfungen ausfindig machen.

Will man alle Datenüberprüfungen löschen, könnte man das gesamte Tabellenblatt markieren und anschließend mit Hilfe der Datenüberprüfung – dort: Alles löschen – sämtliche Datenüberprüfungen entfernen.

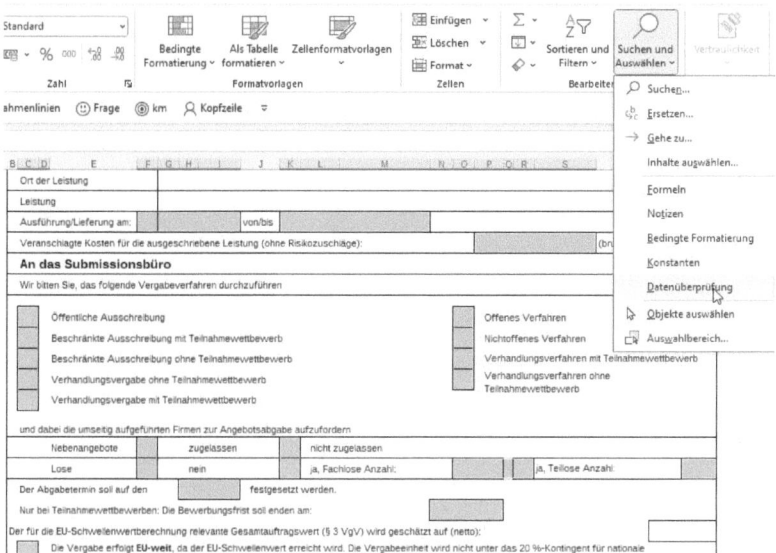

Abbildung 7.16 Zellen mit einer Datenüberprüfung werden gefunden.

Hinweis
Leider gibt es für die Datenüberprüfung keinen so komfortablen Assistenten wie für die Bedingte Formatierung.

7.6 Verbundene Zellen

Ob in einem Tabellenblatt Zellen verbunden sind, lässt sich schnell herausfinden, indem das Blatt markiert ist. Ist das Symbol „Zellen verbinden" aktiv, gibt es eine oder mehrere verbundene Zellen.

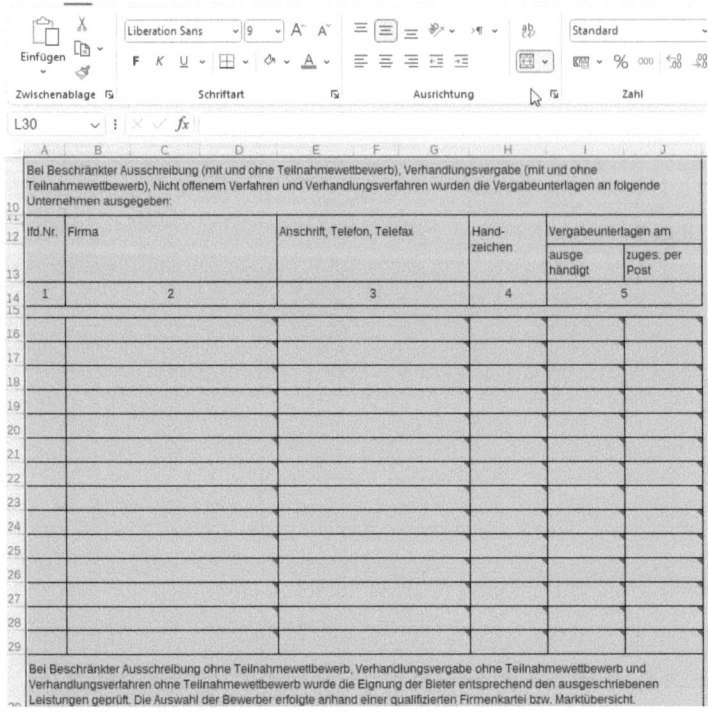

Abbildung 7.17 Zellen sind verbunden.

Da verbundene Zellen eine Formatierungseigenschaft der Zellen sind, kann dieses Attribut über die Formatsuche im Suchendialog gefunden werden.

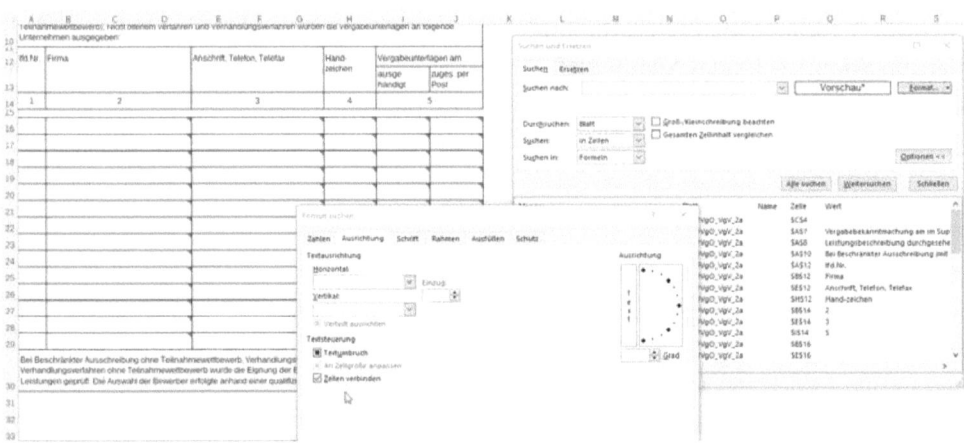

Abbildung 7.18 Verbundene Zellen können gefunden werden.

Mit der Schaltfläche „Alle suchen" werden alle verbundenen Zellen aufgelistet; mit „Weitersuchen" wird jede einzelne dieser verbundenen Zellen ausgewählt.

Will man die Option „Zellen verbinden" für alle verbundenen Zellen deaktivieren, genügt es, alle Zelle zu markieren und auf die Schaltfläche „Zellen verbinden" zu klicken.

7.7 Ausgeblendete Zeilen und Spalten

Es kann schon mühsam sein, wenn Zeilen ausgeblendet sind. Vor allem, wenn sich darin Informationen befinden, beispielsweise Zahlen, die beim Summieren addiert werden, ohne dass sie sichtbar sind.

Für das Ausblenden gibt es mehrere Möglichkeiten:

- Zeilen ausblenden
- Zeilenhöhe: 0
- Gruppieren
- Autofilter und Datenschnitt
- Spezialfilter

Welche dieser Optionen verwendet wurde, kann man schnell erkennen:

- Gruppierte Listen und Gliederungen haben die Gruppierungssymbole
- Gefilterte Listen zeigen die Zeilennummern in blauer Farbe an
- Trifft keine der ersten beiden Aktionen zu, wurden die Zeilen ausgeblendet.

Abbildung 7.19 Gruppierte, gefilterte und ausgeblendete Zeilen

7.7.1 Gruppierungen und Gliederungen

Gruppierungen und Gliederungen können leider nicht gefunden werden. Man kann jedoch das gesamte Tabellenblatt markieren und dann über Daten / Gruppierung aufheben die Gruppierungen entfernen. Allerdings erkennt man, ob auf dem Tabellenblatt eine

Gruppierung eingeschaltet wurden, wenn vor den Zeilenköpfen oder über den Spaltenköpfen die Gliederungssymbole sichtbar sind.

Gliederungen können per Hand eingeschaltet werden oder auch mit Hilfe einiger Assistenten, wie beispielsweise dem Assistenten „Teilergebnis".

7.7.2 Filter

Folgende Filter stehen Ihnen für Listen und intelligente Tabellen zur Verfügung:

- Autofilter
- Spezialfilter
- Datenschnitt
- Zeitachse
- Filter in Pivottabellen

Der Datenschnitt korrespondiert mit dem Autofilter. Wird über den Datenschnitt gefiltert, ändert sich das Symbol des Pfeilchens auf dem Autofilter und umgekehrt: wurde per Autofilter gefiltert, zeigt dies der Datenschnitt an.

Beides ist erkennbar, weil die Zeilennummer blau ist und weil das Symbol „Löschen" in der Gruppe „Sortieren und Filtern" in der Registerkarte „Daten" aktiv ist. Auch beim Spezialfilter ist dieses Symbol aktiv – jedoch nicht die Symbole des Autofilters sichtbar.

Wurde jedoch zwei Mal der Spezialfilter auf einem Tabellenblatt angewandt, wird nur der zuletzt gefilterte Bereich als solcher gekennzeichnet.

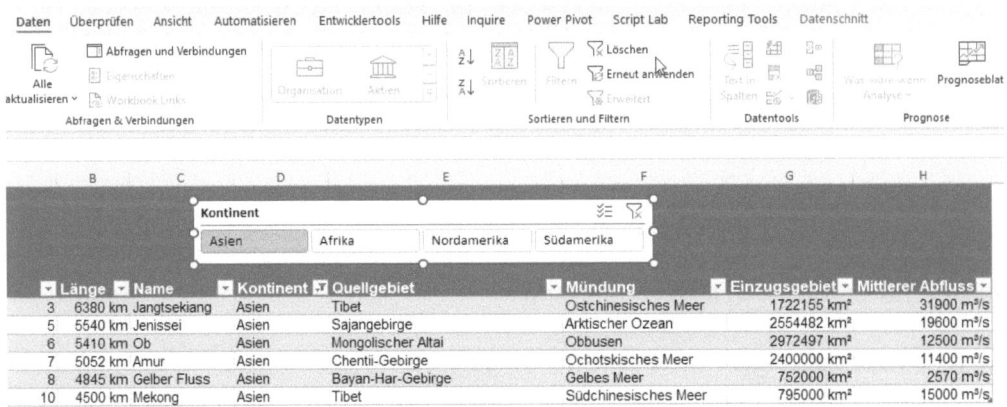

Abbildung 7.20 Autofilter und Datenschnitt

7.7.3 Ausgeblendete Zeilen (und Spalten)

Wird die Zeilenhöhe auf 0 gesetzt oder eine Zeile oder Spalte ausgeblendet, ist dies eine Eigenschaft der Zeile, beziehungsweise der Spalte und nicht der Zelle. Da die Suchfunktion nur Zellformate (und keine Zeilenformate oder Spaltenformate) findet, kann man nicht ausgeblendete Zeilen oder Spalten finden.

Die einzige Möglichkeit, um ausgeblendete Zeilen oder Spalten wieder sichtbar zu machen, besteht darin alle Zeilen und Spalten zu markieren und dann alle Zeilen, beziehungsweise Spalten einzublenden.

	A	B	C
1	Name	Duelle	Provision
2	D'Artagnan	25	$ 18.750,00
3	Aramis	72	$ 54.000,00
5	Athos	64	$ 48.000,00

Abbildung 7.21 Zeile 4 wurde ausgeblendet – einer der Musketiere fehlt.

8

8 Langsames Excel – Excel schneller machen

Schon mehrmals kamen Firmen auf mich zu und fragten mich, ob ich Ihnen helfen könne eine bestimmte Datei „schneller" zu machen. Das heißt: das Öffnen einer Datei dauere zu langsam oder auch bestimmte Aktionen, wie beispielsweise das Einfügen einer Zeile würde enorm viel Zeit in Anspruch nehmen (der Rekord: zirka 45 Minuten für das Einfügen einer Zeile). Ich habe erstaunlicherweise immer die Ursache der Geschwindigkeitseinbußen gefunden und konnte mit konkreten Vorschlägen helfen, wie man solche Dateien „schneller" machen könnte.

Wann sich eine Datei als zu „langsam" herausstellt, ist natürlich subjektiv. Aber jeder Mensch hat irgendwann einen Punkt der Ungeduld überschritten und empfindet das Arbeiten mit einer bestimmten Datei als sehr mühevoll. Dies kann man beim Öffnen einer Datei bemerken (es dauert gefühlt Minuten, bis die Arbeitsmappe zur Verfügung steht) oder bei den folgenden volatilen Aktionen. Hier wird die Datei neu berechnet:

- Zeilen oder Spalten einfügen oder löschen
- Zeilen ein- und ausblenden
- Nicht jedoch: Spalten ein- oder ausblenden)
- Benannte Bereiche (Namen) hinzufügen, verändern oder löschen
- Sortieren
- Arbeitsblätter umbenennen
- Arbeitsblätter löschen
- Arbeitsblätter umsortieren (die Reihenfolge der Blätter ändern)
- Nicht jedoch: Neue Arbeitsblätter anlegen
- Arbeitsmappe speichern (Excel-Optionen | Formel)

Dabei gibt es drei Schwerpunkt, die man im Zentrum der Untersuchung stehen sollten, falls eine Datei zu langsam ist:

- Formeln

- Formatierungen

- Elemente (Objekte) in Excel

8.1 Messwerkzeuge

Es gibt einige Werkzeuge, die man bei der Analyse der Daten kennen sollte:

- Das Add-In Fast Excel V3 von Charles Williams (http://decisionmodels.com/) ermittelt die Geschwindigkeit von Formeln.

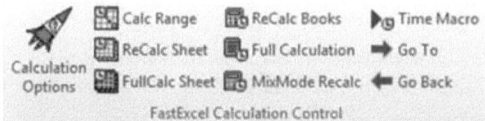

Abbildung 8.1 Die Symbolleiste von Fast Excel

Es kann von seiner Internetseite heruntergeladen werden und 15 Tage kostenlos verwendet werden.

- Der Inquire listet eine große Anzahl an Elementen auf, die sich in einer Excelmappe befinden.

Hinweis

Leider steht der Inquire nur in den Editionen Office Professional Plus Microsoft 365 Apps for Enterprise zur Verfügung.

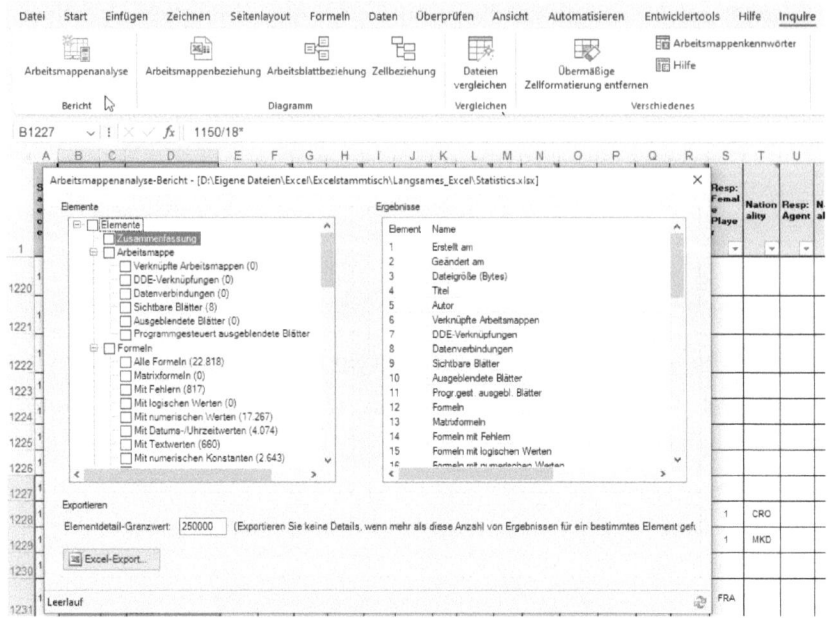

Abbildung 8.2 Der Inquire

Die Arbeitsmappenanalyse listet die Anzahl und Art der Elemente auf, beispielsweise Formeln, Tabellenblätter, Zahlen und Texte, aber leider nicht Objekte wie Grafiken, Linien, Bilder. Auch nicht formatierte Zellen. Aber für den ersten Einblick in eine nicht bekannte Datei ist dies ein unverzichtbares Werkzeug.

■ Schließlich kann man mit VBA einen Timer programmieren, um festzustellen, welches Element wie viel Rechenzeit benötigt:

```
Dim dblStart As Double
Dim dblEnde As Double
Dim dblDauer As Double
dblStart = Now

' -- hier passiert etwas

dblEnde = Now

dblDauer = (dblEnde - dblStart) * 1000 * 60
MsgBox "Das Programm benötigte " & Round(dblDauer, 3) & " Sekunden"
```

8.2 Formeln

Excel stellt über 500 Funktionen zur Verfügung. Man kann sie unter verschiedenen Gesichtspunkten gruppieren. Betrachtet man die Funktionen, welche Excel in die Knie zwingen, fallen sofort einige der Klassen auf:

- die Funktionen der Kategorie „Nachschlagen und Verweisen"
- die Arrayfunktionen
- die volatilen Funktionen

Die Versuchsanordnung: Deaktivieren Sie die automatische Neuberechnung und testen Sie, ob die Datei „schneller" geworden ist.

Welche Funktionen sind volatil[2]?

- JETZT
- HEUTE
- INDIREKT
- BEREICH.VERSCHIEBEN
- INFO
- ZELLE (mit Parameter „Dateiname" oder „Filename")
- ZUFALLSBEREICH
- ZUFALLSZAHL
- ZUFALLSMATRIX

Auch innerhalb der Funktionen gibt es Unterschiede:

- DBSUMME ist langsamer als SUMMEWENNS.
- XVERWEIS ist langsamer als INDEX/VERGLEICH ist langsamer als SVERWEIS

Weitere Kriterien, die Excel langsamer machen:

- Verweise auf andere Dateien bremsen Excel aus
- Ein Verweis (beispielsweises von SVERWEIS) auf eine ganze Spalte (beispielsweise A:A) rechnet langsamer als ein Verweis auf einen Bereich (beispielsweise A1:A2500)

---

[2] volatil: flüchtig, verdunstend, unbeständig, sprunghaft. Volatile Funktionen sind Funktionen, bei denen sich der Wert bei jeder Berechnung der Zelle ändert. Der Wert kann sich auch dann ändern, wenn sich keines der Argumente der Funktion ändert. Diese Funktionen werden bei jeder Neuberechnung von Excel neu berechnet.

In Kapitel 5.15 Duplikate finden (und löschen) wurde beschrieben, wie man ZÄHLEN-WENN beschleunigen kann, indem man nicht auf die ganze Spalte, sondern auf einen kleinen Bereich zugreift.

Hinweis

Formeln können nicht nur in Zellen stehen, sondern auch in Namen, in der bedingten Formatierung, in der Datenüberprüfung und für Aggregationen wird häufig TEILER-GEBNIS verwendet.

Einige Lösungsvorschläge, wenn „zu vielen Formeln" Excel verlangsamen:

- Die verknüpften Daten in die Arbeitsmappe hineinkopieren
- Die verknüpften Daten in die Arbeitsmappe per Power Query hineinverknüpfen
- Die automatische Berechnung deaktivieren
- Formeln durch Werte ersetzen
- Die Datei als Excel-Binärarbeitsmappe (XLSB) speichern.

8.3 Formate

8.3.1 Zellformate

Excel hat sein Speichermanagement von Dateien in Bezug auf Formatierungen geändert.

Wird in einer leeren Excelmappe in Excel 2019 oder 2021 oder in Excel in Microsoft 365 zu Begin des Jahres 2023 Zeile 2 markiert und gelb formatiert wird, hat die gespeicherte Datei eine Größe von 7,62 KByte. Markiert man dagegen von B2 bis XFC2 (also ohne die letzte Zelle) verlangt Excel dafür eine Dateigröße von 45,7 KByte.

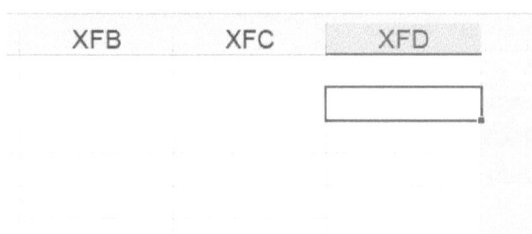

Abbildung 8.3 Eine Zeile – mit Ausnahme der letzten Zelle – wird formatiert.

Der Grund findet sich in XML, genauer in der Datei: xl\worksheets\sheet1.xml. Der XML-Code der Datei mit der durchgehenden Formatierung sieht folgendermaßen aus:

```
[...]
<sheetView tabSelected="1" workbookViewId="0">
<selection activeCell="A2" sqref="A2:XFD2"/>
</sheetViews>
<sheetFormatPr baseColWidth="10" defaultRowHeight="12.75"
x14ac:dyDescent="0.2"/>
<sheetData>
<row r="2" s="1" customFormat="1" x14ac:dyDescent="0.2"/>
</sheetData>
[...]
```

Der XML-Code der Datei, in der Zelle B2:XFD2 (also ohne die letzte Zelle) formatiert wurde:

```
<sheetView tabSelected="1" topLeftCell="XER1" workbookViewId="0"><se-
lection activeCell="XFC2" sqref="A2:XFC2"/>
</sheetView>
</sheetViews>
<sheetFormatPr baseColWidth="10" defaultRowHeight="12.75"
x14ac:dyDescent="0.2"/>
<sheetData>

<row r="2" spans="1:16383" x14ac:dyDescent="0.2">
<c r="B2" s="1"/>
<c r="C2" s="1"/>
<c r="D2" s="1"/>
<c r="E2" s="1"/>
<c r="F2" s="1"/>
<c r="G2" s="1"/>
<c r="H2" s="1"/>
<c r="I2" s="1"/>

[...]
<c r="XEY2" s="1"/>
<c r="XEZ2" s="1"/>
<c r="XFA2" s="1"/>
<c r="XFB2" s="1"/>
<c r="XFC2" s="1"/>
```

```
</row>
</sheetData>
```

zugewiesen wird.

Hinweis

Das wurde im Lauf des Jahres in Microsoft 365 umfassend geändert:

Inzwischen sieht der XML-Code wie folgt aus, wenn eine Zelle nicht formatiert wird:

```
<sheetData>
<row r="2" spans="16384:16384" s="1" customFormat="1"
x14ac:dyDescent="0.2">
<c r="XFD2"/>
</row>
</sheetData>
```

Das heißt: die gesamte Zeile 2 – außer der Zelle XFD2 – wird mit dem Zellformat «1» formatiert (das an einer anderen Stelle ausgelagert ist).

8.3.2 Bedingte Formatierungen

Bedingte Formatierungen blähen Excel-Arbeitsmappen auf. Durch Verschieben und Kopieren von Zeilen passieren manchmal folgende Dinge:

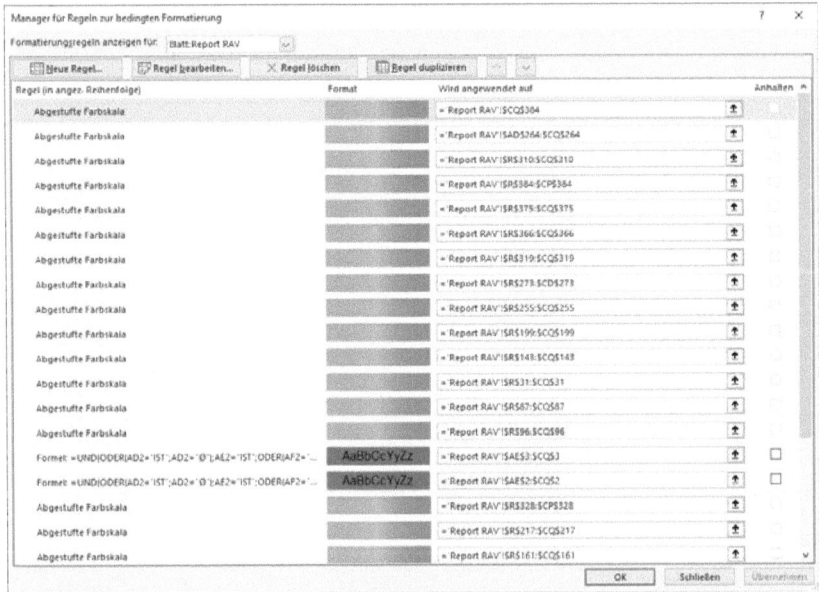

Abbildung 8.4 Zwei bedingte Formatierungen – verteilt auf viele Bedingungen

Die Lösung: Sie sollten die Bedingungen zusammenfassen, so dass nur noch eine Bedingung für einen Bereich vorhanden ist; anstelle mehrerer Bedingungen.

Insbesondere erweist sich die Regel „Doppelte Werte" als sehr rechenintensiv.

8.3.3 Verbundene Zellen

Auch verbundene Zellen blähen die Dateigröße enorm auf (da sie als einzelne Zellformatierungen interpretiert werden) und verlangsamen somit das Verarbeiten der Datei.

Wenn Sie eine Tabelle erhalten, erkennen Sie, ob Zellen verbunden sind, indem Sie alle Zellen markieren. Ist das Symbol in der Registerkarte „Start" aktiv, gibt es verbundene Zellen. Man kann das ganze Blatt markieren und dann „Zellen verbinden und zentrieren" deaktivieren. Diese Aktion kann eine Weile – mehrere Sekunden bis mehrere Minuten – dauern!

Hinweis

Man kann verbundene Zellen auch mit dem Suchen-Assistenten finden – indem Sie bei den Formaten in der Registerkarte „Ausrichtung" die Option „Zellen verbinden" suchen.

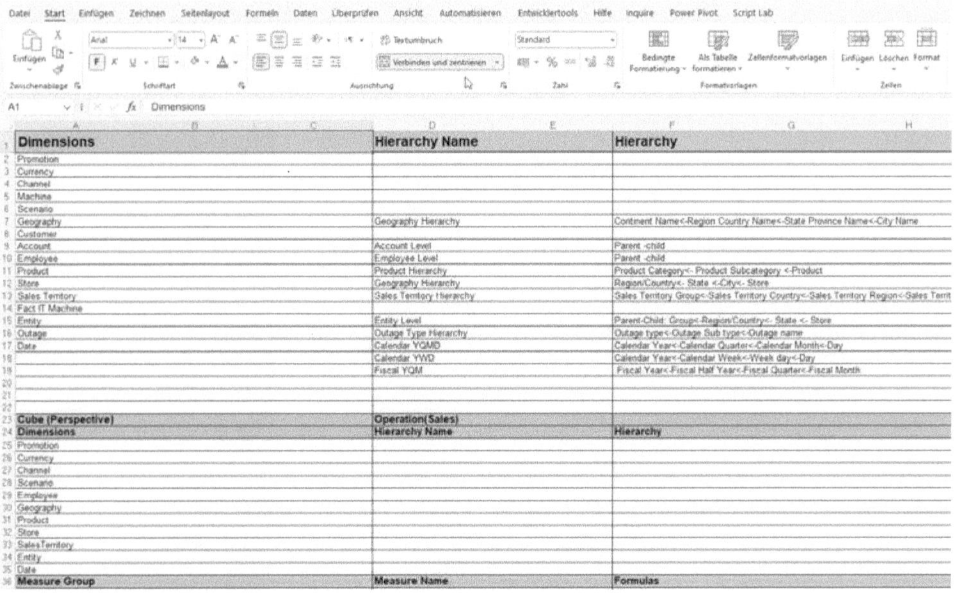

Abbildung 8.5 Verbundene Zellen – häufig ein Ärgernis

Lösungen beim Aufblähen durch Formatierungen:

- Nicht benötigte Zeilen löschen
- Nicht benötigte Spalten löschen
- Formatierungen löschen
- Mit Inquire „Übermäßige Zellformatierungen entfernen"
- Die Datei als Excel-Binärarbeitsmappe (XLSB) speichern. Dies verkleinert die Dateigröße um zirka 50%
- Formate vermeiden

8.4 Elemente in Excel

Ein drittes Element, neben Formaten und Formeln, sind bestimmte Dinge in Excel, welche Einfluss auf die Geschwindigkeit nehmen – nach dem Motto: „allzuviel ist ungesund". Folgende Elemente – falls sie in zu großer Anzahl vorkommen – verlangsamen die Geschwindigkeit einer Datei:

8.4.1 Kamera

Excel stellt ein Symbol „Kamera" zur Verfügung, mit welchem eine Zelle oder ein Zellbereich „abfotografiert" werden kann und somit eine visuelle Verknüpfung zu einem Bereich hergestellt werden kann. Zu viele Kamera-Bilder beeinträchtigen die Geschwindigkeit von Excel enorm.

Abbildung 8.6 Vier von 200 Bildern, die mit der Kamera erstellt wurden

8.4.2 Grafische Objekte und Bilder

Aber nicht nur Objekte, die mit der Kamera erzeugt wurden, beeinflussen die Geschwindigkeit. Die Vermutung liegt nahe, dass die Grafikkarte den Bildschirm neu aufbauen muss, wenn Bilder und Grafiken auf dem Tabellenblatt liegen. Bei zu vielen Bildern wird die Datei ausgebremst.

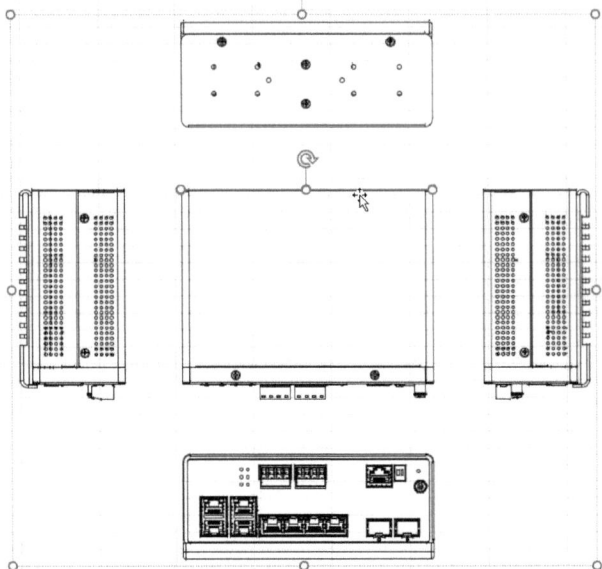

Abbildung 8.7 Ein CAD-Export liefert mehrere Tausend Linien

Hinweis

Grafiken müssen nicht nur auf Tabellenblättern liegen. Sie können auch in Notizen (Kommentaren) oder Diagrammen liegen.

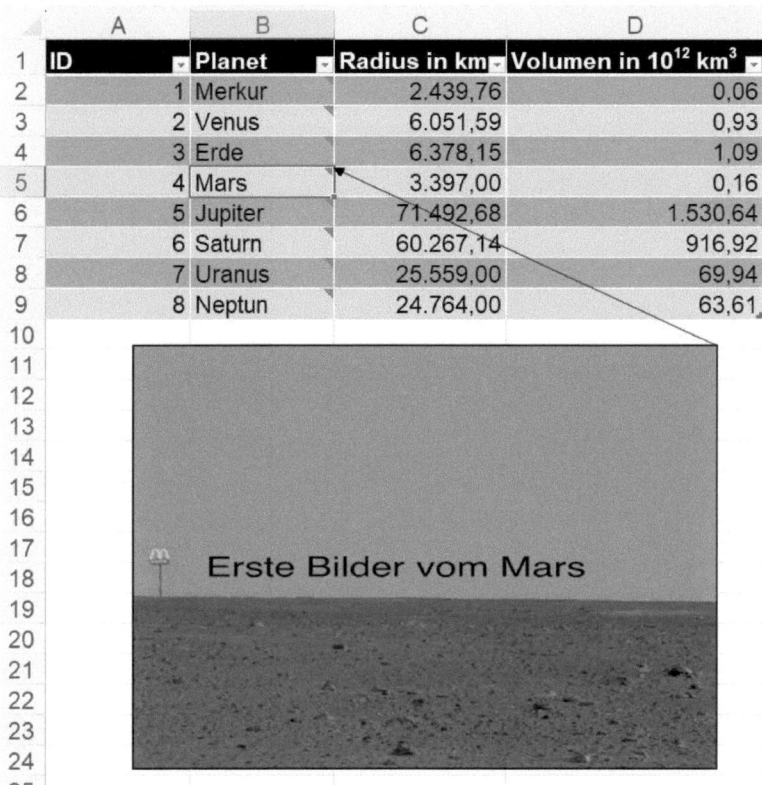

	A	B	C	D
1	ID	Planet	Radius in km	Volumen in 10^{12} km^3
2	1	Merkur	2.439,76	0,06
3	2	Venus	6.051,59	0,93
4	3	Erde	6.378,15	1,09
5	4	Mars	3.397,00	0,16
6	5	Jupiter	71.492,68	1.530,64
7	6	Saturn	60.267,14	916,92
8	7	Uranus	25.559,00	69,94
9	8	Neptun	24.764,00	63,61

Erste Bilder vom Mars

Abbildung 8.8 Acht Bilder stellen sicherlich kein Problem in Excel dar – aber 8.000!?!

8.4.3 3D-Modelle

Hand aufs Herz: Benötigt man wirklich animierte 3D-Modelle in Excel?

Abbildung 8.9 Das ist lustig, dauert und ist überflüssig. In Excel.

Egal – die Neuberechnung der Oberfläche der Objekte ist sehr, sehr zeitintensiv!

173

8.4.4 Diagramme

Auch Diagramme und SmartArts stellen keine Ausnahme dar: auch sie zwingen Excel in die Knie …

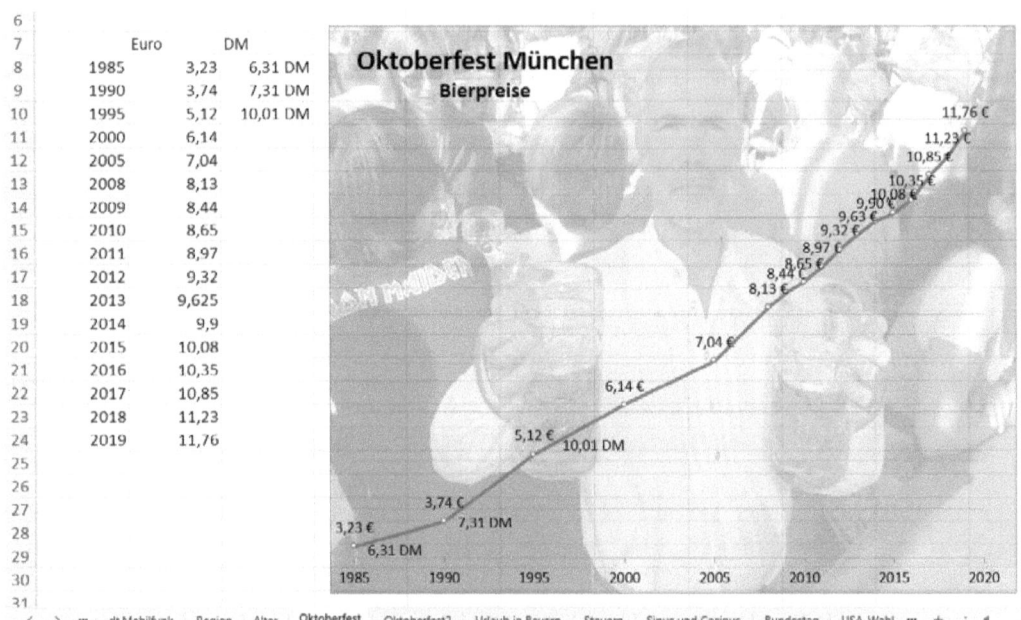

Abbildung 8.10 Eine Datei mit einigen Dutzend Diagrammen – das dauert!

8.4.5 Elemente finden

Und wie findet man diese Objekte? Der Inquire erlaubt leider keine Auflistung der Objekte in Excel – weder Grafiken oder Bilder noch intelligenten Tabellen oder Diagramme. Drei Techniken stellt Excel jedoch zur Verfügung, um Objekte aufzuspüren:

- Objekte suchen
- Auswahlbereich
- Navigation

Man kann über Start / Suchen und Auswählen / Inhalte auswählen / Objekte

finden lassen. Diese werden dann markiert. Anhand der Größe des Markierungsrahmens erkennt man, wo sich die einzelnen Objekte auf einem Tabellenblatt befinden.

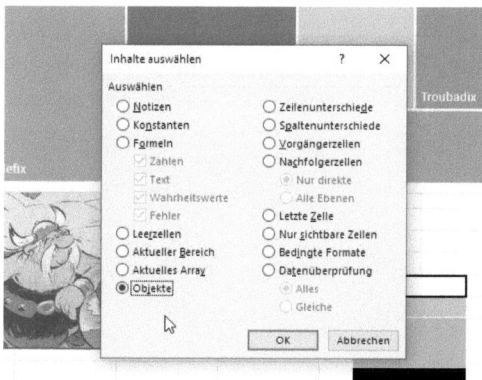

Abbildung 8.11 Objekte suchen

Jedes Objekt hat einen Namen. Dieser wird im Auswahlbereich aufgelistet, den man in Start / Suchen und Auswählen findet.

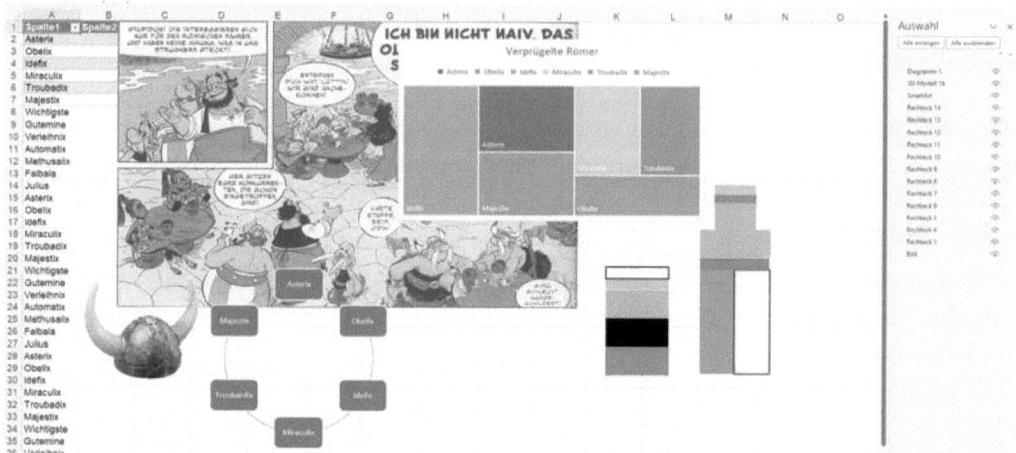

Abbildung 8.12 Die Liste der Objekte

Ein Klick auf einen Namen markiert das Objekt auf dem Tabellenblatt. Es ist möglich, mit dem Augensymbol das Objekt auszublenden. Man kann es sogar – falls gewünscht – umbenennen.

Hinweis

Mit der Tastenkombination [Strg] + [6] kann man alle Bilder ausblenden und wieder einblenden lassen.

175

Beide Assistenten haben den Nachteil, dass sie nur die Objekte eines Tabellenblattes anzeigen. Will man eine Liste aller Objekte auf allen Blättern sehen, tut die „Navigation" gute Dienste, die Sie über „Ansicht" erreichen.

Abbildung 8.13 Die Navigation

Dort kann man zwar Objekte nicht ausblenden und auch nicht umbenennen, aber es werden auch die (intelligenten) Tabellen aufgelistet und alle Objekte aller Tabellenblätter.

8.4.6 Namen

Auch wenn einige Autoren und Autorinnen anderes behaupten: ich konnte nicht nachvollziehen, dass Namen in einer Excelmappe das Bearbeiten verlangsamen. Ich habe mit einem VBA-Skript 10.000 in eine Arbeitsmappe eingefügt – die Geschwindigkeit hat sich nicht verringert. Auch nicht, wenn die Namen Fehler aufweisen.

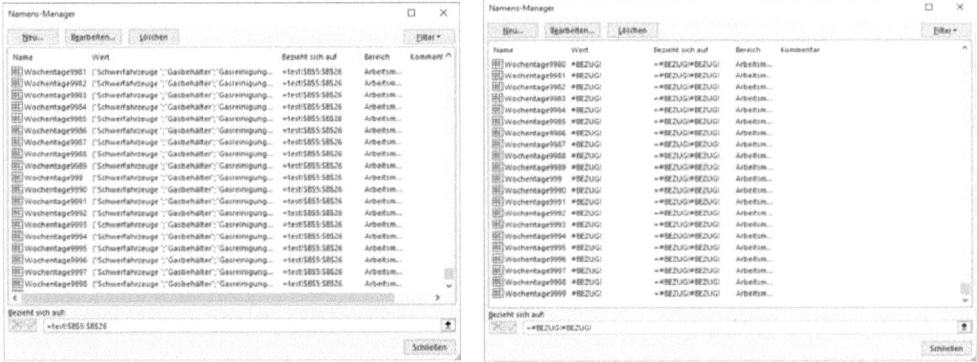

Abbildung 8.14 10.000 Namen in Excel

Hinweis
Wenn sich in den Namen Formeln befinden, verlangsamt dies die Bearbeitung.

8.5 Fazit? Excel schneller machen?

Drei wesentliche Ursachen bremsen das Bearbeiten einer Excelmappe aus:

- Formeln
- Formatierungen
- Elemente (Objekte) in Excel

Man sollte auf die Suche gehen, welches dieser Elemente in massiver Form vorkommt.

Grafiken findet man mit Hilfe

- Objekte suchen
- Auswahlbereich
- Navigation

Formeln werden über Inquire oder die Suche gefunden.

- Liegt die Vermutung nahe, dass es an übermäßiger Formatierung liegt, kann man über den Inquire „Übermäßige Zellformatierungen entfernen". Schließlich kann man über Start / Bearbeiten / Formate löschen Formate löschen.
- Die Liste der bedingten Formatierungen ist über „Regeln verwalten" einsehbar. Ist die Liste zu lang, sollte sie gekürzt werden. Häufig kann man „zerrissene" Bedingungen wieder „flicken".
- Eine Große Anzahl an verbundenen Zellen solle vermieden werden. (Eigentlich sollten man verbundene Zellen überhaupt vermeiden.)

Bei zu vielen Formeln empfehlen sich folgende Schritte:

- Prüfen, welche Funktionen vorliegen:
- XVERWEIS ist langsamer als INDEX/VERGLEICH ist langsamer als SVERWEIS
- Verweise auf andere Dateien bremsen Excel aus. Sind sie nötig?
- Ein Verweis (beispielsweises von SVERWEIS) auf eine ganze Spalte (beispielsweise A:A) rechnet langsamer als ein Verweis auf einen Bereich (beispielsweise A1:A2500)
- Die verknüpften Daten in die Arbeitsmappe hineinkopieren
- Die verknüpften Daten in die Arbeitsmappe per Power Query hineinverknüpfen
  Falls das alles nichts hilft:
- Die automatische Berechnung deaktivieren. Und regelmäßig „neu berechnen".

Fazit? Excel schneller machen?

- Formeln durch Werte ersetzen

  Bei zu vielen Formaten könnte helfen:

- Zeilen löschen

- Spalten löschen

- Formatierungen löschen

- Mit Inquire „Übermäßige Zellformatierungen entfernen"

- Formate vermeiden[3]

- Bedingte Formatierungen „zusammenfassen"

Und schließlich ganz allgemein:

- Die Datei als Excel-Binärarbeitsmappe (XLSB) speichern.

---

[3] Das schreibt sich sehr leicht!

9 Langsames Power Query – Power Query schneller machen

Wer viel mit PowerQuery arbeitet und auf unterschiedliche Datenquellen zugreift und verschiedene Arten und Kombinationen der Transformation hat, bemerkt schnell, dass PowerQuery auf die Daten in unterschiedlicher Geschwindigkeit zugreift, sie transformiert und sie wieder zurückgibt. Im Folgenden sind nun einige Punkte von Dingen aufgelistet, die PowerQuery langsam machen und einige Lösungsvorschläge dazu.

9.1 Eine Hauptabfrage; 30 Unterabfragen …

Ich gehe von einer „großen", aber unformatierten Liste aus: 20.000 Zeilen, 21 Spalten. Die Arbeitsmappe hat eine Dateigröße von 3,6 Mbyte.

Diese Datei habe ich über die Seite

`https://www.fakenamegenerator.com/`

generieren lassen.

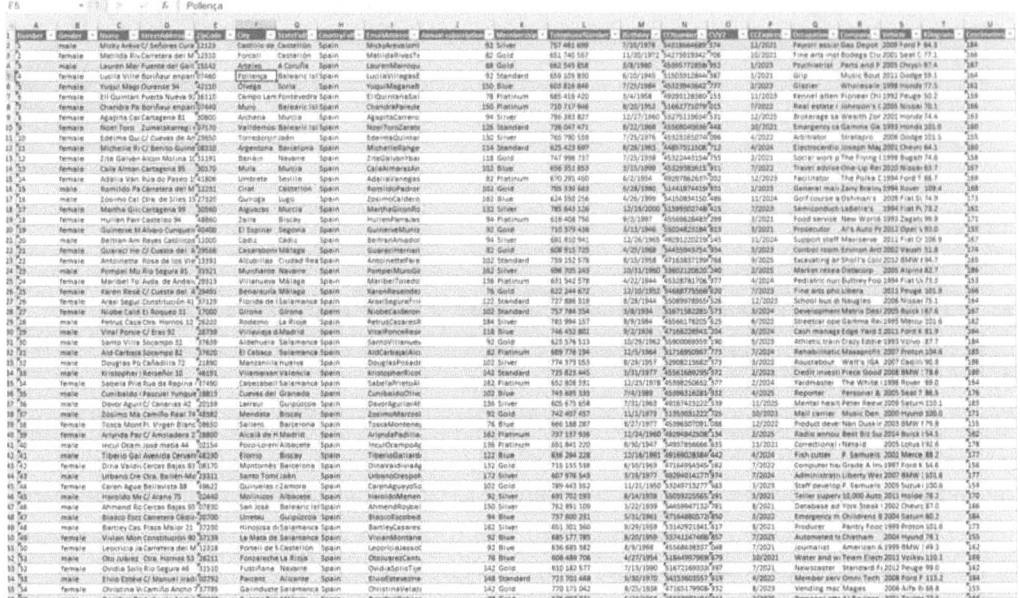

Abbildung 9.1 Eine Dummyliste

Auf diese Datei setze ich in Excel in einer anderen Datei über PowerQuery eine Abfrage auf. Auf diese Abfrage setze ich 31 weitere Abfragen auf – jeweils mit:

`= Tabelle1`

Und dann einen Filter:

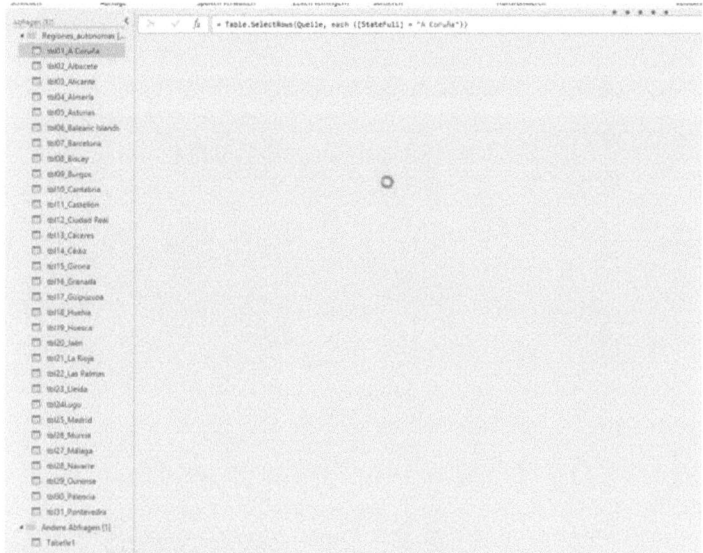

Abbildung 9.2 Eindeutig zu viele Abfragen!

Diese vielen Abfragen benötigen viel Rechenzeit.

Hinweis

Allerdings führt der Befehl = `Table.Buffer(#"Tabellenname")` zu einer Beschleunigung.

Das Ergebnis:

Die Datei – wenn sie nur die Verknüpfungen enthält – hat eine Dateigröße von 22 KByte. Lädt man die Daten nach Excel, wächst die Dateigröße auf 2,9 Mbyte. Lädt man jedoch die einzelnen Abfragen ins Datenmodell

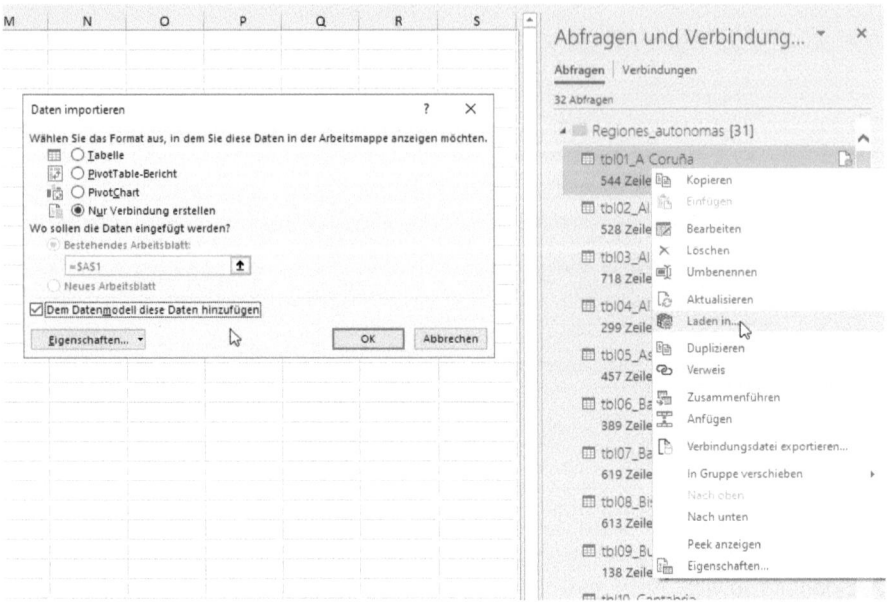

Abbildung 9.3 Dem Datenmodell hinzufügen

Wird jede Abfrage als Tabelle „gespeichert", so dass die Dateigröße von ursprünglich 3,6 Mbyte auf fast 15 Mbyte anwächst.

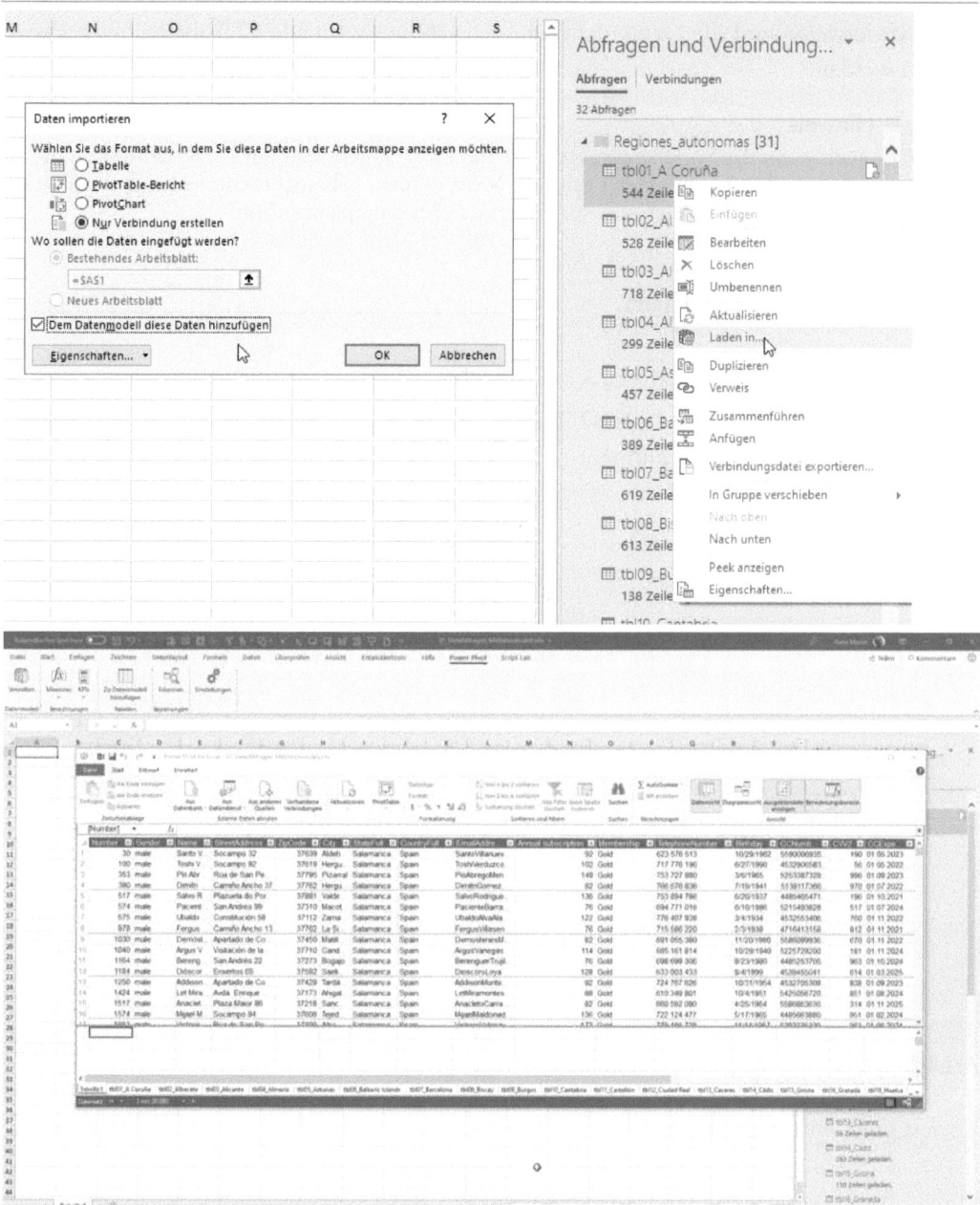

Abbildung 9.4 Die Daten werden in Datenmodell gehalten.

Interessanterweise wird die Datei nicht sehr viel größer, wenn alle 32 Tabellen nach Excel geladen werden.

Hinweis

Auch wenn das Speichermanagement von PowerQuery sehr gut ist, ist dennoch Vorsicht mit dem Datenmodell geboten. Wird es nicht gebraucht, empfehle ich die Daten **NICHT** hineinzuladen – es vergrößert den Speicherplatz enorm!

9.2 Abfragen anfügen

Auch beim umgekehrten Schritt ist Vorsicht geboten.

In einer Abfrage greife ich auf die 32 Tabellen(blätter) einer Datei zu und füge sie untereinander zu einer Tabelle zusammen:

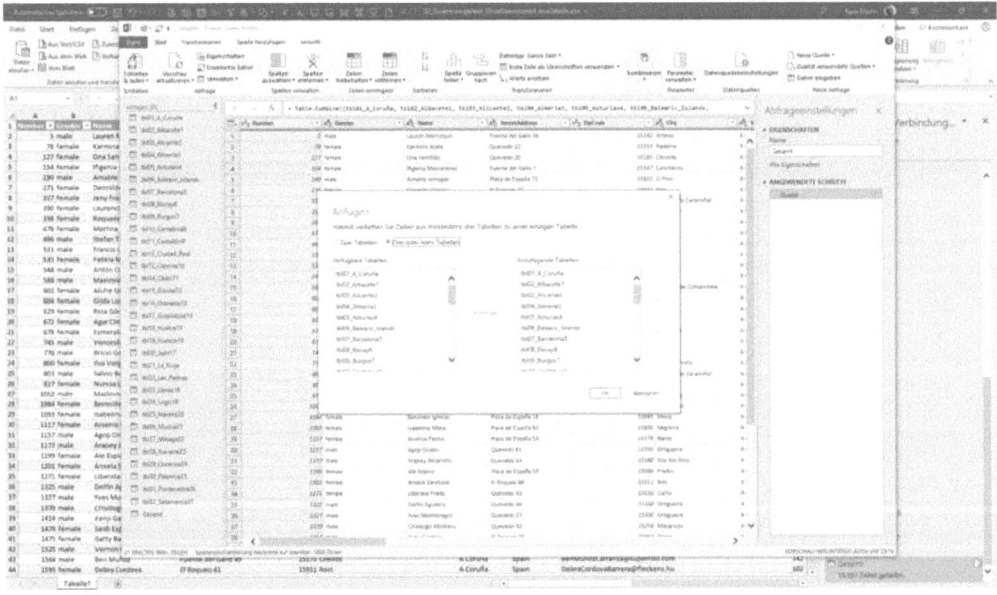

Abbildung 9.5 Zu viele Tabellen werden zusammengefügt.

PowerQuery wird sehr langsam!

9.3 Abfrage auf Abfrage auf Abfrage auf …

Auch vom nächsten Modell sollte man Abstand nehmen:

tbl_02 greift auf tbl_01 zu, tbl_03 auf tbl_02, tbl_04 auf tbl_03, …

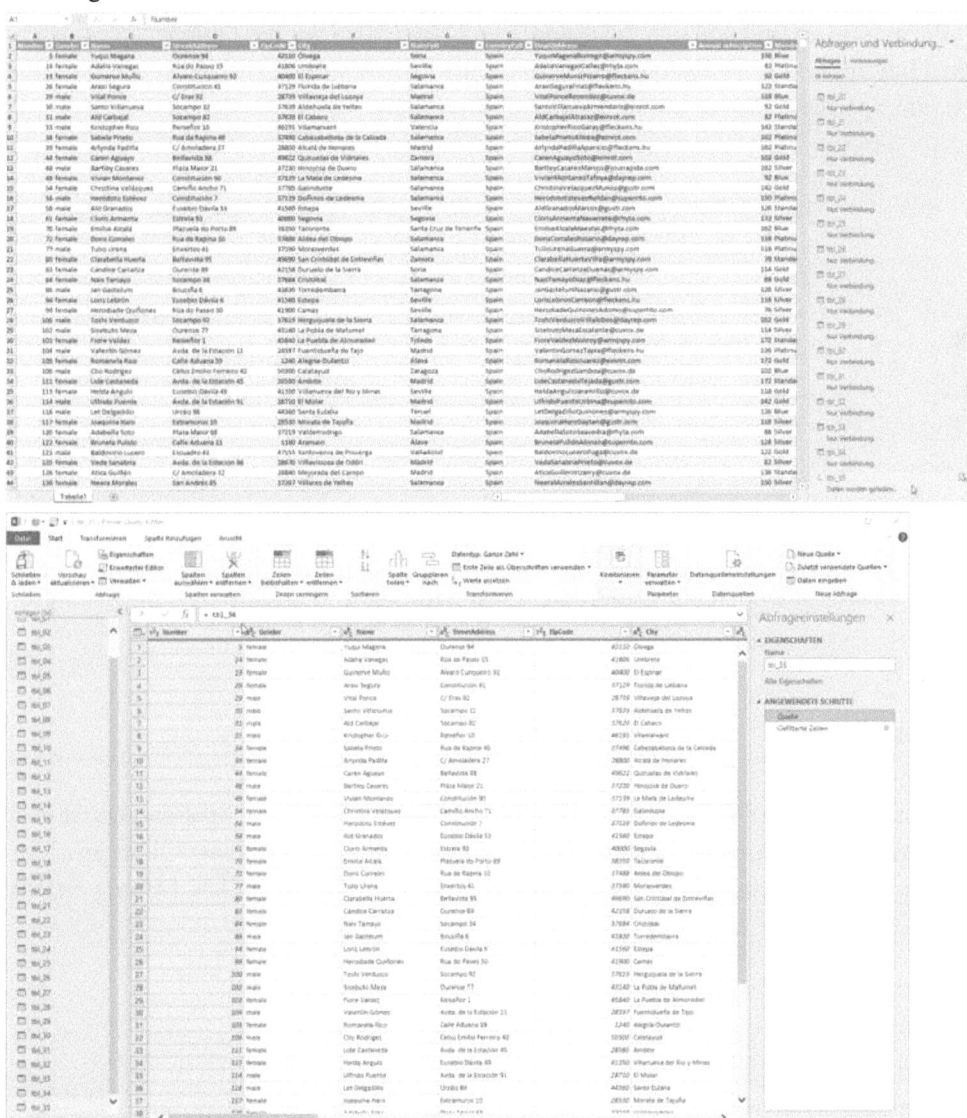

Abbildung 9.6 Abfrage auf Abfrage auf Abfrage

Die Folge: Geschwindigkeitseinbußen!

9.4 Datentypen ändern

Ich wollte wissen, ob und wie sich die geänderten Datentypen auf die Performance niederschlägt. Hintergedanke: In Datenbanken sollte man den Datentyp so klein wie möglich wählen, um Speicherplatz zu sparen. Und in PowerQuery?

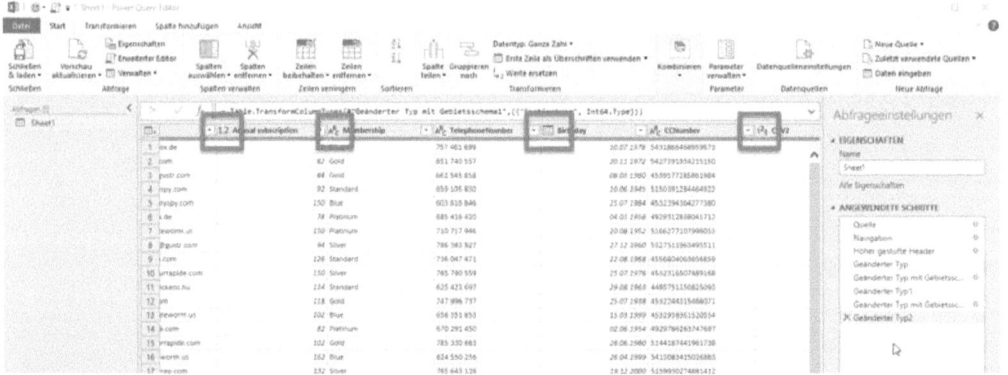

Abbildung 9.7 Die Datentypen – ohne Einfluss auf die Geschwindigkeit

Weder auf Dateigröße noch auf Geschwindigkeit hatte die Datentypfestlegung einen großen Einfluss.

9.5 Ansichten

Man kann sich über die Registerkarte „Ansicht" das Spaltenprofil, die Spaltenqualität und die Spaltenverteilung anzeigen lassen. Alles bremst das Arbeiten mit Power Query aus. Vor allem, wenn die Spaltenprofilerstellung basierend auf dem GESAMTEN Dataset erstellt wird, nimmt die Neuberechnung viel Zeit in Anspruch.

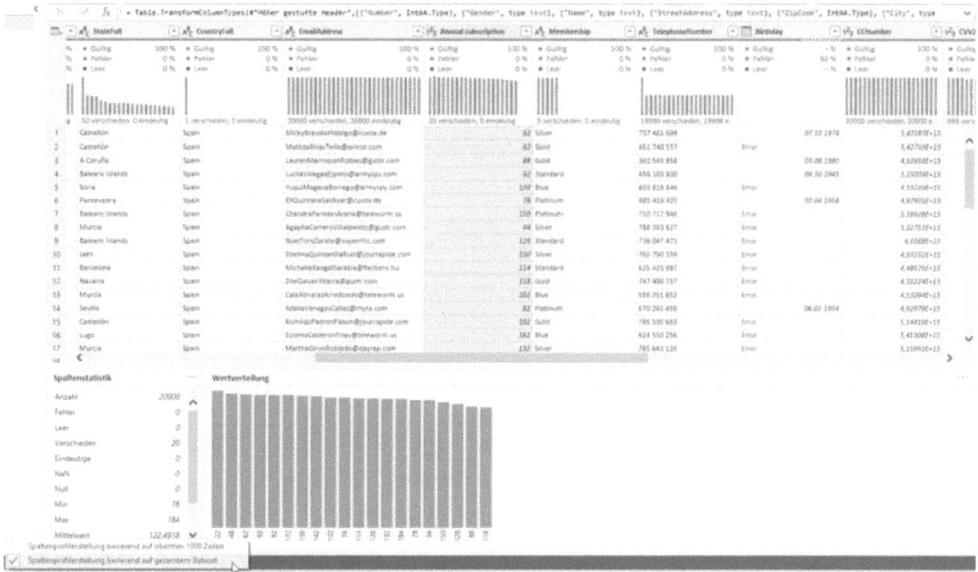

Abbildung 9.8 Die Spaltenqualität

9.6 „Große" Dateien?

Ich dupliziere das Tabellenblatt mit den fast 500.000 gefüllten Zellen mehrmals und erhalte so zehn identische Tabellenblätter. Speichere die Datei ab (25 Mbyte). Die Zugriffszeit ist **nicht** eklatant langsamer geworden. Das kenne ich vom Zugriff auf Datenbanken mit mehreren Millionen Datensätzen. Da PowerQuery **nie ALLE** Daten verarbeitet:

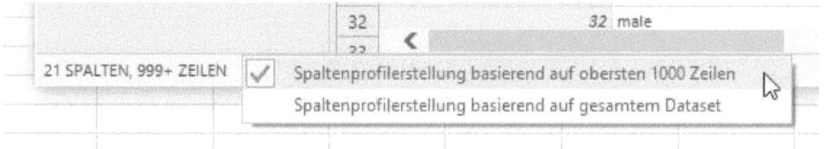

liegt die Erklärung auf der Hand.

Ebenso bei Formeln. Auf einem zweiten Tabellenblatt lasse ich Werte über

```
=XVERWEIS($A2;Tabelle1[[Number]:[Number]];
INDIREKT("Tabelle1["&B$1&"]"))
```

erneut anzeigen. Während das Öffnen dieser 14 Mbyte großen Datei einige Sekunden dauert, hat PowerQuery keine Probleme diese Daten abzugreifen. Die Neuberechnung wird deaktiviert – „geholt" werden nur die Daten.

187

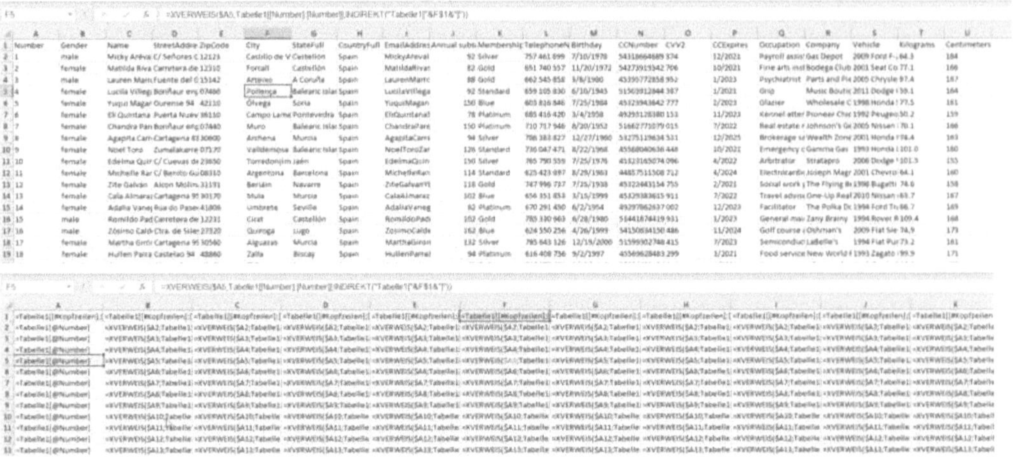

„Große" Dateien?

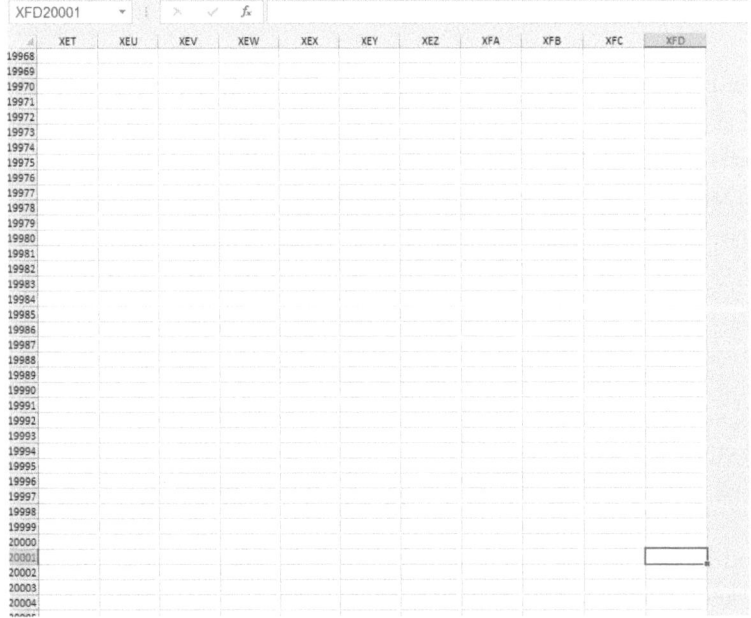

Abbildung 9.9 Formeln in Excel werden nicht neu berechnet.

Anders sieht es jedoch in folgendem Fall aus: Auch durch Speichern lässt sich manchmal ein benutzter Bereich nicht entfernen (beispielsweise wenn Zahlenformate in einem Tabellenblatt vorhanden sind). Durch das Drücken der Tastenkombination [Strg] + [Ende] „springt" der Cursor in die letzte Spalte 16.384 (XFD).

Abbildung 9.10 Vermeiden Sie leere Zeilen und Spalten!

Auch wenn in den letzten 16.360 Spalten keine Informationen zu finden sind, greift nun PowerQuery auf diese 16.384 Spalten zu. Und das hat seinen Preis – das bremst enorm aus!

Hinweis
Übrigens findet sich die Referenz auf diese nicht benutzen Zellen im XML-Code des Tabellenblatts im Element `<dimension>`:

```
sheet3.xml* ⬸ ✕
        <?xml version="1.0" encoding="UTF-8" standalone="yes"?>
    ⊟<worksheet xmlns="http://schemas.openxmlformats.org/spreadsheetml/2006/main" xmlns
        schemas.openxmlformats.org/drawingml/2006/spreadsheetDrawing" xmlns:x14="http://s
        schemas.openxmlformats.org/markup-compatibility/2006" mc:Ignorable="x14ac xr xr2
        xmlns:xr="http://schemas.microsoft.com/office/spreadsheetml/2014/revision" xmlns:
        schemas.microsoft.com/office/spreadsheetml/2016/revision3" xr:uid="{81D0FB8D-1D4E
        <sheetPr codeName="Tabelle14">
            <pageSetUpPr fitToPage="1"/>
        </sheetPr>
        <dimension ref="A1:XFD179"/>
        <sheetViews>
            <sheetView tabSelected="1" topLeftCell="A100" zoomScale="90" zoomScaleNormal='
                <selection activeCell="B111" sqref="B111"/>
            </sheetView>
        </sheetViews>
        <sheetFormatPr baseColWidth="10" defaultColWidth="10.28515625" defaultRowHeight=
    ⊟   <cols>
            <col min="1" max="1" width="4.42578125" bestFit="1" customWidth="1"/>
            <col min="2" max="2" width="46.42578125" customWidth="1"/>
            <col min="3" max="3" width="10.28515625" customWidth="1"/>
```

Abbildung 9.11 Der Bereich ist zu groß!

9.7 Laufende Summe

Mit zwei Wörtern: **BLOSS NICHT**!

Mit dem Befehl

```
= Table.AddColumn(#"Hinzugefügter Index03", "LaufendeSumme03",
each List.Sum(List.Range(#"Hinzugefügter Index"[Kilograms] , 0 , [In-
dex])))
```

kann eine laufende Summe berechnet werden.

Erklärung: `List.Range` ermittelt eine Liste vom ersten bis zum aktuellen Datensatz `[Index]`. Diese Liste wird summiert (`List.Sum`). Das Ergebnis dieser Berechnungen wird eingetragen.

Ich habe ein Szenario mit drei laufenden Summen über jeweils 20.000 Zeilen erstellt.

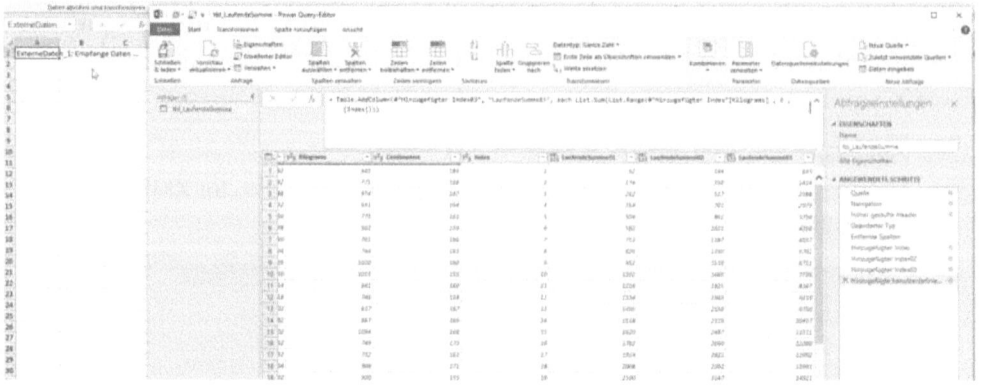

Abbildung 9.12 Laufende Summe

Auf das Ergebnis warte ich noch immer …

9.8 Primärschlüssel

Mit dem Befehl

`Table.AddKey`

kann ein Primärschlüssel über den dritten Parameter `isPrimary` hinzugefügt werden. Die Geschwindigkeitsvorteile sind jedoch sehr gering.

9.9 Langsame Datenquellen

Eine Datenquellen (vor allem einige Seiten im Internet) benötigen sehr lange beim Datenzugriff. Wer dies testen / vergleichen möchte, greife auf die beiden Seiten

`https://www.consorsbank.de/ev/Wertpapierhandel/Kurse-Maerkte/Waehrungen`

und

`finanzen.net/devisen`

mit PowerQuery zu – die erste ist sehr langsam im Vergleich zur zweiten.

9.10 Fazit

Aufpassen!

Einige Dinge bremsen PowerQuery enorm aus. Diese sind in erster Linie zu finden bei:

■ Verknüpfungen von Abfragen, Gruppierungen und Pivotierungen von großen Datenmengen (und Kombinationen aus diesen).

■ Vertikales Rechnen (beispielsweise beim Kumulieren von Daten („laufende Summe"))

■ Werden die Daten ins Datenmodell geladen, werden diese Tabellen in der Excelmappe gespeichert. In Excel bedeutet das einen enorm anwachsenden Speicherbedarf für die Dateigröße.

■ Abhilfe kann schaffen:

o `Table.Buffer` und `List.Buffer`

o Das Aktivieren der Option „schnelles Laden" in den Eigenschaften:

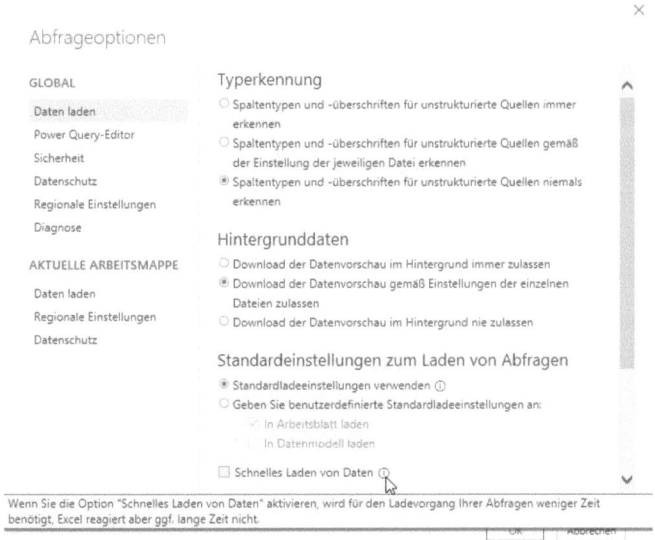

Abbildung 9.13 Schnelles Laden von Daten

Das Deaktivieren der Datenvorschau beim Laden

Abbildung 9.14 Download im Hintergrund

Weiter Informationen beschreibt Imke Feldmann auf ihrem Blog

`https://www.thebiccountant.com/`

Dort auf:

`https://www.thebiccountant.com/speedperformance-aspects/`

Sie verweist auf Chris Webbs Blog:

`https://blog.crossjoin.co.uk/`

Auch dort finden sich nützliche Hinweise zur Optimierung von PowerQuery.

10 Zellen verbinden

Mehrmals in diesem Buch habe ich erwähnt, dass man Zellen nicht verbinden sollte. Ich weiß: beispielsweise bei der Formularerstellung ist das Verbinden von mehreren Zellen bei der Gestaltung unerlässlich.

Abbildung 10.1 Bei der Gestaltung von Formularen muss man Zellen verbinden.

Allerdings: bereits beim Markieren stößt man auf große Probleme bei verbundenen Zellen. Und nicht nur dort. Ich habe einige der Schwierigkeiten aufgelistet:

10.1 Verbundene Zellen als Format kopieren

In einer Tabelle befinden sich einige Werte, die summiert sind (hier: in D9). Daneben mehrere Zellen, die zu einer Zelle verbunden sind. Überträgt man das Format (!) der verbundenen Zellen auf den anderen Bereich:

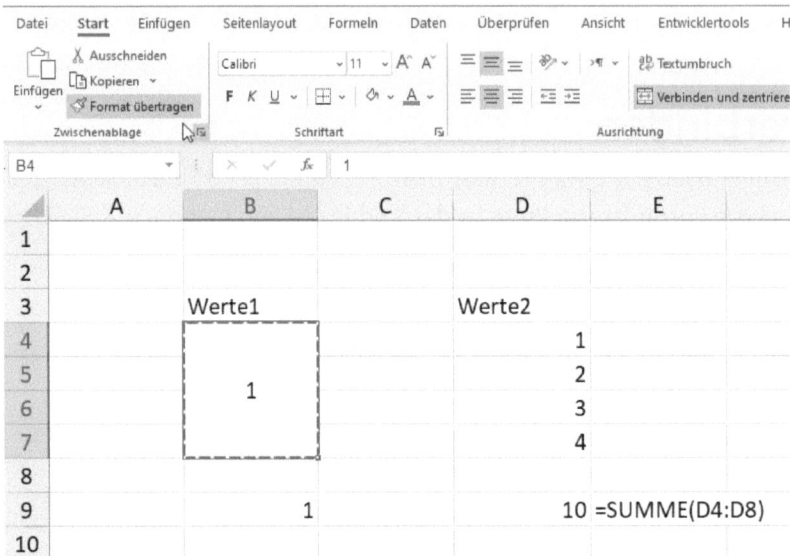

Abbildung 10.2 1 + 2 + 3 + 4 = 10

so erstaunt das Ergebnis:

Abbildung 10.3 1 = 10

Während beim Verbinden vorhandene Inhalte gelöscht werden:

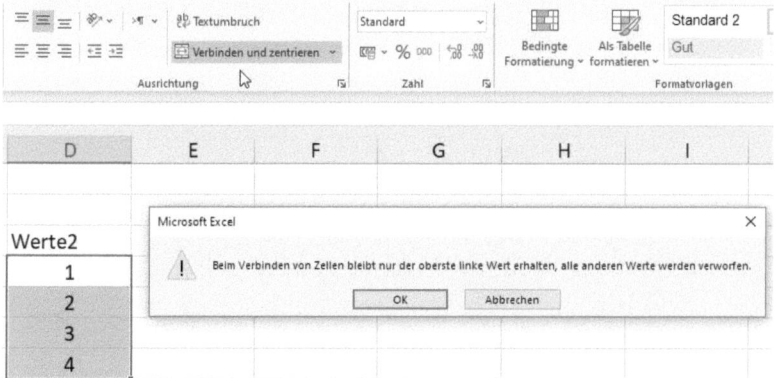

Abbildung 10.4 Beim Verbinden von Zellen bleibt nur der oberste linke Wert erhalten

bleiben die Inhalte stehen, wenn man das Format kopiert. Man kann den Zellverbund wieder aufheben oder die Formate löschen. Und sieht dann wieder die ursprünglichen Werte.

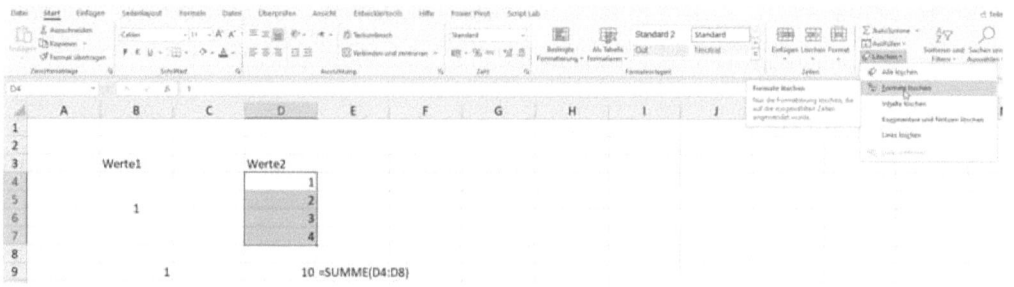

Abbildung 10.5 Die Werte werden nur ausgeblendet.

Achtung

Selbstverständlich muss die Berechnungsoption „Automatisch" eingeschaltet sein.

10.2 Intelligente Tabellen

Es hat einen guten Grund, warum es nicht möglich ist in intelligenten Tabellen Zellen zu verbinden:

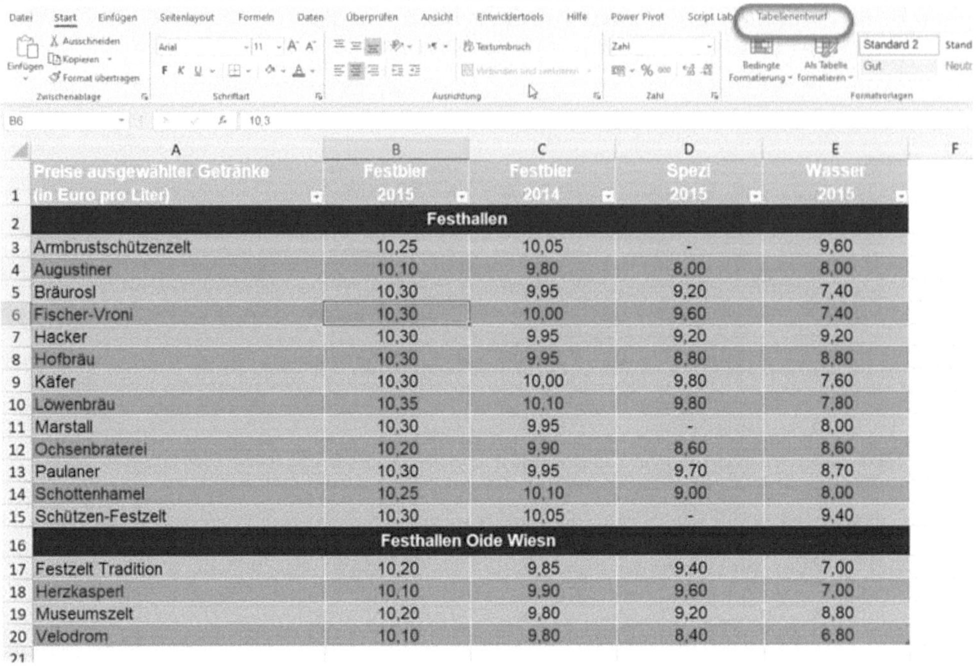

	A	B	C	D	E
1	Preise ausgewählter Getränke (in Euro pro Liter)	Festbier 2015	Festbier 2014	Spezi 2015	Wasser 2015
2		Festhallen			
3	Armbrustschützenzelt	10,25	10,05	-	9,60
4	Augustiner	10,10	9,80	8,00	8,00
5	Bräurosl	10,30	9,95	9,20	7,40
6	Fischer-Vroni	10,30	10,00	9,60	7,40
7	Hacker	10,30	9,95	9,20	9,20
8	Hofbräu	10,30	9,95	8,80	8,80
9	Käfer	10,30	10,00	9,80	7,60
10	Löwenbräu	10,35	10,10	9,80	7,80
11	Marstall	10,30	9,95	-	8,00
12	Ochsenbraterei	10,20	9,90	8,60	8,60
13	Paulaner	10,30	9,95	9,70	8,70
14	Schottenhamel	10,25	10,10	9,00	8,00
15	Schützen-Festzelt	10,30	10,05	-	9,40
16		Festhallen Oide Wiesn			
17	Festzelt Tradition	10,20	9,85	9,40	7,00
18	Herzkasperl	10,10	9,90	9,60	7,00
19	Museumszelt	10,20	9,80	9,20	8,80
20	Velodrom	10,10	9,80	8,40	6,80

Abbildung 10.6 In intelligenten Tabellen kann man keine Zellen verbinden.

Dadurch wird die Zeilen- und Spaltenzuordnung aufgehoben.

Was tun? Wie kann man dennoch die Überschrift(en) zentrieren? Man kann über das Zellformat „Ausrichtung“ über die Auswahl zentrieren:

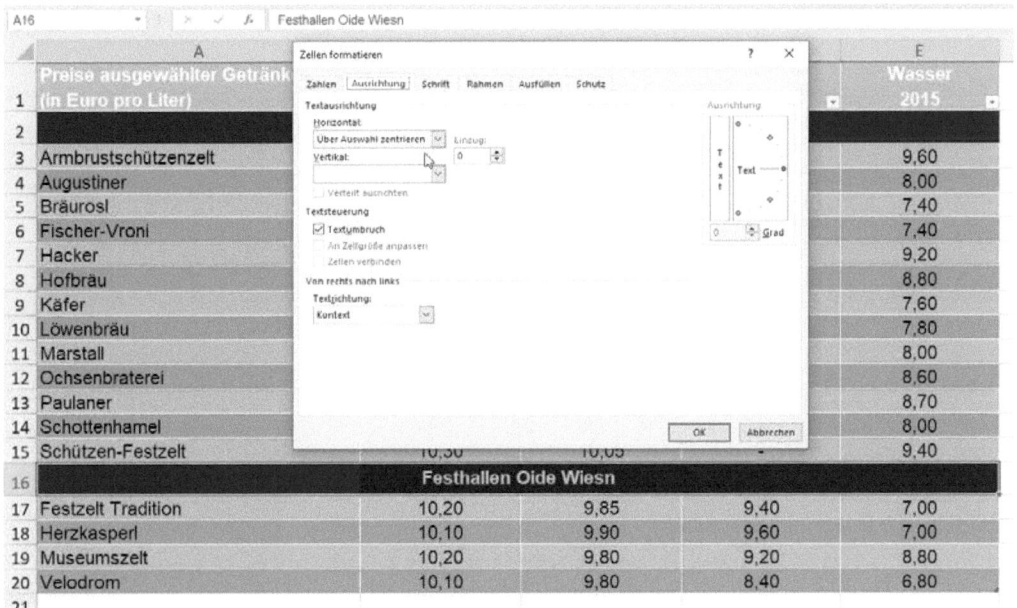

Abbildung 10.7 Alternative: Über Auswahl zentrieren

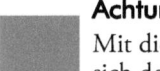

Achtung

Mit dieser Zellformatierung ist es manchmal schwierig zu ermitteln in welcher Zelle sich der Text befindet:

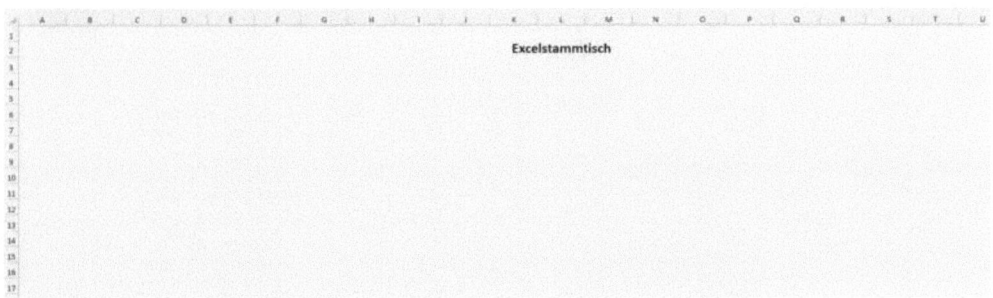

Abbildung 10.8 Quizfrage: in welcher Zelle steht der Excelstammtisch?

10.3 Und was tut man, wenn verbunden wurde?

Das Sortieren ist nicht möglich, wenn sich in dem Bereich verbundene Zellen befinden:

Und was tut man, wenn verbunden wurde?

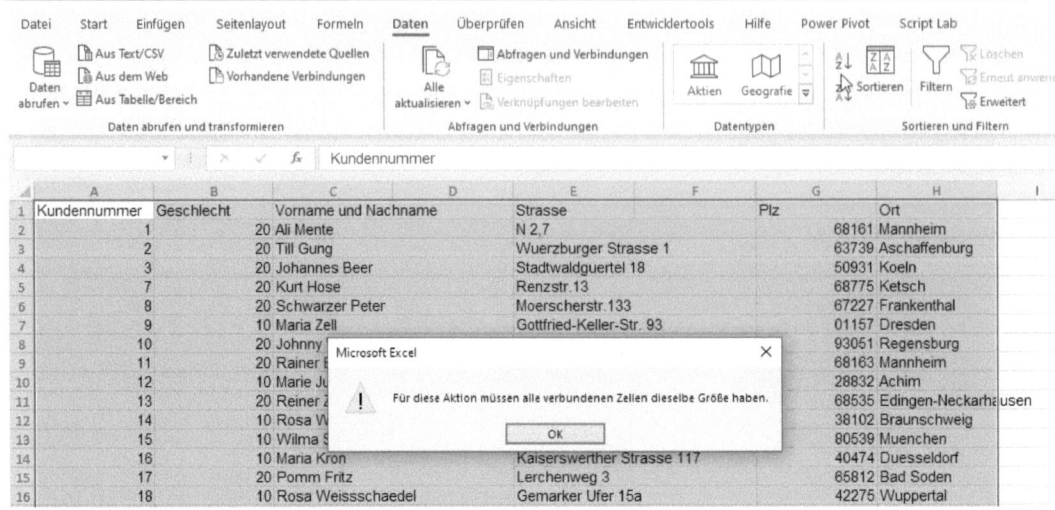

Abbildung 10.9 Sortieren ist nicht möglich

Bei großen Datenbereichen kann man die verbunden Zellen über die Suche ermitteln:

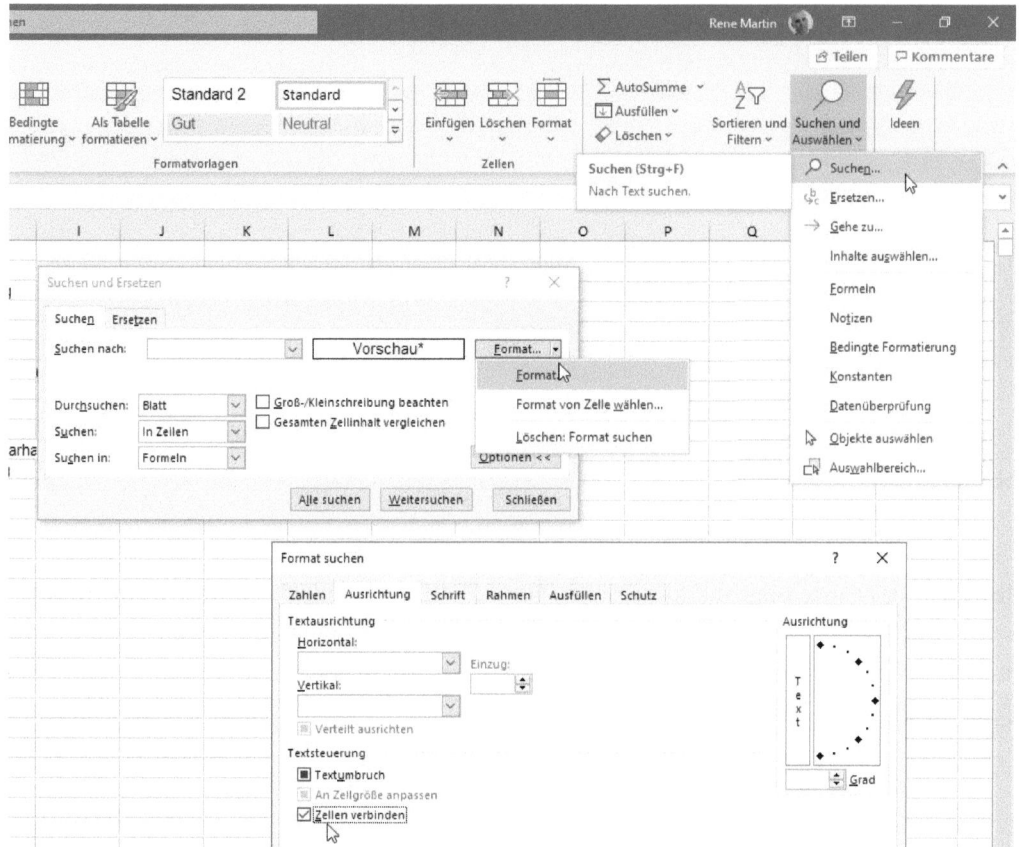

Abbildung 10.10 Man kann verbundene Zellen suchen und finden.

Die Suche dauert eine Weile! Aber die Zellen werden gefunden:

Und was tut man, wenn verbunden wurde?

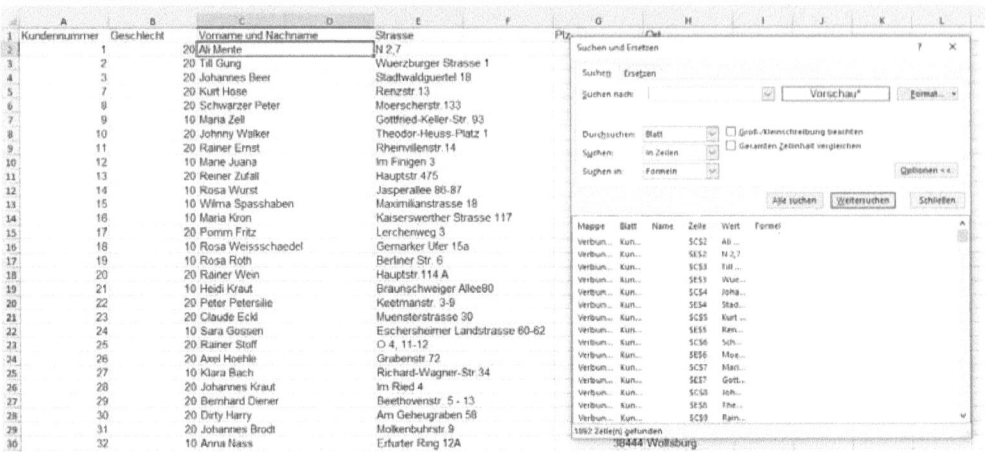

Abbildung 10.11 Gefunden

Und wie entfernt man sie?

Man kann das ganze Blatt markieren und dann „Zellen verbinden und zentrieren" deaktivieren.

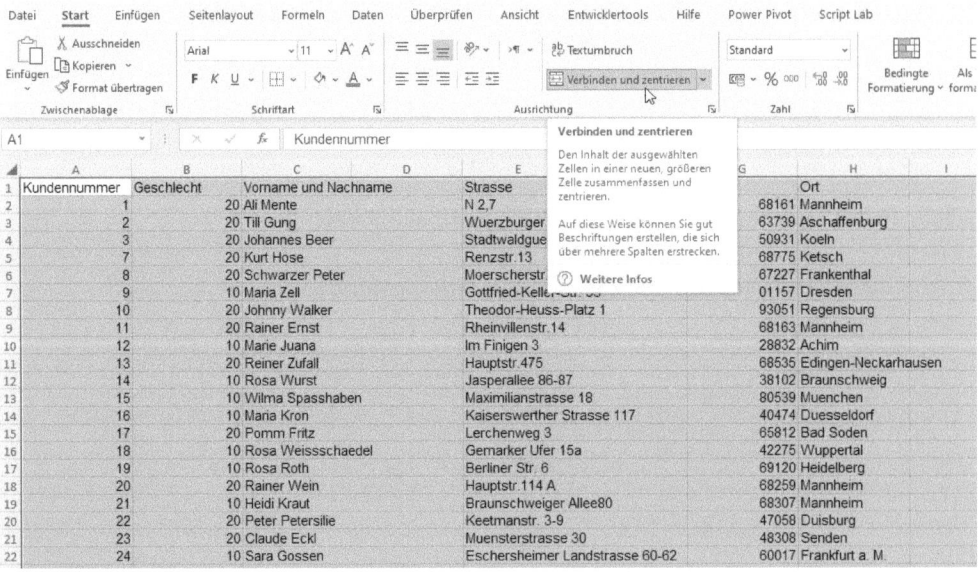

Abbildung 10.12 Entfernt

Auch das kann eine Wiele – mehrere Sekunden bis mehrere Minuten dauern!

10.4 Und VBA?

Auf einem Tabellenblatt sind die Zellen B2:D3 verbunden.

10.4.1 Text einfügen

```
Dim xlBlatt As Worksheet

Sub VerbundeneZellen_Inhalt()

    Set xlBlatt = ActiveSheet

    xlBlatt.Range("B2").Value = "Also lautet ein Beschluß: ..."
    xlBlatt.Range("C2").Value = "Nicht allein das Abc  ..."
    xlBlatt.Range("D2").Value = "Nicht allein im  ..."
    xlBlatt.Range("B3").Value = "Nicht allein in  ..."
    xlBlatt.Range("C3").Value = "Sondern auch der  ..."
    xlBlatt.Range("D3").Value = "Daß dies mit Verstand  ..."

End Sub
```

Was passiert? Nur der Text der Zelle B2 wird eingetragen. Auch ein Aufheben des Zellverbundes zeigt, dass keine weiteren Inhalte in den Zellen stehen:

◢	A	B	C	D
1				
2				
3		Also lautet ein Beschluß: Daß der Mensch was lernen muß.		
4				
5				

Abbildung 10.13 Text mit VBA in verbundene Zellen schreiben

10.4.2 Farben und andere Formate

Werden die einzelnen Zellen mit Farben versehen, also so:

```
xlBlatt.Range("B2").Interior.ColorIndex = 3 ' -- rot
xlBlatt.Range("C2").Interior.ColorIndex = 4 ' -- grün
xlBlatt.Range("D2").Interior.ColorIndex = 5 ' -- blau
xlBlatt.Range("B3").Interior.ColorIndex = 6 ' -- gelb
xlBlatt.Range("C3").Interior.ColorIndex = 7 ' -- pink
```

Und VBA?

```
xlBlatt.Range("D3").Interior.ColorIndex = 8 ' -- cyan
```

sieht man danach auch nur die erste Farbe (hier: rot):

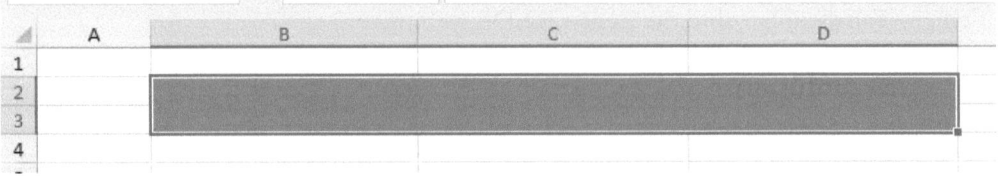

Abbildung 10.14 Verbundene Zellen mit VBA formatieren

Hebt man jedoch den Zellverbund auf, sieht man, dass die übrigen Zellen formatiert sind:

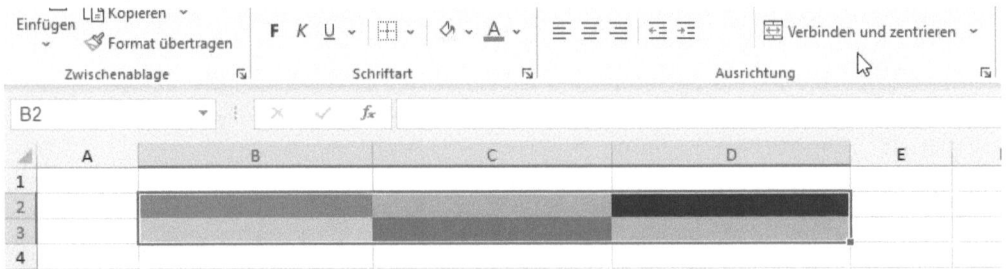

Abbildung 10.15 Zellverbund auflösen – die Farben werden sichtbar

10.4.3 Zellschutz

Erstaunlicherweise darf der Zellschutz nicht für eine einzelne Zelle ein- oder ausgeschaltet werden:

```
Sub VerbundeneZellen_Schutz()

    Set xlBlatt = ActiveSheet

    xlBlatt.Range("B2").Locked = True
    xlBlatt.Range("C2").Locked = False
    xlBlatt.Range("D2").Locked = True
    xlBlatt.Range("B3").Locked = False
    xlBlatt.Range("C3").Locked = True
    xlBlatt.Range("D3").Locked = False

End Sub
```

Microsoft Visual Basic

Laufzeitfehler '1004':

Die Locked-Eigenschaft des Range-Objektes kann nicht festgelegt werden.

[Fortfahren] [Beenden] [Debuggen] [Hilfe]

Abbildung 10.16 Zellschutz (?!) bei verbundenen Zellen

10.4.4 Datenüberprüfung(en)

Schaltet man einzelne unterschiedliche Datenüberprüfungen ein:

```
xlBlatt.Range("B2").Validation.Delete
```

202

```
xlBlatt.Range("B2").Validation.Add _
   Type:=xlValidateWholeNumber, Operator:=xlGreaterEqual, _
   Formula1:="0"


xlBlatt.Range("C2").Validation.Delete
xlBlatt.Range("C2").Validation.Add Type:=xlValidateList, _
   Formula1:="intern,extern"


xlBlatt.Range("D2").Validation.Delete
xlBlatt.Range("D2").Validation.Add _
   Type:=xlValidateCustom, Formula1:="=$D$2>=Today()"
```

Abbildung 10.17 Datenüberprüfung (?!) bei verbundenen Zellen

erhält jede Zelle eine unterschiedliche Datenüberprüfung – nur die Datenüberprüfung der ersten Zelle ist aktiv. Hebt man den Zellverbund auf, kann man dies leicht überprüfen.

10.4.5 Bedingte Formatierung

Fügt man den einzelnen Zellen unterschiedliche bedingte Formatierungen zu:

```
xlBlatt.Range("B2").FormatConditions.Add _
    Type:=xlCellValue, Operator:=xlGreater, _
    Formula1:="=0"
With xlBlatt.Range("B2").FormatConditions(1).Interior
    .PatternColorIndex = xlAutomatic
    .Color = 255
    .TintAndShade = 0
End With


xlBlatt.Range("C2").FormatConditions.Add _
    Type:=xlCellValue, Operator:=xlEqual, _
    Formula1:="=0"
```

203

```
With xlBlatt.Range("C2").FormatConditions(1).Interior
    .PatternColorIndex = xlAutomatic
    .Color = 65535
    .TintAndShade = 0
End With

xlBlatt.Range("D2").FormatConditions.Add _
    Type:=xlCellValue, Operator:=xlLess, _
    Formula1:="=0"
With xlBlatt.Range("D2").FormatConditions(1).Interior
    .PatternColorIndex = xlAutomatic
    .Color = 5287936
    .TintAndShade = 0
End With
```

ist auch hier nur die bedingte Formatierung der Zelle B2 aktiv, wenn Werte eingetragen werden:

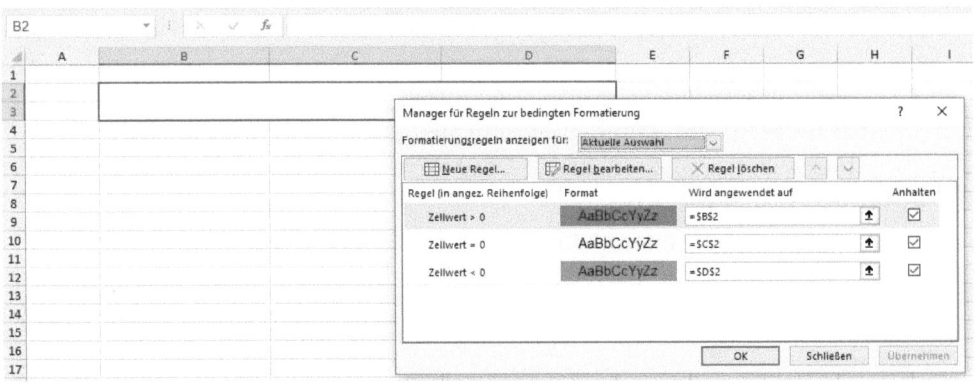

Abbildung 10.18 Bedingte Formatierung (?!) und verbundene Zellen

10.4.6 Offset

Ganz perfide verhält sich der Befehl Offset. Er entspricht der Excel-Funktion BE-REICH.VERSCHIEBEN:

```
Dim xlZelle As Range

Set xlBlatt = ActiveSheet
Set xlZelle = xlBlatt.Range("B2")
```

```
MsgBox xlZelle.Offset(4, 0).Address
MsgBox xlZelle.Offset(0, 4).Address
MsgBox xlZelle.Offset(-1, 0).Address
MsgBox xlZelle.Offset(0, -1).Address
```

Ausgehend von B2 werden vier Zellen nach unten und nach rechts die Zellen B7 und H2 adressiert, eine nach oben und eine links liefert jedoch: B1 und A2.

Vom gesamten Bereich vier Zellen nach rechts und vier Zellen nach unten erhält man H7!

```
Set xlZelle = xlBlatt.Range("B2:D3")
MsgBox xlZelle.Offset(4, 4).Address
```

10.5 Doppelklick

Auf einem Eingabeformular wird dem Anwender die Möglichkeit gegeben per Doppelklick zwischen zwei unterschiedlichen Datenüberprüfungslisten zu wechseln:

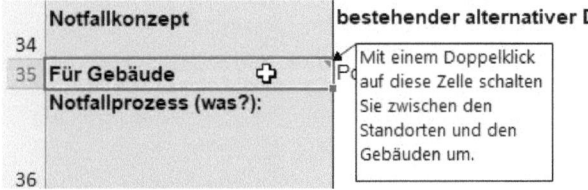

Abbildung 10.19 Doppelklick

Der Code:

```
Private Sub Worksheet_BeforeDoubleClick( _
    ByVal Target As Range, Cancel As Boolean)

    Dim intZeilen As Integer
    Dim strAdresse As String

        If Target.Value = "Für Standorte" Or _
            Target.Value = "Für Gebäude" Then

            ActiveSheet.Unprotect
[…]
```

205

Klappt wunderbar. Jedoch: ein Doppelklick auf eine andere Zelle (beispielsweise um einen Text zu editieren) liefert einen Fehler:

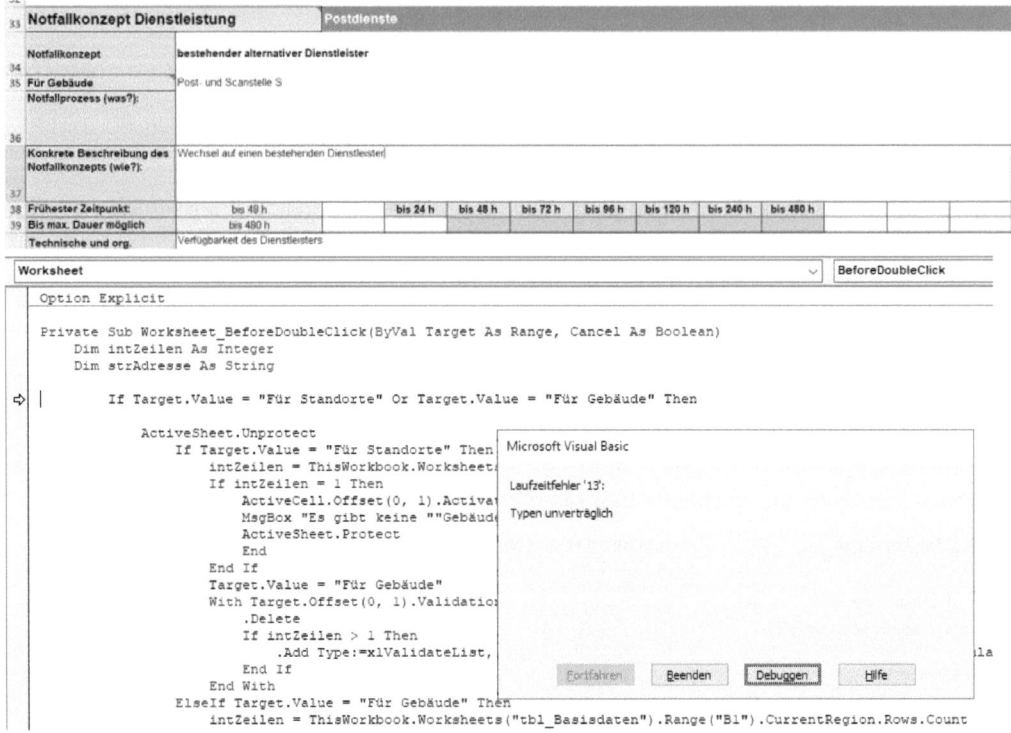

Abbildung 10.20 Doppelklick auf eine verbundene Zelle

Wo tritt der Fehler auf? Bei einer verbundenen Zelle! Warum? Weil `Target` keinen `Value` hat – Target ist hier B37:M37! Also muss das abgefangen werden!

```
If Target.Cells.Count = 1 Then
    If Target.Value = "Für Standorte" _
        Or Target.Value = "Für Gebäude" Then
```

Und schließlich sollte dieser Doppelklick auch noch auf einer verbundenen Zelle (!?) ermöglicht werden:

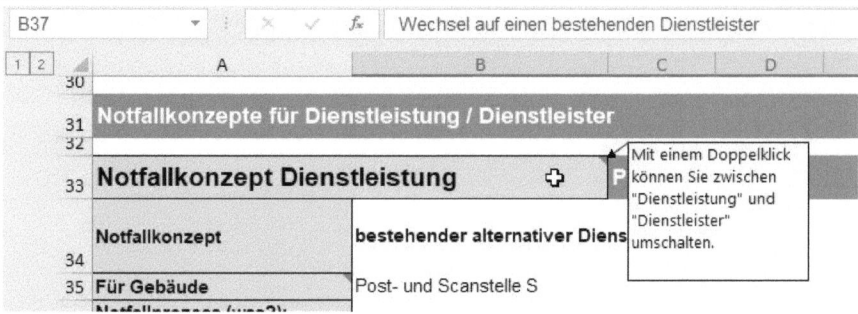

Abbildung 10.21 Der Doppelklick soll möglich sein!

Zum einen muss überprüft werden, ob Target aus zwei Zellen besteht:

```
ElseIf Target.Cells.Count = 2 Then
```

Zum anderen wird überprüft, was in der ersten Zellen des Target steht. Beispielsweise so:

```
strAdresse = Target.Address
If ActiveSheet.Range(Split(strAdresse, ":")(0)).Value = _
    "Notfallkonzept Dienstleistung" Or _
    ActiveSheet.Range(Split(strAdresse, ":")(0)).Value = _
    "Notfallkonzept Dienstleister" Then
```

Dann klappt es!

10.6 Was steht drin

Und schließlich – so lautet die Aufgabe – soll in der Spalte C dann eine Datenüberprüfung erzeugt werden, wenn in der entsprechenden Zelle der Spalte G nichts steht:

	A	B	C	D	E	F	G
19	Sofortmaßnahmen sind unmittelbar nach Eintritt eines Notfalls zu treffende Maßnahmen, um die Sicherheit der Mitarbeiter und Informationsschäden zu						
20	schützen, Gefahren abzuwenden und Schäden zu mindern.						
21	Prio	Was	Typ	Wer	Womit	an wen /mit wem	Status
22							
23	Priorität	Beschreibung, was zu tun ist	Beauftragen Entscheiden Durchführen	Verantwortliche Rolle	Benötigte Hilfsmittel	Beteiligte Rollen	offen in Arbeit erfolgreich abgebrochen
24		Kommunikation unternehmensintern (Mitarbeiter, Gremien etc.):					
25		BL Verwaltung und AL Post-und AL Dokumentenmanagement über den Lokationsausfall informieren	D	GL Post- und Dokumentenservice	Telefon, E-Mail	BL Verwaltung AL Dokumentenmanagement	
26		BCM über das Vorliegen eines Notfalls informieren (Unterbrechung kritischer Geschäftsprozess)	D	GL Post- und Dokumentenservice	Telefon, E-Mail	BCM LBS SW	
27		Mitarbeiter an den Ausweichstandorten über die Verlagerung des Posteingangs informieren	D	GL Post- und Dokumentenservice	Telefon, E-Mail	MA an den Ausweichstandorten	
28		Kommunikation unternehmensextern (Kunden, Dienstleister, Anrainer, Behörden, Aufsicht, Datenschutz etc.):					
29		Post- und Kurierdienste über die Verlagerung des Posteingangs informieren	D	GL Post- und Dokumentenservice	Telefon, E-Mail Kontaktdaten in Notfalldokumentation	Post- und Kurierdienste	
30							
31							
32		Sofortmaßnahmen (Maßnahmen, die unmittelbar zur Schadensminderung durchgeführt werden müssen):					
		- Lage klären und beurteilen (Ausmaß, Dauer, Folgewirkungen) Maßnahmen prüfen und entscheiden.					

Abbildung 10.22 Fehler über Fehler …

Nicht aufgepasst – und schon passiert es:

In G21 steht „Status". In G22 steht nichts, also wird die Datenüberprüfung in C22 eingeschaltet … ein Fehler ist die Folge!

10.7 Fazit zu verbundenen Zellen

Jetzt halten wir uns alle ganz fest an den Händen, schließen die Augen und sprechen:

»Ich werde niemals mehr in meinem Leben in Excel Zellen verbinden. So wahr mir der Gott der Excelzellen dabei hilft.«

Langsam und deutlich! Nie wieder verbinden!

11 Zusammenfassung

Excel ist zur Schaltzentrale von Daten geworden. Viele Anwenderinnen und Anwender verwenden gerne Excel, um Daten so zu „putzen" oder transformieren, um die Daten in der Form zu erhalten, wie sie weiterverarbeitet werden können. Das Weiterverarbeiten kann in Excel oder auch in einem anderen System geschehen, in das die aufbereiteten Daten importiert werden.

Ich habe viele Beispiele gesammelt; weitere Beispiele sind sicherlich Transformation von diesen Beispielen oder können mit den entsprechenden Techniken auf die von mir beschriebenen Beispiele zurückgeführt werden.

Ich habe sehr viele Techniken und Verfahrensweisen beschrieben. Welche verwendet man? Es kommt immer darauf an. Soll die Datenaufbereitung in einen Workflow eingebunden werden, ist sicherlich Power Query die beste Wahl. Muss ich nur einmal „schnell" etwas transformieren, bieten sich Assistenten an. Sind die Aufgabestellungen jedoch komplexer, eignen sich manchmal Formeln zur Lösung der Aufgabestellung.

Eben: es kommt immer darauf an.

Und deshalb denke ich, dass alle, die mit Datenaustausch und Datentransformation zu tun haben, mehrere Techniken kennen sollten, um sich die beste (oder schnellste) auszusuchen.

Mit diesem Wort schließe ich und wünsche Ihnen viel Freude am Aufbereiten der Daten, damit der Datenaustausch problemlos verläuft.

12

12 Tastenkombinationen

12.1 Die wichtigsten Tastenkombinationen

[Alt] + [F11] VBA-Editor anzeigen

[F1] Online-Hilfe bzw. den Office-Assistenten aufrufen

[F2] Markierte Zelle bearbeiten

[F4] Letzte Aktion wiederholen

[Strg] + [Y] Letzte Aktion wiederholen

[F7] Befehl Rechtschreibung ausführen

[F9] Alle Blätter in allen geöffneten Arbeitsmappen berechnen

[F11] Neues Diagrammblatt einfügen

[Shift] + [F9] Aktives Tabellenblatt berechnen

[Shift] + [F11] Neues Tabellenblatt einfügen

[Strg] + [.] Aktuelles Datum in die markierte/aktive Zelle einfügen

[Strg] + [A] Ganzes Tabellenblatt markieren

[Strg] + [.] Aktuelles Datum einfügen

[Strg] + [Bild oben] Vorheriges Tabellenblatt der Arbeitsmappe aktivieren

[Strg] + [Bild unten] Nächstes Tabellenblatt der Arbeitsmappe aktivieren

[Strg] + [C] Markierung kopieren

[Strg] + [F] Befehl Suchen ausführen

[Strg] + [F4] Aktive Arbeitsmappe schließen

[Strg] + [F6] Zur nächsten Arbeitsmappe wechseln

[Strg] + [N] Neue Arbeitsmappe einfügen

[Strg] + [O] (Buchstabe) Befehl Öffnen ausführen

[Strg] + [P] Befehl Drucken ausführen

[Strg] + [Pfeiltaste] An den Rand des aktuellen Datenbereichs bzw. zur letzten/ ersten Zelle einer Zeile/Spalte bewegen

[Strg] + [Pos1] An den Anfang des Tabellenblatts bewegen

[Strg] + [R] Nach rechts ausfüllen

[Strg] + [S] Befehl Speichern ausführen

[Strg] + [Shift] + [Ende] Markierung bis zur letzten verwendeten Zelle des Tabellenblatts erweitern

[Strg] + [Shift] + [Pos1] Markierung bis zum Anfang des Tabellenblatts erweitern

[Strg] + [U] Nach unten ausfüllen

[Strg] + [V] Daten der Zwischenablage einfügen

[Strg] + [X] Markierung ausschneiden

[Strg] + [Z] Letzte Aktion rückgängig machen

[Shift] + [Strg] + [(] Blendet ausgeblendete Zeilen im markierten Bereich wieder ein

[Shift] + [Strg] + [)] Blendet ausgeblendete Spalten im markierten Bereich wieder ein

[Strg] + [K] zeigt das Dialogfeld Hyperlink einfügen

[Strg] + [F3] zeigt das Dialogfeld „Namensmanager"

 [F1] Hilfe vom Office-Assistenten anfordern

12.2 Navigieren mit Shortcuts

[Alt] + [Bild oben] Um eine Bildschirmseite nach rechts bewegen

[Alt] + [Bild unten] Um eine Bildschirmseite nach links bewegen

[Bild oben] Um eine Bildschirmseite nach unten bewegen

[Bild unten] Um eine Bildschirmseite nach oben bewegen

[F6] Zum nächsten Ausschnitt wechseln

[Pfeiltasten] Um eine Zelle in eine bestimmte Richtung bewegen

[Pos1] An den Anfang der Zeile bewegen

[Shift] + [F6] Zum vorherigen Ausschnitt wechseln

[Strg] + [Bild oben] Vorheriges Tabellenblatt der Arbeitsmappe aktivieren

[Strg] + [Bild unten] Nächstes Tabellenblatt der Arbeitsmappe aktivieren

[Strg] + [Ende] Zur letzten verwendeten Zelle des Tabellenblatts bewegen

[Strg] + [F6] Zum nächsten Arbeitsmappenfenster wechseln

[Strg] + [Pfeiltasten] An den Rand des aktuellen Datenbereichs bzw. zur letzten/ ersten Zelle einer Zeile/Spalte bewegen

[Strg] + [Pos1] An den Anfang des Tabellenblatts (A1) bewegen

[Strg] + [Rücktaste] Einen Bildlauf durchführen, um die aktive Zelle anzuzeigen

[Strg] + [Shift] + [F6] Zum vorherigen Arbeitsmappenfenster wechseln

[Strg] + [Shift] + [Tab] Zum vorherigen Arbeitsmappenfenster wechseln

[Strg] + [Tab] Zum nächsten Arbeitsmappenfenster wechseln

[Tab] Zwischen nicht gesperrten Zellen in einem geschützten Tabellenblatt bewegen

[Strg] + [Rückschritt] Bewegt das Tabellenblatt zur aktiven Zelle.

[Alt] + [Shift] + [,] Markiert die sichtbaren Zellen (beispielsweise bei einer gefilterten Liste)

12.3 In Zellen oder Bearbeitungsleiste arbeiten

[=] Formel beginnen

[Alt] + [Eingabe] Neue Zeile in derselben Zelle beginnen

[Strg] + [J] Sucht den manuellen Zeilenumbruch ([Alt] + [Eingabe])

[Alt] + [nach unten] AutoEingabe-Liste anzeigen

[Eingabe] Eingabe in eine Zelle abschließen

[Entf] Zeichen rechts der Einfügemarke löschen

[esc] Eingabe in Zelle oder Bearbeitungsleiste abbrechen

[F3] Name in Formel einfügen

[Rücktaste] Zeichen links der Einfügemarke löschen

[Shift] + [Eingabe] Eingabe in eine Zelle abschließen und die Markierung nach oben bewegen

[Shift] + [Tab] Eingabe in eine Zelle abschließen und die Markierung nach links bewegen

[Strg] + ['] Zwischen der Anzeige von Zellwerten und der Anzeige von Zellformeln wechseln

[Strg] + [.] Aktuelles Datum in die aktive Zelle einfügen

[Strg] + [A] Formeldialog nach der Eingabe eines gültigen Funktionsnamens in eine Formel anzeigen

[Strg] + [Entf] Alle Zeichen bis zum Ende der Zeile löschen

[Strg] + [Shift] + [:] Aktuelle Uhrzeit in die aktive Zelle einfügen

[Strg] + [Shift] + [A] Argumentnamen u. Klammern für eine Funktion nach der Eingabe eines gültigen Funktionsnamens in eine Formel einfügen

[Strg] + [Shift] + [Eingabe] Formel als Matrixformel eingeben (Eingabe abschließen)

[Tab] Eingabe in eine Zelle abschließen und die Markierung nach rechts bewegen

12.4 Formatieren von Daten

[Alt] + [Shift] + ['] Befehl Formatvorlage ausführen

[Strg] + [1] Befehl Zellen ausführen

[Strg] + [2] schaltet fett ein oder aus

[Strg] + [Shift] + [F] schaltet fett ein oder aus

[Strg] + [3] schaltet kursiv ein oder aus

[Strg] + [Shift] + [K] schaltet kursiv ein oder aus

[Strg] + [4] unterstreicht oder schaltet die Unterstreichung aus

[Strg] + [Shift] + [U] unterstreicht oder schaltet die Unterstreichung aus

[Strg] + [5] formatiert Durchgestrichen oder entfernt sie

[Strg] + [6] wechselt zwischen Ein- und Ausblenden von Objekten und dem Anzeigen von Platzhaltern für Objekte

[Strg] + [7] schaltet Gliederung ein oder aus

[Strg] + [8] blendet markierte Spalten aus

[Strg] + [9] blendet markierte Zeilen aus

[Shift] + [Strg] + [(] Blendet ausgeblendete Spalten im markierten Bereich wieder ein

[Shift] + [Strg] + [)] Blendet ausgeblendete Zeilen im markierten Bereich wieder ein

[Strg] + [Shift] + [!] Format Zahl mit zwei Dezimalstellen (einem 1.000er-Trennzeichen und einem - bei negativen Werten) anwenden

[Strg] + [Shift] + ["] Format Wissenschaft mit zwei Dezimalstellen anwenden

[Strg] + [Shift] + [$] Format Währung mit zwei Dezimalstellen anwenden (negative Zahlenwerte werden rot angezeigt)

[Strg] + [Shift] + [%] Format Prozent ohne Dezimalstellen anwenden

[Strg] + [Shift] + [&] Format Standard (Standardzellformat) anwenden

[Strg] + [Shift] + [^] Format Zeit in Stunden und Minuten anwenden

[Strg] + [Shift] + [_] Einer Markierung einen Gesamtrahmen zuweisen

[Strg] + [Shift] + [§] Format Datum mit Tag, Monat und Jahr anwenden

13 Index

#(cr) 40

#(lf) 40

& 83

;;; 136

3D-Modell 173

Abfrage 180, 191

Abfragen anfügen 103

ADRESSE 155

aktive Zelle 49

Akzent 97

Alle suchen 159

Arbeitsmappenanalyse 164

Arrayfunktionen 165

ASCII-Code 41

ausblenden 138

Ausfüllen 52

Auswahlbereich 152

Autofilter 159

Bedingte Formatierung 130, 155, 168

Bedingte Spalte 122

bedingter Trennstrich 42

benutzerdefinierte Eigenschaften 141

Benutzerdefiniertes Zahlenformat 138

benutzter Bereich 188

Bereich 54, 88, 165

BEREICH.VERSCHIEBEN 61, 125, 165, 204

Bild 171, 173

Binärarbeitsmappe 170, 178

Blitzvorschau 66

Buchhaltung 9

CODE 39

Comma separated Values 13

Controlling 9

copyright 145

CSV 13

CUBEELEMENT 113

CUBE-Funktionen 110

CUBEMENGE 111

CUBEMENGENANZAHL 112

CUBERANGELEMENT 112

CUBEWERT 113

Datenbanksysteme 9

Datenkonsistenz 115

Datenmodell 183

Datenschnitt 159

Datentyp 186

Datenüberprüfung 148, 156

DATEV 9

DATUM 25, 26

DBANZAHL 109
DBANZAHL2 109
DBMAX 109
DBMIN 109
DBMITTELWERT 109
DBSTDABW 109
DBSTDABWN 109
DBSUMME 109, 165
DBVARIANZEN 109
DBVRIANZ 109
Diagramm 174
DOM 146
Doppelklick 206
Doppelte Werte 130, 169
DOS 16
Duplikate entfernen 129
Duplikatensuche 129
EBIS 9
Eigenschaften 141
EINDEUTIG 108, 124
ERWEITERN 102
falsche Datumsformate 25
falsche Zahlenformate 22
Feste Breite 62
Filter 55
FILTER 116
FINDEN 67
FORMELTEXT 154
Formular 193
Gebietsschema 19, 27
geschützter Bindestrich 42
geschütztes Leerzeichen 42, 71
Geschwindigkeitseinbuße 186
Geviertstrich 42
Gliederung 159
Grafik 171

GROSS 33
GROSS2 33
Großbuchstaben 33
gruppieren 127, 131
Gruppieren 114, 159
Gruppierung 159, 191
HEUTE 165
HSTAPELN 116
INDEX 87, 165
INDIREKT 165
INFO 165
ini-Datei 146
Inquire 148
intelligente Tabelle 121, 195
JETZT 165
Join 85
Kamera 170
KISS 9
KLEIN 33
Kommentare 148
Kumulieren 191
LAMBDA 118
Länge 78
laufende Summe 189
Leerzeichen 43
Leerzeile 53, 120
LINKS 25, 56, 67
List.Buffer 191
List.Range 126, 189
List.Sum 189
Liste 127
Mac 16
MAXWENNS 109
Median 110
mehrere Trennzeichen 74

216

Metadaten 141

MINWENNS 109

MITTELWERTWENNS 109

MOLAP 110

MTRANS 58

Nachschlagen und Verweisen 165

Namen 145, 176

Notiz 148, 172

null 36

Objekt 139, 176

Office Professional Plus Microsoft 365
 Apps for Enterprise 163

OLAP 110

OpenTextFile 146

PDF 150

Pivotieren 114

Pivottabelle 107

Platzhalterzeichenübereinstimmung 91

PowerPivot 87

Primärschlüssel 190

QlikView 9

QUANTIL 110

RECHTS 25, 45, 67

Registry 147

ROLAP 110

SAP 9, 28

SAX 146

sequentielle Datei 146

SmartArt 174

Spalte teilen 70

Spalten ausblenden 138, 159

Spaltenprofil 186

Spaltenqualität 186

Spaltenverteilung 186

SPALTENWAHL 59

Spezialfilter 159

SQL-Server 110

ss 97

ß 34, 97

Statistik 9

suchen 158

SUCHEN 67

SUMMENPRODUKT 108

SUMMEWENN 108, 116

SUMMEWENNS 165

SVERWEIS 87, 165

Tab 71

Table.AddColumn 128

Table.AddKey 190

Table.Buffer 181, 191

Table.CombineColumns 84

Table.Distinct 127

Tabulator 40

TEIL 25, 67

Teilergebnis 115

TEILERGEBNIS 166

TEXT 84

Text in Spalten 62

Text.Combine 127, 128

Text.Length 78

Text.Replace 79

TEXTKETTE 83

TEXTNACH 69

TEXTTEILEN 25, 26, 67

TEXTVERKETTEN 56, 83, 124, 125

TEXTVOR 69

Tilde 19

Timer 164

to excel 8

transponieren 57, 122

Trennzeichen 13

TRIM 46

TXT 13

über die Auswahl zentrieren 196

Überschriftszeile 120

umdrehen 59

Unviewable+ 144

verbundene Zellen 34, 157, 169

VERGLEICH 87, 90, 125, 165

VERKETTEN 83

Verknüpfungen 191

verschiedene Trennzeichen 74

vertauschen 59, 122

volatile Funktionen 165

VSTAPELN 101, 116

Wagenrücklauf 40, 71

WECHSELN 25, 39

WEGLASSEN 59

weiße Schriftfarbe 135

WVERWEIS 87

XLSB 170, 178

xlSheetVeryHidden 142

XML 145, 168

XVERWEIS 87, 124, 165

ZÄHLENWENN 109, 131, 166

ZEICHEN 38, 41, 70

Zeilen ausblenden 138, 159

Zeilen umkehren 61

Zeilenhöhe 140, 159

Zeilenschaltung 38

Zeilenumbruch 38, 140

Zeilenvorschub 40, 71

ZEILENWAHL 59

ZELLE 165

Zellen verbinden 157

Zellname 155

ZUFALLSBEREICH 165

ZUFALLSMATRIX 165

ZUFALLSZAHL 165

zusammenfassen 123

Zusammenfassung 115

Zwischenergebnis 115

Ein Wort zu mir

Seit 1990 unterrichte ich Softwareprodukte von verschiedenen Herstellern aus verschiedenen Bereichen. Dabei zählt Excel zu meinen bevorzugten Programmen. Nicht nur, weil es in viele verschiedene Wissensgebiete eingreift, sondern auch, weil an dieses Produkt immer wieder neue Anforderungen gestellt werden, die es zu lösen gilt.

Vielleicht, weil es in Excel oft ums Knobeln, Denken, Probleme Lösen, … geht – ich habe Spaß daran.

Und: gerne biete ich Ihnen Excel-Schulungen an. Und natürlich auch Schulungen im Bereich (Excel) VBA. Oder einem anderen Thema

Weitere Infos über mich finden Sie auf meiner Seite www.compurem.de.

Und meinem Blog: www.excel-nervt.de

Neben meiner Unterrichtstätigkeit programmiere ich auch (beispielsweise VBA in Excel oder VS.NET mit Excel), schreibe Bücher und Zeitschriftenartikel und erstelle Lernvideos für LinkedIn learning.

Hier einige der Lernvideos, die ich bei LinkedIn learning erstellt habe:

Daneben:

- Excel Makros
- Funktionen zum Nachschlagen und Verweisen

219

- Technische und mathematische Berechnungen
- Tipps, Tricks, Techniken
- Power Query
- PowerBI
- …

Und hier einige der Bücher, die ich geschrieben habe: